普通高等学校学前教育专业系列教材

幼儿教师讲故事技巧

（第二版）

王丽娜　编著

复旦大學 出版社

内容提要

本书秉承"岗课赛证"综合育人的教育理念，结合学前教育专业学生培养方案以及低幼儿童的思维、认知和语言发展特点，阐述了幼儿教师讲故事的能力培养和技巧训练。本书包含幼儿故事概述、故事讲述前的准备、故事讲述时的技巧、各年龄段幼儿故事赏析与讲述技巧解析、故事教学活动设计、幼儿故事表演、全国职业院校技能大赛"幼儿故事讲述"备赛指导等内容。

书中精选了幼儿园小、中、大班故事，配有近100个故事讲述示范音频和视频，可扫码赏析观看，融视、听、赏、学为一体，操作性较强，助力提升幼儿教师讲故事的能力和技巧。本书配有教学课件，可登录复旦学前云平台免费下载（www.fudanxueqian.com）。

复旦学前云平台
数字化教学支持说明

为提高教学服务水平，促进课程立体化建设，复旦大学出版社学前教育分社建设了"复旦学前云平台"，为师生提供丰富的课程配套资源，可通过"电脑端"和"手机端"查看、获取。

【电脑端】

电脑端资源包括 PPT 课件、电子教案、习题答案、课程大纲、音频、视频等内容。可登录"复旦学前云平台"www.fudanxueqian.com 浏览、下载。

Step 1　登录网站"复旦学前云平台"www.fudanxueqian.com，点击右上角"登录/注册"，使用手机号注册。

Step 2　在"搜索"栏输入相关书名，找到该书，点击进入。

Step 3　点击【配套资源】中的"下载"（首次使用需输入教师信息），即可下载。音频、视频内容可通过搜索该书【视听包】在线浏览。

📱 【手机端】

PPT 课件、音视频、阅读材料：用微信扫描书中二维码即可浏览。

扫码浏览

📖 【更多相关资源】

更多资源，如专家文章、活动设计案例、绘本阅读、环境创设、图书信息等，可关注"幼师宝"微信公众号，搜索、查阅。

平台技术支持热线：029-68518879。

"幼师宝"微信公众号

第二版修订说明

本书从 2019 年 1 月出版至今,有幸得到广大学前教育专业院校师生及幼儿教师的认可与支持。在使用过程中,不少读者对本书给予了中肯的评价,提出了很多宝贵的意见和建议,在此深表谢意。

为更好对接幼儿园教师职业岗位的需求,秉承提高学前教育专业学生的师德素养、专业知识、职业素养、综合育人能力和创新水平,推进"岗课赛证"综合育人的教育理念,本书作者与复旦大学出版社决定对原书进行认真的修订和充实。本次修订紧密围绕党的二十大报告精神,遵循国家颁布的《关于学前教育深化改革规范发展的若干意见》的精神,体现《教师教育课程标准(试行)》《高等职业学校专业教学标准(试行)》《幼儿园教师专业标准(试行)》《幼儿园教育指导纲要(试行)》和《3~6 岁儿童学习与发展指南》《学前教育专业师范生教师职业能力标准(试行)》《中小学和幼儿园教师资格考试标准(试行)》等文件精神。作者长期从事一线学前教育教师培养工作,担任师范生教学基本功大赛、全国职业院校技能大赛等幼儿故事讲述辅导工作,教学及备赛经验丰富。本次修订注重选取故事经典性、技巧讲述专业性、练习参考指导性,视、听、赏、学一体实用性编写原则,精心设计内容和体例。

修订版立足于应用型、技能型人才培养,充分考虑学习者接受水平和专业需求,内容适用性强。主要体现以下几个特点:一是更新了大量的内容,本次修订坚持趣味性、时代性、生活性与教育性相融合的原则,精选并改编 20 多个经典故事;二是重视全面落实"课程思政"要求,充分挖掘包含诚信、平等、友善、互助、积极、勇敢等鲜活思政元素的经典故事,充实到小、中、大班的故事中,达到润物无声的育人效果;三是依托复旦学前云平台,为学习者提供丰富的数字化教学资源,修订版共收录故事音频 85 个,示范表演视频 10 个,均可扫描书中二维码获取。

本书第二版对大部分章节进行了更新和修改,以期更加完整。可供学前教育专业学生使用,也可以作为幼儿园教师岗位培训、技能大赛、专业面试、编制考试的参考用书,同时也是 3~6 岁幼儿家长学习如何给孩子讲故事的参考用书。

第一版前言

故事的讲述已越来越多地被学前教育专业作为一项基本专业技能受到重视。在幼儿园,能用清晰规范的普通话绘声绘色地讲述故事,是对幼儿教育工作者的职业要求,是幼儿教师的基本功之一。著名作家冰心说:"讲故事是孩子最喜闻乐见的,也是孩子最容易接受的一种教育形式。"讲故事在幼儿园是一项运用性、实践性、指导性较强的技能。

江苏省师范生教学基本功大赛(以下简称省赛)是由省教育厅主办,省教师教育专业指导委员会承办的一项重要赛事,其影响面大,关注度高。它不仅是对各高校教学质量的检测,同时也是学生综合素质的全面展示,对全省教学和师范生培养模式改革具有引领和导向作用。大赛参赛选手来自全省设有学前教育专业的本科院校及高职高专学校,比赛项目包括基础知识与应用、通用技能(教育活动设计技能)、专业技能(环境布置设计、即兴幼儿歌曲弹唱、即兴幼儿舞蹈表演、即兴幼儿故事表演)三大项内容。省赛中幼儿故事表演是必考项目之一。

全国职业院校技能大赛(以下简称国赛,本书第九章有详细解读),根据幼儿园保教工作基本规范,结合当前幼儿园保教工作现状与发展需要,通过赛项更好地提升学生综合职业能力。国赛以检验师资培养质量,更大范围为学前教育专业在校生提供职业素养与实践技能训练、展示与交流平台,以赛促学、以赛促练,促进他们专业成长,促进整个学前教育专业师资培养质量为目的,幼儿故事讲述是国赛必考技能之一。除此之外,各级各类学前专业基本功大赛、幼儿园教师入职面试、编制考试等都会包括故事的讲述。幼儿故事讲述技能训练越来越受到全国各学前院校的重视。

本书结合学前教育专业学生培养方案以及低幼儿童的语言发展特点,阐述了幼儿教师如何讲故事。全书共包括九个章节。第一章幼儿故事概述,介绍了幼儿故事基本概念、幼儿故事的特点及幼儿故事的教育作用。第二章故事讲述前的准备,介绍了故事讲述前的选材、故事讲述前的分析、故事讲述前的加工、故事讲述前的其他准备。其中故事讲述前的加工介绍了如何让故事更加口语化,如何让故事更加趣味化。第三章故事讲述时的技巧,介绍了语音运用技巧、态势语运用技巧、教学具运用技巧、提问运用技巧及其他技巧的运用,本章节根据不同技巧配有讲故事示范视频。第四章为小班幼儿故事赏析与讲述技巧解析。第五章为中班幼儿故事赏析与讲述技巧解析。第六章为大班幼儿故事赏析与讲述技巧解析。在四、五、六三章中,收录小、中、大班60个经典幼儿故事,每一个故事附有故事赏析、讲故事技巧解析及讲故事示范音频。第七章幼儿园语言活动设计,介绍了小、中、大班以故事为素材设计的语言活动案例并作了解析。第八章幼儿故事表演,介绍故事表演的形式、故事表演的作用、故事表演剧本赏析。第九章全国职业院校技能大赛赛项"幼儿故事讲述",包括全国职业院校学前教育专业学生技能竞赛简介、国赛"幼儿故事讲述"赛项公开题库中精选的15个故事的改编及讲述技巧解析,附讲故事示范音频8个。

总体而言,本书在编写过程中,注重选取故事经典性、技巧讲述专业性、练习参考指导性,视、听、赏、学一体实用性。全书理论部分言简意赅,故事赏析及讲述技巧解析具体翔实,故事示范讲述力求生动可感。所有收录故事均来源于作者多年在幼儿园一线教学案例的收集、整理及改编,通俗易懂,生动丰富。

《幼儿教师讲故事技巧》这本书有以下三个方面的特点。首先,实用性较强。为了便于幼儿教师和家长朋友使用,作者根据30年幼儿园一线教学经验,将故事按照幼儿园小、中、大班年龄段进行了分类梳理,并在每一个故事后附有故事赏析及讲述技巧解析。其次,操作性较强。书中配有故事讲述示范音频、视频,国赛"幼儿故事讲述"赛项公开题库中精选的15个故事改编及讲述技巧解析,易于模仿练习,便于直观快速地掌握不同的故事讲述技巧。第三,推广性较强。可供学前教育专业及幼儿师范院校的学生使用,也可以作为幼儿园教师继续教育和进修的课程参考,同时也是3~6岁幼儿家长学习如何给孩子讲故事的必备书籍。

最后需要强调的是,因为每一个孩子都是独一无二的,每一位讲述者也各具风格特色,所以故事讲述没有固定的模式或标准。本书中所呈现的只是众多讲述风格中的一种,也许并不是最好的。期待这本书能抛砖引玉,给故事讲述带来更多的技巧解析与经验分享。

感谢江苏师范大学教育科学学院张新立教授、胡仁东教授,徐州幼儿师范高等专科学校蔡飞校长及学前与特殊教育学院王清风院长,在百忙之中以崇高的敬业精神和严谨的专业态度拨冗审稿,并为此书的编写提出了宝贵的意见和建议。在本书编写的过程中,我们参考并借鉴了国内外许多专家、学者及同行的研究成果、观点和资料及各省幼儿园教材的部分作品,在此表示衷心的感谢,并由衷地欢迎各位专家、作者与我们联系,共同探讨学前儿童讲故事技巧与相关研究问题(其中部分作品的著作权人未能联系上,此部分稿酬暂存出版社。敬请有关著作权人看到后与出版社联系,届时将按地址奉呈稿酬)。同时衷心感谢复旦大学出版社的鼎力支持。

由于编者的水平和能力有限,书中难免存在不妥之处,望读者多加批评指正。

目　　录

第一章 幼儿故事概述

第一节 幼儿故事基本概念

伴随"讲故事"三个字,你的脑海中是否会浮现爸爸妈妈给孩子讲故事的温馨画面,或是幼儿教师绘声绘色为孩子们讲故事的情景呢?爱听故事,是孩子的天性,几乎每个孩子的成长都伴随着故事。在幼儿园中,故事深受 3～6 岁幼儿喜爱,成为寓教于乐的重要手段,是对幼儿进行教育教学的极好形式,同时也是幼儿学习语言、培养语感的极佳方式。通过讲故事,引导幼儿感受、体验、理解、表达、创造,促进语言表达能力的发展。

故事是一种"听赏性"文学作品,由成人用口头讲述,孩子们通过"听"接受这些口头转述的语言,从而获得成长。故事可以宽泛地涵盖所有故事类作品,可以囊括童话故事、传说故事、神话故事、寓言故事、生活故事等很多叙事性文学作品。本书所指的"幼儿故事"是指狭义的"故事"概念中,适合 3～6 岁幼儿欣赏的,题材广泛、主题单纯、情节生动,结构紧凑、叙事为主,语言口语化,篇幅短小,具有感染力、教育意义的,较适合于口头讲述的叙事性文学体裁。

故事的分类有很多,从叙事内容的类别来分,有童话故事、生活故事、历史故事、民间故事、科学故事、动物故事等;从故事主题分,有道德性主题故事、知识性主题故事、认知性主题故事、趣味性主题故事;从题材形式上分类,有文字故事、绘本故事或给动画故事配音;从年龄阶段来分,有 1～2 岁婴儿故事、3～6 岁幼儿故事、7～12 岁青少年故事。本书故事的分类是以年龄阶段来划分,重点阐述的是 3～6 岁幼儿故事。为了更明确此年龄阶段幼儿故事的分类特点,更好地运用在幼儿园日常故事教学、帮助家长有针对性选择适合幼儿的故事,我们又将这个阶段的故事分类细化为小班幼儿故事、中班幼儿故事、大班幼儿故事,以期帮助更多教师和家长根据需要有针对地选择故事,为孩子讲述他们喜欢听的故事。

在幼儿园,孩子们都非常喜欢听故事,讲故事本身就是一件非常有趣的事,一个故事因为讲述者不同,听者的感受也不同。给孩子们讲故事不仅是一门艺术,更是我们幼教工作者必须掌握的一项基本技能。故事重在讲述,如何让故事讲述得更精彩?一位好的故事讲述者,能凸显故事的精彩,使故事讲述变得生动而富有个性。随着故事情节逐一精彩的呈现会将听者带入故事情景之中,跟随着故事情节跌宕起伏,身临其境。

那么,怎样选择幼儿喜欢听的故事呢?如何讲能让故事更加生动形象?让孩子们爱听故事、会讲故事,提高孩子们的语言发展水平?本书将带你走进生动有趣、妙趣横生的故事世界里,我们一起探寻讲故事的技巧,让自己成为讲故事的高手,用故事增进孩子和你的情感交流,用故事走进孩子内心深处,拉近你与孩子的距离,建立更亲密的关系和友谊。用故事解答孩子们永远问不完的"为什么",用故事洗涤孩子心灵、陶冶情操,促进成长。

第二节　幼儿故事的特点

幼儿故事是叙事性文学体裁,适合3~6岁幼儿欣赏,题材广泛,主题单纯;情节生动,结构紧凑;叙事为主,语言口语化,篇幅短小、具有感染力、教育意义,较适合于口头讲述。

一、主题单一完整,情节生动有趣

幼儿的注意力容易分散,所以幼儿故事情节一般比较单一,生动有趣,富有悬念,可读性强,能引人入胜。通过讲述故事,容易将幼儿引入故事特定的情景中体验和感受。幼儿故事题材广泛,包罗万象,可以讲述的是现实生活故事、动物故事、历史人物、战争故事、寓言故事等。一个故事讲的是一个主题内容,一般采用顺序的方式,一步一步展开情节,故事完整,脉络清晰。角色人物、情节发展都紧紧围绕故事主题展开,篇幅短小。幼儿故事内容易于理解,多以孩子熟悉的内容展开,孩子们听得津津有味。比如故事《守株待兔》。

> ### 守株待兔
>
> 从前,有个农夫在田里锄地、拔草,累得筋疲力尽,他就靠在一个大树桩上休息。忽然,一只兔子从远处的草丛里飞奔过来,不知怎么回事,兔子竟一头撞在大树桩上,死了。农夫欣喜若狂地跑过去捡起了兔子。
>
> 农夫拎着兔子,得意洋洋地想:"今天的运气真不错,竟然白白捡了一只兔子,这可比种庄稼容易多了,说不定明天还会有兔子跑来撞死在树桩上呢,如果我每天都能捡到一只兔子,就不用辛辛苦苦地种田了。那岂不是太好了?"
>
> 从此以后,农夫再也不干活了,天天戴着草帽坐在那个树桩边,等着兔子撞过来。可是他一连等了好几个月,也没有看见一只兔子的影子。地里的野草长得比庄稼都高了,可是,他仍然无动于衷,懒得干活。就这样,夏去秋来,别人的粮食都喜获丰收,只有他家颗粒无收。
>
> 哎!这能怪谁呢?

《守株待兔》讲的是一个农民想不劳而获的故事。故事描述了一只兔子偶然不小心撞到树桩上死了,一个农民捡拾后再也不去种地,天天守在树桩边等着兔子撞死,结果颗粒无收、一无所获的故事。故事内容简单,道理深刻,单线索展开故事发展,并贯穿到底,没有过多的"枝蔓"情节。孩子们听到农民每天都坐在树桩下,就开始七嘴八舌地讨论起来,这样做不对,接着老师可以进一步引导追问:"为什么?"使得故事的道理根植孩子心中:做任何事情不能不劳而获,要好好种地,付出努力,才会有收获。

再比如大家都很熟悉的《龟兔赛跑》,故事围绕小乌龟和小白兔赛跑的主题,最后小乌龟由于坚持不懈获胜而小白兔因为骄傲自满比赛失败的故事。故事有趣生动,有比赛的起因、发展与结果,有完整的故事情节。小乌龟一步一步慢慢地爬,小兔子一蹦一跳快速地跑,结果小白兔呼呼呼睡大觉错过了胜利,小乌龟一步一步慢慢坚持,最终获得胜利。孩子们听到开始比赛时都给小乌龟加油呐喊:"小乌龟,加油! 加油!"既有趣又生动。听到小白兔因骄傲比赛失败了低下了头,明白做任何事情要坚持到底,不能骄傲的道理。

❀ 二、内容再现生活,语言浅显易懂

幼儿故事内容多贴近孩子日常生活,取材来源于生活,截取生活中一些小场景或典型生活事件,生动再现。幼儿故事之所以深受孩子们的喜爱,是因为作品朗朗上口、易于理解的口语化结构,易于讲述和传诵。故事以叙事体裁为主,平铺直叙中娓娓道来,讲的是幼儿身边熟悉的事情,细致的心理刻画部分不多,情节发展以一条线索贯穿到底,完整而有序。幼儿故事一般多短句、多形象词、多动词,适合幼儿听与讲。让孩子们在朴素、简单、明了的口语化语言描述中,熟悉角色之间发生的故事。

例如故事《布娃娃看表演》,就是再现生活中截取的一个小片段,用平叙的方式讲述了布娃娃生活自理能力改变的过程。故事中出现大量的"反复"对话,"自己的事自己做,不要靠别人,好孩子要自己学着穿××。"反复的是叙述结构,便于孩子们加深理解故事传递的信息和具体提升生活自理能力的方法。故事中"自己的事情自己做"的简单道理便于幼儿学习模仿,再回归于生活,应用在生活之中。

故事《摸耳朵》,讲的是兔咪咪睡觉时要摸妈妈的耳朵,可是妈妈不在家,鼠妈妈来了,兔咪咪摸摸鼠妈妈的耳朵:"太小了! 太小了!"猫妈妈来了,兔咪咪摸摸猫妈妈的耳朵:"太尖了! 太尖了!"象妈妈来了,兔咪咪摸摸象妈妈的耳朵:"太大了! 太大了!"这些语言是不是熟悉又可爱呀! 故事采用了反复的结构,句式整齐、节奏感强,大量的动词、形容词、叠音词让故事更加绘声绘色、生动有趣。这就是幼儿故事的特点,生活气息浓郁,都是孩子触手可及的生活事件,易于孩子理解和接受。

第三节　幼儿故事的教育作用

世界上没有不爱听故事的孩子,故事也是孩子认识世界的一扇窗口,用故事引领幼儿成长的巨大潜力早已得到证实。听故事、讲故事和表演故事使孩子们获得知识、开发智能、懂得道理、提高自身能力。生动有趣的情节、唯美动听的故事、引人入胜的情节能触动孩子的心灵深处,让孩子乐意帮助他人,厌恶自私自利;喜欢纯洁善良,憎恨凶狠狡猾。故事通过直接或间接的方式有力地影响幼儿的审美能力,培养幼儿向善、求美、趋真的美好品德和情操。故事更像幼儿的隐形教师,潜移默化中引领孩子成长,为幼儿打开走向广阔世界的智慧之门,故事也是帮助幼儿确定和认识自己情绪的重要资源,使幼儿内心世界变得更加合理丰富。

❀ 一、用故事引领成长,教育润物无声

(一)学习语言

故事是一种语言,是一种情感,孩子的童年离不开故事,情节生动感人的故事往往能给孩子带来无穷的欢乐和启示。故事是幼儿学习语言的一种重要途径,故事在孩子语言学习中起着举足轻重的作用。故事的语言生动形象,易于幼儿理解和接受,在故事中,幼儿学习大量新的词汇并运用到日常生活中,有利于发展孩子连贯性语言的发展。幼儿听故事后,不由自主地将故事讲述出来,模仿故事中优美的语词、段落、句式,并且进行表演,帮助幼儿掌握多种语言知识和技能。听故事并练习讲述,不仅能训练发音吐字清楚,而且能提升语言表达能力,对幼儿学习语言大有裨益。每一位幼儿教师都应该成为讲故事高手,通过故事教育、引领孩子健康成长。

小猴卖"○"

小猴是儿童百货店的售货员，它很会动脑筋。

一天，来了五个伙伴，手里都拿着一张纸片，纸片上画着个"○"。"咦，这'○'是什么意思？"小猴摸摸脑袋，有办法了！它问小鸭："你买圆圈圈干什么呀？""我要用它学游泳。""知道了。"小猴拿了个"○"给小鸭，小鸭高兴地走了。

"你呢，小猫，为什么买圆圈圈？"小猫说："我想用它照着洗脸、梳头。""知道了。"小猴拿了个"○"卖给了小猫，小猫照了照，满意地走了。

"小狗，你买圆圈圈有什么用？"小狗举起铁钩子说："我就缺个圈圈啦！"小猴很快就把一只"○"卖给小狗。

"小老虎，你也要圆圈圈吗？""是呀，你瞧，我新球鞋也有了，正等着圆圈圈踢呢。"小猴拿出一个"○"丢给了小老虎，小老虎高兴地付了钱。

最后轮到小兔，小兔说："妈妈讲，明天早晨，让我用圆圈圈当早点。""噢，是这样。"小猴用一只干净的口袋，装了几块"○"，递给小兔，小兔也高兴地回家了。

五个小伙伴都买到了自己需要的"○"，你知道它们的"○"各是什么东西吗？

故事《小猴卖"○"》，通过小动物们用简洁生动的语言描述想购买的"○"，最终大家都买到了各自满意的物品。故事采用反复式的语言结构来串连故事情节，类似情节一而再、再而三地出现，但每次反复内容不相同。故事语言描述非常具体，展现了"圆"形物体对不同动物的用处不同。故事中大量描述性的语言引导幼儿从不同的视角去观察、了解周围世界，建立和日常生活中常见物品的链接，获取新知。

讲述故事时，可以让幼儿先动脑筋猜一猜，然后随着故事的展开公布答案，孩子们在一次次猜对的成功体验中进一步加深对生活用品的特点、外形和作用的认识，提升语言表达能力。

故事《小蝌蚪找妈妈》，通过小蝌蚪找妈妈的情节，让幼儿在轻松愉悦中了解小蝌蚪变成青蛙的过程。形象的语言描述让幼儿认识了一个个水中可爱的小动物形象，"大鱼有两只大眼睛，嘴巴又宽又大"与"青蛙有两只大眼睛，嘴巴又宽又大，四条腿走起路来一蹦一跳的，白白的肚皮绿衣裳，唱起歌来呱呱呱"的语言描述具体而形象，让孩子们很容易和小动物建立感情连接，打下科学基础。故事中大量的礼貌用语，让孩子们便于模仿学习，应用在日常交往中。

（二）探索求知

孩子总是充满好奇，总是喜欢问"为什么"。幼儿故事广泛而丰富的取材刚好满足孩子们的求知欲和探索欲。我们可以通过故事让孩子感受现实生活中的奇妙和美好，引导幼儿自己去感知、去思考、去探究、去验证，视野不断开阔，这样所得到的印象比成人直接告知来得更深刻，意义更深远。

故事《方块儿兔子过生日》（李素拉），方脸兔子在邀请朋友来庆祝生日的派对中，通过图形形状找到邀请的客人，再分别从礼物盒子的形状来匹配是谁送的礼物。这篇故事充满寻找的乐趣，能激发孩子探索的欲望，随着故事情节一点点展开，孩子们也找到了自己的答案，满足了孩子们的求知探索。在讲述故事的过程中，配合图片观察，孩子们掌握了图形、颜色、数量和大小等知识，训练了幼儿考虑问题不要拘泥于一种角度的发散思维能力。

故事《你不知道的三个朋友》，通过讲述戴眼镜的脑教授、穿裙子的心小姐和胖乎乎的肚子先生三个朋友之间的故事。随着近年来"身心灵"的主题持续大热,生命背后的哲学意义也在被越来越多的人挖掘。这也成为孩子提问最多的话题:"人为什么会打嗝? 为什么会生病?"对于这些问题,赫姆·海恩用他的方式在故事中做了巧妙的解答。幼儿通过听故事,了解了脑、心、肚子三者各自的职能和用途,让孩子懂得要爱护自己的身体,少生病,健康最重要的道理。故事把原本严肃的科学问题用浅显易懂的形式讲述给孩子,在孩子幼小的心灵深处播下一颗种子,从而激发孩子继续探索身体更多的奥秘。

(三) 引领成长

幼儿由于年龄小,认知水平相应较低,缺乏生活经验,无法判断对错是非。如果成人每天都反反复复用说教的方式对孩子提出各种各样的要求:"要好好吃饭,要好好睡觉,要懂礼貌,要讲卫生,要……"孩子们不仅不能很好地理解这些要求的具体指向,有时还会无所适从甚至产生逆反心理。有时条条大道理,不如区区小故事,孩子的身心发展特点决定了讲故事是一种更容易被接受的教育形式。如果我们尝试将这些要求用讲故事的形式表达出来,你会发现很多"问题"在故事中就能迎刃而解,幼儿乐于接受。

从一个个精彩的故事中,孩子们初步学会对人、对事、对物、对己的正确态度,孩子们似乎看到了自己的影子,从而领悟到小故事传授的大道理,并愿意学习模仿,自觉养成良好的习惯,内化于心、外化于行。用故事引领孩子成长,针对孩子随时发生的情况,把各种教育的道理蕴涵在故事之中,通过故事的方式,在潜移默化中,教育、引导、说服孩子,让孩子们更好地明确成人的要求,反观自己,力争更好,从而继续将好的行为迁移到更多地方。

故事《大公鸡和漏嘴巴》,语言描写亲切自然,贴近生活,字里行间充满了浓郁的儿童情趣和生活气息。让孩子们通过大公鸡到处去啄小弟弟的饭粒,小弟弟被大公鸡追着跑的有趣场景,知道吃饭的时候不能东张西望,不要撒饭粒,要爱惜粮食的道理,比枯燥的说教更容易被幼儿接受。

故事《小熊不刷牙》,小熊为了偷懒,欺骗妈妈不刷牙,后来牙齿全部都没有了,说话跑风、蘑菇咬不动……在听故事时感受小熊说话跑风的幽默对话,让孩子在捧腹中明白一个道理:牙齿每天都要认认真真地刷,否则牙齿都会坏掉,好吃的东西吃不了。这样的事情相信在绝大多数孩子身上都会发生,怎样引导孩子养成良好的生活习惯,通过故事中一个个孩子们喜爱的角色,让孩子们乐意去模仿,在一次次模仿中,遇到类似的事情后,孩子们就知道应该怎么去做,发挥故事的指向功能。

美国故事家吉姆·科认为:"听故事能够打开那些直接教育无法触及的区域,无论成人还是儿童,都可以从故事中找到解决自己问题的稳妥办法。"故事可以引领孩子学习语言、学习知识、学会观察、认识事物、寻求规律,促使孩子们在不断发现问题、解决问题中养成独立思考的好习惯,在成功体验中培养自豪感,建立自信心。用故事在润物细无声中引领孩子成长。

❀ 二、用故事舒缓情绪,促进心理健康

"促进幼儿身心和谐发展"是所有家长与幼教工作者坚持不懈的教育目标。在幼儿全面发展教育中,故事可以促进幼儿身心健康全面发展。在故事中,幼儿学习与他人积极交流互动,悦纳自我,理解他人,学会遇到困难寻求帮助,及时倾诉内心想法,用合适的方式宣泄消极情绪。故事可以让幼儿对生活充满乐观和自信,建立良好的情绪体验,促进幼儿心理健康发展。

(一) 情感体验功能

幼儿的感情丰富,容易受到感染。好的故事作品可以在潜移默化中传递善与恶、美与丑,引领幼儿在感同身受中,体会愉悦、悲伤、紧张、激动、恐惧、开心、热爱、失望等情绪情感,故事会全方位地贴近孩子,

会将孩子自然而然地融入故事情境之中,产生一种很强的亲和力,引起心灵上的共鸣、愉悦的情感体验。

故事《狼和小羊》,小羊怯生生地发抖是那样的恐惧无助,容易激起孩子同情保护弱者的情感;故事《城里的猫和乡下的猫》,乡下的猫看见什么都惊奇不已,孩子在跟随乡下猫好奇的诙谐幽默之旅中释放心情;故事《瓜瓜吃瓜》,瓜瓜没有吃到又红又甜蜜的大西瓜的伤心失落,让孩子们在情绪跌宕起伏中获得丰富的情感体验;故事《李子核》,截取日常生活中一个常见的情景,生活气息浓郁,孩子们在结局部分体会有哭有笑的情感表达,感悟出故事传达的寓意。以小见大,没有无趣的说教,寓教育于顿悟之中,有利于孩子成长和身心健康。

(二)情感宣泄功能

成长中的孩子总会有各种各样的"小麻烦"和"小烦恼",孩子们对一些故事百听不厌、百读不倦,让成人有时费解。实际上孩子们反复体验着这些故事的同时,将自己的喜怒哀乐、纯真美好的种种情感投射或融会在故事里,这种宣泄和释放给孩子们带来的快乐无与伦比,是他们对难以企及的种种愿望的最大满足。故事满足了成长中的孩子强烈的阅读期待,帮助他们宣泄情感,帮助他们习得智慧,也帮助他们看到了希望。

我可以和你玩吗?

一只小乌龟,它想去找朋友玩。它爬呀爬呀,爬到一块大石头上,看见一只小白兔。它问:"我可以和你玩吗?"小白兔说:"你没有长长的耳朵,我才不要跟你玩。"

小乌龟又爬呀爬,遇见了一只刺猬。它问刺猬:"我可以和你玩吗?"小刺猬说:"你的身上又没有刺,我才不要跟你玩。"

小乌龟爬呀爬呀,遇见一条蛇。它问:"我可以和你玩吗?"小蛇说:"你没有长长的舌头,我才不要和你玩。"

小乌龟很失望,只好又爬呀爬,看到一只猴子。它问:"我可以和你玩吗?"猴子说:"你又不会爬树,我才不要和你玩。"小乌龟失望地说:"好吧!再见!"

小乌龟一边爬一边想:"对了!我可以变身像它们一样啊!"它学小白兔,把两片长长的叶子插在头上,把一堆筷子粘在身上假装是刺猬,再学小蛇,把一截绳子咬在嘴里当舌头。然后,它模仿猴子,辛辛苦苦地爬到树上,大叫:"谁要和我做朋友?"

砰!小乌龟重重地摔下来了!哎哟喂呀!它伤心地说:"我怎么这么笨呢?"

这时候,一个小男孩蹲下来看着它,说:"咦?你是谁?不像兔子,也不像刺猬。"小乌龟一听,立刻把叶子、筷子、绳子全部拆下来。小男孩睁大眼睛说:"哇,好可爱的小乌龟!我可以和你玩吗?"

乌龟愣住了,它不敢相信,真的有人要和它玩呢!

小乌龟在现实生活中就是那个眼神中藏着渴望、希望能被别人发现认可、拥有很多很多好朋友的小家伙儿,是不是很熟悉?小乌龟失望的神情和渴望友谊的心理,让自己变得不再是自己,辛辛苦苦却非常痛苦,想尽办法最后还是从树上重重地跌落。刚好遇见一个小男孩,非常喜欢他,故事在惊喜中结束,给成长中、与朋友交往中的孩子战胜烦恼、挫折与失败的力量。优秀的故事作品,都是在表面看起来很浅显的故事里,蕴含着深刻的人生哲理,给孩子一种精神启示,浸满了浓浓的情感。

（三）舒缓调节功能

孩子在成长的过程中总会出现一些小烦恼,一些故事具体生动,构思巧妙,想象新颖,富于童趣和哲理。在充满童真童趣的文字中,故事不仅带给孩子们阅读的乐趣,也能为幼儿的心理健康教育提供舒缓和放松的氛围,将孩子的成长过程中遇到的问题和烦恼,通过生动有趣的故事情节淋漓尽致地表现出来,调节焦虑、紧张情绪,有益于身心健康发展。

故事《魔法亲亲》,通过小浣熊和妈妈分离产生很强的焦虑情绪后,妈妈跟他交换了一个留在掌心的吻——"一个魔法亲亲",缓解了小浣熊思念妈妈的焦虑,感受到不管到哪里妈妈的爱都会永远和他在一起。可以说,故事的重要功能之一就是可以丰富幼儿的情感体验,帮助幼儿身心健康发展。

❋ 三、用故事拉近距离,建立良好关系

不同领域的心理学家不约而同地渐渐注意到"听、说故事"的重要性,即幼儿在听故事和说故事中,理解别人、了解自己,并以此认识自我、认识周围的人、认识世界。

（一）建立亲密的师生关系

3～6岁的孩子喜欢听故事,故事为孩子们开启智慧之门,教师要善于用故事打开孩子心灵之窗,用故事引领孩子用发现美的眼睛探寻世界的美好与未知。在故事里孩子可以一会儿变成淘气的小猴子、可爱的小花猫,一会儿变成沉稳的老黄牛、庞大的大河马;在故事里,孩子可以力大无穷、魔法无边,也可以瞬间变小、躲藏到任何人都找不到的地方;在故事里,孩子们可以尽情爽朗地大笑、伤心地哭泣,也可以在跌宕起伏的情节中尖叫、求饶和冲杀;在故事里,孩子们可以尽情地徜徉、尽情地享受角色带给自己的满足,和老师一起听故事、讲故事、表演故事,用自己的理解,用自己的表达,用自己的方式,不受拘束,无忧无虑。在分享故事《大嘴青蛙》时,孩子们可以扮演成任意角色,教师可以参与其中,一起扮演角色,表现故事,感受故事带给大家的快乐。在讲故事、表演故事中,幼儿教师要善于用惟妙惟肖、抑扬顿挫的故事走进幼儿世界,在幼小的心灵中注入真善美,使他们内心充满爱的力量。用故事增进彼此感情,建立良好的师生关系。

（二）建立和谐的伙伴关系

大家耳熟能详的故事《萝卜回来了》,讲述了在一个寒冷的冬天,小动物们心里总是装着好朋友并将好吃的食物分享给好朋友,在彼此诚挚关怀中最终收获互相关爱的朋友之情。让孩子从小明白关心他人自己会变得更加快乐的道理。故事魅力无限,因为在故事里孩子们可以变得更加善良、更加可爱、更加乐于助人;在故事里孩子们学会关心他人、相互理解、彼此谅解;在故事里,孩子们更加坚强、更加勇敢、更加有力量;在故事里,孩子们更加愿意分享,享受亲情和友情……故事有很多简单易学的道理,可以激发孩子在日常生活中关爱身边生病的小伙伴的情感,可以让孩子愿意为小伙伴提供适当的帮助;可以通过具体的行为让小伙伴和自己和好如初,故事有利于建立亲密的伙伴关系。

（三）建立融洽的亲子关系

孩子的心灵是最纯真的,他们对世界充满了好奇,充满了梦想。家长在陪伴孩子成长的每一天用什么满足孩子们的好奇心?用什么使他们的梦想更加绚丽多彩?用什么可以更好地走近孩子,建立甜蜜的亲子关系?通过讲故事。用故事可以和孩子一起遨游在奇妙的世界中,探索未知;用故事可以解决很多

生活中的很多"难题",解答孩子无数个"为什么",树立成人在孩子心目中的形象;用故事可以将孩子拥抱在怀中,在角色模仿、嬉戏玩耍中建立更亲密的关系,增进彼此情感交流。

　　故事《什么》,讲述的是奶奶和小孙子之间入睡前的一段甜蜜温馨的时光,奶奶和小孙子的一问一答,一件件睡前需要的物品在奶奶灵巧的双手中一一呈现,生活的气息和浓浓的亲情也随之扑面而来,这样的故事真是百听不厌,久久回味。因为故事是人类呈现给孩子最美好的礼物,也是呈现给成人最美好的童年回忆。用故事陪伴孩子的成长,让家人围坐,口耳相传,一问一答,赞赏愉悦的场景温暖定格在每一个孩子心中。

第二章　故事讲述前的准备

第一节　故事讲述前的选材

讲故事前，精心挑选适合孩子听的故事，非常重要。幼儿接受文学作品主要靠"听"的特殊方式，因此讲故事给幼儿听是一种寓教于乐的很好方式。幼儿的年龄特征决定，他们喜欢紧张激烈的故事情节，喜欢看大幅度、较夸张的动作性表演。选择的故事要符合幼儿的生活经验、年龄特点、兴趣爱好和心理特点，符合幼儿实际认知水平，教师要以幼儿的眼光去选择故事。

为幼儿选择适宜的故事，首先要考虑几个问题：故事要讲给谁听？什么时候讲故事？为什么要讲这个故事？

选择适宜的故事首先要符合听故事幼儿的年龄特征、审美心理特点、接受能力和喜好兴趣。小班、中班、大班幼儿选择的故事要有一定的区分，应根据不同年龄段幼儿的心理、思维、认知特点以及语言接受能力和生活环境的特点，故事的内容要丰富、多样，要略高于他们的年龄水平，要选择情节有趣或异想天开的、形象生动、吸引幼儿的故事，要经常给孩子一些新的东西，会更受孩子欢迎。

选择适宜的故事要考虑在什么场合讲述故事，是晨间活动时间、教育教学活动、餐点后自由活动、午间睡觉前、游戏活动时间还是家长接孩子离园前的环节，故事的长短、情节、基调、教育意义等都是要考虑的因素。

选择适宜的故事要考虑教育目的性，为什么要讲这个故事？是教育孩子要与同伴建立友好关系，是根据教学活动丰富拓展孩子的知识面，是培养孩子生活自理能力，还是了解地方特色或季节变化等，要根据教育目的的不同选择合适的、寓教于乐、开启幼儿智力、启发想象的故事进行讲述。

选择适宜的故事应该有着积极的主题思想，可以让幼儿通过听故事初步认识自我、熟悉感知世界、了解奇妙的大自然、感受各地风土人情以及建立良好的生活常规。选取的故事作品要确保题材广泛、蕴含丰富信息、促进幼儿健康成长、具有激励价值，幼儿能从中汲取营养，促进其思维、行为、态度和信念的适宜的故事作品。

选择适宜的故事应该根据幼儿思维和语言发展特点，语言应该浅显易懂，句式要求以短句为主，故事中名词、动词等有具体形象内容的词语为主便于孩子理解掌握。一个故事最好是一条线索一贯到底，脉络分明，层次清晰，一个故事讲一件事情，说明一个道理，涉及角色不宜过多，逻辑关系不宜复杂。

小猪变干净了

有一只小猪，它长着圆圆的脑袋，大大的耳朵，小小的眼睛，翘翘的鼻子，胖乎乎的身体，真有趣！可它就是不爱清洁。它常常到垃圾堆旁边找东西吃，吃饱了就在泥坑里滚来滚去，滚得身上都是泥浆。

一天，小猪想去找朋友。它一面走，一面"哼哼哼、哼哼哼"地叫着。小猪走着，走着，看见前面有只小白兔，长着长长的耳朵，短短的尾巴，红红的眼睛，白白的毛，真好看！小猪高兴地叫："小白兔，我和你一块儿玩，好吗？"小白兔回头一看，原来是小猪，就说："哟！是小猪，看你多脏啊！快去洗洗吧，洗干净了我再和你玩。"小猪不愿意洗澡，只好走开了。

它走着，走着，走到草地上，碰到一只小白鹅。小白鹅，真美丽，红红的帽子，白白的羽毛。小猪高兴地说："小白鹅，我和你一块儿玩，好吗？"小白鹅说："哟！是小猪，看你多脏啊！快去洗洗吧，洗干净了我再和你玩。"小猪看了看自己的身上，可不，满身是泥浆，泥水还在"滴答，滴答"地往下滴呢！小白鹅又说："走，我带你到河边去洗个澡吧！"小猪跟着小白鹅来到小河边，小白鹅"扑通"跳进河里，用清清的水泼呀泼，泼在小猪的脸上、身上。小猪用清清的水洗呀洗，洗得干干净净的。小白鹅高兴地说："小猪变干净了，我们一起玩吧！"小白兔看见小猪变干净了，也来跟它玩了。小猪和朋友们玩得可高兴啦！

故事《小猪变干净了》适合为小班幼儿讲述。故事活泼灵动、生动有趣。讲述了小猪不爱清洁，全身都是泥浆，到处找不到朋友，后来在小白鹅的帮助下，不仅变干净了而且找到朋友的过程。告诉孩子们要讲究卫生，变得清洁，才会受到小伙伴儿的认可和喜爱的道理。故事情节单一，首尾呼应。内容单纯浅显，篇幅较短，生动有趣，完整连贯，语言活泼，简洁明快，适合小班幼儿听赏。

故事《绿色的史蒂文》，讲述的是一个小男孩史蒂文，一日三餐只吃绿色的果冻，最后自己变成了一个绿色的小孩儿，经过医生的诊治，史蒂文又回到正常样子的故事，教育孩子一定要"什么食物都吃一点儿，就一定不会变成'绿果冻'的史蒂文"。故事环环相扣，直白式描述，没有隐性情节。首尾呼应，浑然一体，叙述简单清晰，符合中班幼儿的接受能力。

《小猴卖"○"》的故事围绕不同的小动物到小猴的儿童百货店买"○"，用简洁明快的语言描述了不同的小动物所需要购买的"○"都不相同，从而让孩子们理解生活中有不同用处的"○"。故事在情节结构上采用了重复的格式，这种重复不是简单的反复，而是一种递进上升的反复，每重复一次，情节向前推进一步。这种方式给予幼儿清楚明了的记忆和想象因素，符合大班幼儿思维的特点，引发幼儿思考，也易于幼儿接受。

📖 第二节 故事讲述前的分析

选择适宜幼儿的故事后，讲述者要熟悉故事的内容，着重对故事的主题、内容、情节、角色、词句等方面进行细致分析。

故事是幼儿阶段接触较多的文学作品之一，幼儿故事有单纯、完整的情节，讲述故事前，要分析情节发展变化趋势，高潮部分、低谷部分、转折部分、回合部分等，这样才能在讲述故事时，收放自如、游刃有余，准确把握故事高潮，引人入胜。

　　故事是幼儿获取知识、启迪心智、道德感形成、心理成长的重要途径。讲述者要对故事中主要的人物、主要的事件分析出作品的立意所在，要考虑将故事与幼儿最关心、感兴趣的话题结合，让故事中的"角色"先在讲述者心中活起来，讲述时才能更加淋漓尽致地发挥。

　　故事讲述者要分析故事语言特点，是否多使用了短句、比喻句，是否运用了摹声词、象声词、叠音词，是否多采用了动态描写，将故事中角色的形象、色彩、动作、神态都鲜明而具体地凸显出来。讲述前对故事作品语言特点的分析，为进一步将故事进行趣味改编做好工作。

　　故事讲述者要通过讲述故事传达故事主旨和思想内容，讲述前要对故事中的情节、角色产生强烈的情感和鲜明的立场，分析故事细节，有助于掌握故事讲述基调。基调是指故事作品总的感情色彩及态度，是讲述者在深入了解故事作品主题思想、内容、结构的前提下，讲述故事的情感色彩的一种综合体现。不同的故事作品讲述时基调也不同，或深情感人，或诙谐幽默，或生动活泼，或严肃悲壮，或美好欢欣等。确定了故事讲述基调，才便于讲述者激情饱满地讲述故事，才便于讲述者恰当运用各种讲述技巧，停连得当，轻重适度，节奏鲜明，抑扬顿挫，以情带声，以声传情。才便于孩子们通过听故事关注隐藏在情节、角色身上闪现的美好品质的细节，领会故事要表达的深层含义。

　　故事《大公鸡和漏嘴巴》，生动有趣，讲述的是一个小弟弟吃饭撒饭粒、被大公鸡追得到处躲的趣味十足的故事。故事使用了夸张的手法，把大公鸡爱啄饭粒的喜好巧妙地和小朋友吃饭时东张西望撒饭粒结合起来，在热闹欢快的你撒我啄中展开。故事基调热闹、夸张、活泼。在故事中，大胆的幻想（大公鸡会说话，到处去啄小弟弟）和艺术的夸张（大公鸡张开金翅膀，一跳跳到小弟弟的肩膀上，朝着他嘴巴上的饭粒，"哆"地啄了一下），故事曲折离奇的情节，熟悉的生活场景，生动形象的角色，可视可听的语言，深深地吸引着孩子，让他们沉醉在故事的世界中。

　　故事《猜猜我有多爱你》，描写了两只兔子之间深厚的爱，故事基调应该是美好的、愉悦的、欢欣的，因此在故事讲述中，讲述者要有意创设爱的氛围，语气、语调、语速要让孩子跟随故事情节发展得到爱的感染和熏陶。让孩子在故事对话中，体会两只兔子似母女之间甜蜜之爱、似家人之间温暖之爱、似朋友之间陪伴之爱。故事在爱的基调中，潜移默化地熏陶孩子，提升孩子审美能力，给孩子心灵滋养。

第三节　故事讲述前的加工

　　讲述故事前要选取适宜幼儿的故事，并进行细致分析，在不改变故事原有情节的基础上，把故事进行适度修改、二次加工。"幼儿的审美心理对于感性形象的依赖性要求幼儿文学作品要特别重视形象性。"[1]幼儿天生好动，所以，在改编故事时，适当地增强动作性和趣味性，幼儿就会乐于听赏。摹状、比喻、比拟、夸张，对幼儿语言的形象性和趣味性，有着特别重要的作用。

　　讲述者要注意把握幼儿故事主题的单一、浅显、鲜明性特点；注意把握幼儿故事情节结构生动有序、构思巧妙、篇幅宜短不宜长的特点。对故事进行适度修改，让故事更加口语化，更加趣味化。

一、故事更加口语化

（一）单音节改为双音节
　　讲述故事前，要将幼儿故事中出现单音节的词语改成双音节词语，符合故事口语化要求，读起来响亮

---

① 张美妮,巢扬.幼儿文学概论[M].重庆：重庆出版社,1996.

上口，印象深刻。

故事《木兰从军》中，"木兰告别了家人，披战袍、跨骏马、渡黄河、过燕山，来到了前线。在多年的征战中，她为国立下了赫赫战功。"这段话中出现多处单音节词语，孩子们听起来不易理解和记忆，要求讲述者在讲述前将单音节词语改成幼儿熟悉理解的双音节词语。如，"披"改成"披上"，"跨"改成"跨上"，"渡"改成"渡过"，"过"改成"翻过"，"为"改成"为了"，"国"改成"国家"，这样再将改过的故事讲给孩子听，就会浅显多了。

（二）长句改为短句

幼儿故事要求尽量口语化，与幼儿年龄特点有关。"要想使故事'口语化'，就应该把修饰成分和连带成分过多的长句转换成言简意明的短句，讲起来既清楚明白，听起来也不费解。"[①]幼儿对于故事中出现的过长的句子不易接受，难以理解。讲述者在讲述故事前要将故事中的长句转化为言简意赅的短句，句子意思不变，却多了几分儿童的情趣，让孩子听起来轻松愉快，不费力气。

故事《猴子捞月亮》中有一句话："猴子当中有一只小猴独自跑到林子旁边的一口井旁玩耍，它趴在井沿往井里边一伸脖子忽然大叫起来：'糟了，糟了，月亮掉到井里去了！'"这个句子较长，幼儿就不易理解，如果把它换成短句："一只小猴儿，跑进旁边树林玩耍，它发现一口井，趴在井沿上，伸长脖子一看，忽然大叫起来：'糟了，糟了，月亮掉到井里去了！'"这样将长句进行了改动、删减，省去不必要的词，更加简单口语化，符合幼儿思维特点，易于理解。

（三）更换词语

幼儿故事中，对于故事中出现与主题内容关联不大而且复杂的人名、地名等，容易混淆，可以更换词语；对于故事中出现的被动句，注意要把被动句改为主动句，或者把句子中"被"字改为口语化的"让""给"等，对故事适度修改，化繁为简，流畅简单。

故事《聪明的裁缝》中，兄弟三人的名字很长而且读起来很拗口，讲述故事时可以将三兄弟的名字更换为大哥、二哥、三小弟，这样一来，朗朗上口，随着情节发展，孩子们依然很清晰分辨三兄弟，也容易记住。

故事《大嘴青蛙》中，"大嘴青蛙刚要凑过去听，这一切都被躲在树上的小鸟看见了"改为"大嘴青蛙刚要凑过去听，小鸟躲在树上，什么都看见了"或改为"大嘴青蛙刚要凑过去听，这一切都让躲在树上的小鸟看见了"。改后的句子幼儿听了更容易接受和理解。

（四）调整语序

幼儿故事，结构要清楚有条理，要用顺叙，避免插叙、倒叙、补叙。故事中有些叙述不符合日常交流的语序，会让孩子听起来比较拗口，难以理解，或条理不清。讲述前要将语序进行调整，讲述更加口语化，符合幼儿的认知特点和语言习惯。

---

① 隋雯，高昕.幼儿教师口语[M].北京：高等教育出版社，2012.

故事原文

胆 小 先 生

王铨美

　　有一位先生,住在一座漂亮的房子里。因为他的胆子很小,大家都叫他胆小先生。

　　一天,一只大老鼠闯进了他的房子。胆小先生马上去捉,结果在地下室捉住了它。

　　"你放了我!"大老鼠挣扎着说,"我要是一跺脚,整个房子就塌了。"胆小先生害怕了,连忙放开了它,还允许它住在地下室里。地下室里吃的东西真多,大老鼠吃呀、喝呀,真开心。后来,大老鼠生了一窝小老鼠,小老鼠又长成大老鼠……很快,地下室里住满了老鼠。

　　"不行,不行!"大老鼠冲着胆小先生嚷嚷:"这么多老鼠住这么一个小小的地下室,而你一个人住这么多房间,太不合理了,得换个房子。""换房子?"胆小先生大吃了一惊。"对,换房子!"老鼠们齐声说。胆小先生又害怕了。

　　他们很快换了房子。胆小先生住在地下室,老鼠们住进各个房间。它们在宽大的客厅里唱呀跳呀,在喷香的厨房里喝呀吃呀,每天都像过节一样。

　　"你应该搬出去!"大老鼠又冲着胆小先生嚷嚷,"你干吗老住在地下室? 这么好的地下室,你配住吗?"

　　"什么?"胆小先生气愤地跺了一下右脚,"咚——"老鼠们害怕了,它们个个抱头乱窜,以为地震了。

　　"哦,原来我是很有力量的!"胆小先生抓起扫帚,这儿一扑,那儿一打,这儿一戳,那儿一捣,老鼠被打得吱吱叫,全逃跑了。

　　胆小先生后来怎么样了? 小朋友能猜得到吗?

调整语序后

胆 小 先 生

　　有一位先生,住在一座漂亮的房子里。因为他的胆子很小,大家都叫他胆小先生。

　　一天,一只大老鼠闯进了他的房子。胆小先生马上去捉,结果在地下室捉住了它。

　　大老鼠挣扎着说:"你放了我! 我要是一跺脚,整个房子就塌了。"

　　胆小先生害怕了,连忙放开了它,还允许它住在地下室里。地下室里吃的东西真多,大老鼠吃呀、喝呀,真开心。后来,大老鼠生了一窝小老鼠,小老鼠又长成大老鼠……很快,地下室里住满了老鼠。

　　大老鼠冲着胆小先生嚷嚷:"不行,不行! 这么多老鼠住这么一个小小的地下室,而你一个人住这么多房间,太不合理了,得换个房子。"

　　胆小先生大吃了一惊:"换房子?"

　　老鼠们齐声说:"对,换房子!"胆小先生又害怕了。

　　他们很快换了房子。胆小先生住在地下室,老鼠们住进各个房间。它们在宽大的客厅里唱呀跳呀,在喷香的厨房里喝呀吃呀,每天都像过节一样。

　　大老鼠又冲着胆小先生嚷嚷:"你应该搬出去! 你干吗老住在地下室? 这么好的地下室,你配住吗?"

胆小先生气愤地跺了一下右脚："什么？""咚——"老鼠们害怕了，它们个个抱头乱窜，以为地震了。

"哦，原来我是很有力量的！"

胆小先生抓起扫帚，这儿一扑，那儿一打，这儿一戳，那儿一捣，老鼠被打得吱吱叫，全逃跑了。

胆小先生后来怎么样了？小朋友能猜得到吗？

调整语序后的《胆小先生》，读起来和原来有什么不同呢？你感受出来了吗？

✿ 二、故事更加趣味化

幼儿的观察力、注意力、记忆力的无意性很强，所以就需要用他们感兴趣的东西来吸引他们的注意力。年龄越小的孩子对故事的生动性和趣味性要求越高。幼儿故事情节要生动、有趣、有吸引力。这与幼儿的接受心理紧密相连。鲜艳的色彩、奇妙的音响、奇特的景物、夸张而富有动感的故事情节往往能够激起孩子浓厚的兴趣，吸引孩子的注意力。因此，讲述前故事的改编要更加趣味化。

（一）平铺直叙改为对话

一些故事叙述部分平淡而乏味，难以像对话性语言那么容易体现出故事的表现力和感染力，我们可以尝试将平铺直叙的叙述性语言改为角色对话，突出角色鲜明特点，推进情节发展。改编故事不必拘泥于故事本身文字的限制，要善于将书面化的语言巧妙地转化，使故事"口语化"，将把故事中"不出声的描写"部分改为"有声对话"，让故事声情并茂、生动可感，便于孩子理解故事情节发展。

故事《小猪奴尼》原文是："小猪奴尼看见小花猫正在和妈妈一起玩游戏，想叫小花猫和他一起玩，小花猫嫌奴尼脏，不要和奴尼一起玩。"这段话平铺直叙，缺乏趣味。在讲述故事前，我们将这段话改为对话形式，特意加入了猫妈妈的角色，形象地表现出猫妈妈因为小猪奴尼太脏而嫌弃他的样子："小猪奴尼走呀走，路上碰见猫妈妈，带着小猫做游戏，'喵——走开，走开，别吓坏了我的小猫咪！'"这样一来，是不是增加了故事的趣味性和可读性？朗朗上口，节奏感很强，对话中将猫妈妈的反感情绪淋漓尽致地表现了出来，孩子们听起来非常感兴趣。

《将军的魔药》《守株待兔》《拔苗助长》《司马光砸缸》《曹冲称象》等故事，距离孩子们生活的时间和空间较远，故事的内容有很多不易被现代孩子接受理解，但教育意义深远。所以我们要对这类故事尝试一些改编，做到语言生动有趣，浅显易懂。使改编后的故事孩子更愿意去听、接受，并且愿意以故事中的主角为榜样。

故事《将军的魔药》中有一段讲"将军驰骋疆场，带领大军，每每打个胜仗凯旋"，孩子们会因故事发生的年代、背景离现代生活久远而似懂非懂，故事中一些词语孩子们也不易于理解记忆。因此，在讲述故事前，考虑到这一段话对于整个故事起到画龙点睛的作用，不能删减，便将这段话改成互动式对话："战士们，将军要去打仗了，你们准备好了吗？"（和孩子们互动这个场面，提神又兴奋）孩子们齐呼："准备好了！""上马！"孩子们立刻拉紧"缰绳"，讲述者用手一指前方："敌人来了！"孩子们齐呼："冲呀！杀呀！""这一回，将军打了一个胜仗！"这一段话改编之后，故事更加浅显易懂了，趣味性也更足了，孩子们的兴趣一下子就被激发了，跟着讲述者一起"勇猛杀敌"，打了一场又一场的胜仗仍乐此不疲。

（二）运用儿化音增加韵味

在幼儿故事中要善于使用儿化音。"在普通话中，卷舌韵母 er 不能与声母相连，除了自成音节外，还可以同其他韵母结合起来构成卷舌韵母，使两个音节融合成一个音节，前面音节里的韵母或多或少地发生变化，带上卷舌色彩。这种音变现象就是'儿化'。这种带卷舌色彩的韵母叫作儿化韵。"[①]儿化音温润而舒适，轻柔而甜美，在幼儿故事讲述中要经常使用。例如："小脸红红的""小嘴甜甜的"，正常发音时略显生硬，讲述故事时，将"小脸""小嘴"巧妙处理成儿化发音，读成"小脸儿红红的""小嘴儿甜甜的"，顿时增加了表示可爱、欢喜、愉悦、亲切等感情色彩，具有了一定的修辞作用。讲述者要善于发现故事中可以进行儿化音处理的词语，如"小狗""糖块""小孩""好玩""用劲"等，讲述时可以将这些词语进行儿化发音，增加韵味。

故事中可以进行儿化音的还有一些表现轻微、细小、轻盈的感情色彩的词语，如："打开一点门缝"，我们讲故事时变成"打开一点儿门缝儿"，配合语气、语调的变化，配上适宜的动作，有利于幼儿对故事细节的理解。

常出现在幼儿故事中这类儿化音还有"一会""头发丝""针眼""叶芽""窗台""心眼""小雨点"等，试着把这些词用儿化音的方法读一读、练一练吧，相信一定会收到意想不到的效果哟！在分析故事时，找到并进行儿化音处理，增加故事韵味，凸显故事细节。

故事《猴子捞月亮》，有一段描写小猴子发现井里有一个月亮是这样描述的："猴子当中有一只小猴独自跑到林子旁边的一口井旁玩耍，它趴在井沿，往井里边一伸脖子，忽然大叫起来：'槽了，槽了，月亮掉到井里去了！'"我们将故事中一些词语进行儿化音的处理后变成："一只小猴儿，跑到井边玩儿，它趴在井沿儿上，往井里伸长脖子一看，忽然大叫起来：'槽了，槽了，月亮掉到井里啦！'"儿化音的处理会使故事讲述起来更贴切、自然，更儿童化、趣味化，儿化音的发音要注意轻柔、圆润，不能太生硬，需要一个慢慢练习、熟练掌握的过程。

（三）多用叠音词、拟声词

生动、有趣、幽默的故事才能感染幼儿，故事讲述前，可以根据需要对故事适当改编，要注意在语言上多用短句，多使用叠音词、拟声词、象声词，增强故事语言的形象性和动作性，尽可能让故事语言更加生动、形象、鲜活，将故事中角色的声音、色彩、动作、神态等鲜明而具体地"再现"在孩子面前。

故事讲述中需要加入一些叠音词。叠音词，就是同一个字的读音在同一个词语中相互重叠的词语，例如"喜洋洋、绿油油、热热闹闹、欢欢喜喜"等，幼儿故事中使用叠音词可以加强语气，突出效果，增强感染力，读起来朗朗上口，易于理解、记忆。如故事原文"小猪回家去"加入叠音词后改为"小猪摇摇摆摆回家去"；如故事原文"草地上小鸟叫着、跳着"加入叠音词后改为"绿油油的草地上，小鸟叽叽喳喳地叫着、跳着"。

故事讲述中需要加入一些拟声词。故事《谁咬了糕》《四个好朋友》《小公鸡和小鸭子》等，在讲述前，将故事中不同的小动物的对话前都加入拟声词，模仿小动物的叫声。故事《谁咬了糕》，如故事原文："小猫摇摇头，说：'我爱吃鱼，不爱吃糕，这糕不是我咬的。'"加入拟声词后改为："小猫摇摇头，说：喵呜，喵呜，'我爱吃鱼，不爱吃糕，这糕不是我咬的。'"讲述时配上小花猫的动作和表情，使故事讲述更加栩栩如生，幼儿通过"辨音观形"轻松识别角色。

再如故事《小猪奴尼》，如故事原文："妈妈看见脏兮兮的小猪后吓得打了一个喷嚏"，加入拟声词后改为："妈妈看见脏兮兮的小猪后吓得打了一个喷嚏，啊、啊、啊——啊嚏"，讲述时用夸张的声音、形象的动

① 隋雯，高昕.幼儿教师口语[M].北京：高等教育出版社，2012.

作配合讲述，增加故事的趣味性和现场感，引发孩子捧腹大笑。

第四节　故事讲述前的其他准备

🌸 一、巧妙设计开头结尾

（一）故事开头　巧妙设计

故事讲述前设计精彩的开头，是讲好故事重要技巧之一。好的故事开头，可以快速将孩子注意力集中，吸引孩子全神贯注地听故事。常用的故事开头设计技巧主要有：问题式、悬念式、谜语式和议论式。

故事《城里的猫和乡下的猫》，设计的故事开头采用问题式："有只猫，他生活在城里，他熟悉城里的一切。有一天，一只乡下的猫来城里做客，城里的猫就陪他到外面玩。会发生什么有趣的事呢？我们一起来听听吧。"设计幼儿感兴趣的问题，吸引注意力，引起思考，让孩子带着问题与思考进入故事情境之中。

故事《绿色的史蒂文》，设计的故事开头采用悬念式："有个小男孩叫史蒂文，突然有一天，他变得就像一只绿色的大果冻，你们想不想知道到底发生了什么事情呀？快跟我一起听故事《绿色的史蒂文》吧！"将故事中惊奇之处直接呈现给孩子们，由此吸引孩子听故事的欲望，"绿色的史蒂文"让人物和色彩奇特的组合所营造出的悬念氛围，让孩子带着"不解之谜"走进故事，获得听享乐趣。

故事《大公鸡和漏嘴巴》，设计的故事开头采用谜语式："身穿花花衣，走路喔喔啼。"这是什么小动物呀？用猜谜语的方法开始故事，将故事主角用谜语的方式介绍给孩子，孩子们很快猜中后生成成就感，带着这种愉悦的情绪开始故事之旅。

故事《瓜瓜吃瓜》，设计的故事开头采用议论式："吃过的瓜皮应该扔在哪里呀？如果乱扔，会发生什么事情呢？跟我一起听故事吧。"针对教育目的设计议论，既吸引孩子的注意力，又将故事的教育作用大致介绍了一下，起到提纲挈领的作用。

（二）故事结束　精彩收尾

故事结束有很多技巧，如果可以用多种方法结束故事，会让故事变得更加精彩，收到意想不到的效果。有的故事结尾可以按照原文直接讲给孩子听；有的故事可以将结束部分放在高潮处；有的故事是以发问思考的方式结束；有的故事可以用续编、创编的技巧处理。讲述者在讲述故事之前，要在把握故事主题脉络的基础之上，提前设计好故事结束的方法，心里要先有提纲挈领，才会将故事讲述得更有趣味性，挖掘出更多有价值的亮点。

小花猫种鱼

春天来了，小动物们都忙着种庄稼，小花猫看见老黄牛在耕地，小花猫就问："请问黄牛伯伯，您在干什么呀？"老黄牛笑呵呵地说："我在耕地种庄稼，想吃大豆种大豆，想吃南瓜种南瓜！"小花猫一听，高兴极了："我也得赶快种点鱼！"

小花猫急忙跑回家，拿来锄头，在地上挖了许多坑，把钓来的鱼全都种在坑里。

从此以后呀，小花猫再也不去小河边钓鱼了，它每天都守在坑旁边，盼着它的小鱼早点发芽。

故事《小花猫种鱼》，结束的部分在高潮戛然而止，讲述者可以鼓励孩子根据自己的理解，进行想象：小花猫每天守在坑旁边，盼着它的小鱼早点发芽，它的小鱼会发芽吗？没有等到小鱼发芽，小花猫会做些什么呢？如果你是小花猫，你会做些什么呢？检验孩子对故事的记忆、对情节的感知、对故事角色特点的把握和对故事整体的理解与想象，极大促进幼儿智力发展。

故事《胆小先生》，结尾时采用发问思考式："胆小先生后来怎么样了？小朋友能猜得到吗？"培养孩子的想象力、思维能力和创造力。

故事《龟兔赛跑》，在不同的年龄班讲述时，根据孩子的能力水平，不要受限于原来的故事的结尾，可以讲完故事后鼓励孩子进行创编："小兔子不服气，会怎么样？"让孩子继续大胆想象，设计出不同的结尾：小兔子再次提出比赛，这一回他们准备在大草原比赛……引导和激发幼儿打开思路，发展想象空间，培养孩子的是非判断能力，达到教育目的。

❀ 二、反复练习熟能生巧

选择适宜的故事后，要尽快熟悉掌握故事内容。熟悉故事是绘声绘色地讲好故事的前提和保证。讲述故事前，讲述者需要熟悉故事的题目、情节发展、角色特点及故事要表达的意义等。需要讲述者反反复复地练习讲述技巧，俗话说得好，"熟能生巧"，要对故事的重点部分、精彩部分分析、领会、感悟，反复练习，熟练掌握。

四个好朋友

一天早上，天气真好，小花猫、小黄狗、小公鸡都到草地上来玩耍。小白兔蹦蹦跳跳地也来了，它跳呀跳，一不小心，碰了小花猫一下，小白兔连忙说："对不起，对不起！"小花猫说："没关系，没关系。"它们成了好朋友。

小白兔和小花猫一起滚皮球，滚呀，滚呀，皮球"骨碌碌"地滚跑了。小花猫忙去捡皮球，一不小心，撞了小黄狗一下，它连忙说："对不起，对不起！"小黄狗摇摇头，说："没关系，没关系。"它们成了好朋友。

小花猫、小白兔和小黄狗一起滚皮球，玩得真高兴，小黄狗跑着追皮球，一不小心，踩了小公鸡的脚，小黄狗连忙说："对不起，对不起！"小公鸡被踩得很疼，眼里含着泪花。小黄狗赶快过去扶着小公鸡说："小公鸡，我踩疼你了吧？你坐下，我给你揉揉。"小公鸡看见小黄狗这样有礼貌，就原谅了它，忍着疼，说："没关系，没关系。"小花猫、小白兔也跑过来看望小公鸡。过了一会儿，小公鸡不疼了，和大家一起玩起来，它们成了好朋友。

故事《四个好朋友》虽然短小，但要想将这个故事讲得"好听"却不容易。故事里面有小花猫、小黄狗、小公鸡和小白兔四种性格迥异的小动物，不同的角色需要模仿练习小动物的声音、动作和神态。故事情节的发展在角色间反反复复的对话中，不断重复、巩固，讲述者要熟记每一个小动物的对话内容，在反反复复练习中，一定可以掌握故事精彩讲述精髓所在，孩子们也一定会在生动形象的反反复复的讲述中，理解故事，提高语言表达能力。

❀ 三、认真模仿大胆开口

讲述故事前，一定要熟悉故事，反复地练习讲述故事，熟能生巧。但要想讲出精彩美妙、深受幼儿的喜爱的故事,则需要模仿练习,掌握讲述技巧,慢慢形成自己独具特色的讲述风格。

模仿是学习讲故事最快、最便捷的方式之一。找几位你比较欣赏的老师(如鞠萍姐姐)的录音、录像,反复模仿。不但要模仿她讲故事时的语气、语速、语调,还要模仿练习她的身姿、手势、眼神、表情等技巧。此时的你不要有太多的杂念,比如想着要有自己的风格等,因为你还在学习讲故事阶段,需要的是兼收并蓄,先做一个好学生。在反复模仿中熟悉讲述者的讲述风格和鲜明的表达技巧,从感知到领悟、从熟悉到掌握、从模仿到完全拷贝,然后在这个过程中,结合自身特色,慢慢地感悟、提升自己的讲故事技巧,形成自己的讲述特色与风格。

有时开始讲故事,担心讲不好,其实没有关系,凡事开头难。练习讲故事也像学习别的功课一样,可以由易到难。行为科学认为:21天养成习惯。我们得先习惯"开口"。让自己开口,学会讲故事是一个简单实用的方法。此时面子问题可能是自己的最大障碍。不要理会自己的故事讲得怎么样,只要开口讲就是成功的第一步。记住,你是在执行一项自我修炼。

我们要树立信心,相信自己一定可以将故事讲得孩子们愿意听、喜欢听。一定要先习惯"开口",才会让自己越来越会讲故事。克服"面子问题",让自己成长为一位会讲故事的高手。

第三章 故事讲述时的技巧

幼儿喜欢听故事,讲述者要通过有声的语音运用、无声的态势语技巧、启发性提问、教学具使用等技巧充分调动孩子的听觉和视觉,让孩子通过故事如闻其声、如见其形、如临其境、感悟至深,在故事中陶冶性情、启迪智慧、受到教育。

第一节 语音运用技巧

优秀的故事讲述者的语言魅力在于:能够在讲故事的过程中,通过规范标准的普通话,富有艺术感染力的声音,准确、生动地再现作品,加深幼儿对故事的理解,引起共鸣,激发情感。讲述者要善于用声音塑造形象,善于用声音将深奥化为浅显、将抽象化为具体、将平淡化为神奇。优秀的故事讲述者能运用语言将故事情景再现,将听者带入故事情境之中。形象化的语言能更清楚、更准确、更具体、更形象地表达故事中包含的思想和观点,激发幼儿听故事的兴趣,集中幼儿注意力,激发幼儿的求知欲望。

讲述故事,要熟练掌握语音的轻重缓急,做到舒缓有致,符合幼儿神经系统反应、加工信息的速度,符合幼儿注意力集中的特点;语调做到抑扬顿挫,娓娓动听,表达故事特定的情感和态度,富有节奏感和音乐美。不同的故事还应采用不同的语气表达,要清晰标准,强弱得当,重音突出的效果。语速在故事中的快慢得当,与语气、语调的使用相辅相成、各有侧重。将故事中描述的重点部分有技巧地表达出来,加深印象,便于理解。用声音塑造形象,是幼儿教师必备的基本功,对于不同故事作品,都能采用适宜的语音进行讲述,需要一个从模仿到练习到熟练到驾驭自如的过程。

"在讲故事之前首先要让自己爱上这个故事"。故事讲述要夸张多一些、变化多一些,要让孩子感到有趣、好玩、新颖;平时要加强语调、字音的练习,做到抑扬顿挫,要让孩子听得懂、听得清楚,起到示范的作用;要让幼儿如临其境,跟随故事情节发展时而兴奋、时而忧伤、时而紧张、时而气愤……

一、语气、语调运用技巧

幼儿的语言发展水平使幼儿很难从一段区分度不大的语句中更好地理解和选择,所以给幼儿讲故事要有意识增加语气、语调的变化。语气是指在一定思想感情支配下的语句的声音形式,是用不同的声音和气息表达不同的语意和情感的技巧,即"声气传情"的技巧。语调是指讲述故事时贯穿整个语句的声音高低升降的变化。孩子都是天生的模仿家,他们通过模仿学习知识,在语气、语调的变化中更好地体会故事角色要表达的感情、情绪的变化,在听故事中既感受到作品的有趣,又能体验到故事体现出的美的价值,帮助孩子在逐步熟悉、理解文学作品的过程中发展对语言结构的敏感性。讲述者在语气、语调的运用时,还要将高而升、降而抑、平直调、曲折调巧妙的和故事中的不同角色发音特点结合,运用语气变化再现角色形象,可以收到意想不到的效果。

在语气、语调的运用时,可以从运用拟声技巧再造角色形象练习掌握。为幼儿讲述故事,有时需要一些简单的拟声技巧增强故事的表达效果,如,模仿动物的各种声音;角色的各种笑声、哭声、打哈欠、打喷嚏……;自然界各种风声、雨声、打雷声……,不仅可以对故事表达起到渲染气氛的作用,还可以吸引孩子们的注意力,让故事更加趣味盎然。建议讲述者可以先从模仿小动物的叫声开始练习,进而模仿动物之间的角色对话,掌握各种(或几种典型)小动物的发音,运用语气、语调变化的不同,让小动物的形象鲜活起来。

小壁虎借尾巴

林颂英

一只小壁虎正在墙角捉蚊子,突然,一条蛇咬住了它的尾巴,小壁虎吓坏了,使劲一挣,挣断尾巴逃走了。小壁虎想:"没有尾巴多难看呀!我去向谁借一条尾巴呢?"

小壁虎爬到小河边,看见小鱼姐姐正在游水,就对小鱼说:"小鱼姐姐,小鱼姐姐,请您把尾巴借给我,行吗?"小鱼说:"不行呀,我要用尾巴拨水呢!"

小壁虎爬到大树上,看见老黄牛正在吃草,就对老黄牛说:"牛伯伯,牛伯伯,请您把尾巴借给我,行吗?"老黄牛说:"不行啊,我要用尾巴赶蝇子呢!"

小壁虎爬到屋檐下,看见燕子阿姨正在搭窝,就对燕子说:"燕子阿姨,燕子阿姨,请您把尾巴借给我,行吗?"燕子说:"不行呀,我要用尾巴掌握方向呢!"

小壁虎借不到尾巴,心里很难过。它爬呀爬呀爬回了家,把没有借到尾巴的事情告诉了妈妈。妈妈笑着说:"傻孩子,你转过身子看一看。"小壁虎转身一看,高兴地叫了起来:"哦,我又长出一条新尾巴啦!"

故事《小壁虎借尾巴》生动有趣、简洁易懂。故事里小壁虎有礼貌的态度,没了尾巴后的着急、伤心的情感如何表达?"没有了尾巴,多难看呀!"小壁虎的声音要气缓声沉、低而暗地表现;小鱼活泼可爱如何表达?"不行呀,我要用尾巴拨水呢!"小鱼姐姐的声音要气满声高、高而亮地表现;黄牛温和老成,如何用慢而浑厚的语调表达?"不行啊,我要用尾巴赶蝇子呢!"老黄牛就要用气平声实、慢而实地表现;燕子阿姨的温柔和壁虎妈妈的沉稳:"不行呀,我要用尾巴掌握方向呢!""呵呵呵,傻孩子,你回过头看一看!"要气缓声柔、亮而舒缓地表现;小壁虎回头一看,高兴地叫了起来:"哦!我又长出一条新尾巴了!"要用气急声高、高而尖的声音表现。

讲述故事要对作品细心体味,理解感受,紧紧抓住故事中所要表达的思想感情,恰如其分地把握语气的色彩和分量,区分轻重,抓住故事里不同角色的个性特点,做到以情运气、以气托声、以声传情,将陈述语气、疑问语气、感叹语气和祈使语气区分好,还要注意语调与语义的吻合,准确传情达意,通过故事形象生动的讲述,让孩子建立和小动物的情感链接,进一步探索相关知识的愿望。

给狗熊奶奶读信

张秋生

邮递员鸵鸟阿姨给狗熊奶奶送来了一封信。狗熊奶奶是那样地高兴,它盼信盼了好几天,它是很想念远方的小孙子的。狗熊奶奶老眼昏花,它看不清信上说些什么。它来到河边,请河马先生帮它念一念信。当河马张开大嘴,高声地读了一句"奶奶您好!"时,狗熊奶奶就不那么高兴了:"它是这样粗声粗气地称呼我吗?连'亲爱的'也不加。这个没礼貌、不懂事的小东西!"

当信中说到它想吃奶奶做的甜饼时,狗熊奶奶更不高兴了:"它就这样用命令的口气,叫我给它捎甜饼吗?这办不到!"

狗熊奶奶气鼓鼓地从河马先生手中拿回信,步履蹒跚地回家了。

走在半路上,它越来越想小孙子了。正巧,夜莺姑娘在树上唱歌。它请夜莺姑娘把信再读一遍。夜莺姑娘喝了点露水润润嗓子,当它念了第一句"奶奶,您好!"时,狗熊奶奶听了浑身舒服:"小孙孙,你好!虽然你没用'亲爱的',可是我从语气中听出来了,这比加'亲爱的'还要亲爱的……"

当念到小孙孙想吃奶奶做的甜饼时,狗熊奶奶的眼眶湿润了:"这多好,我可爱的小孙子,它没忘记我,连我做的蜂蜜甜饼也没忘记,它是一个有良心的孩子……"

狗熊奶奶乐呵呵地从夜莺姑娘手中接回了信,迈着轻快的步子,回家给小孙子做甜饼去了。

故事《给狗熊奶奶读信》中狗熊奶奶听到同样的信,但反应却截然不同,在讲述故事中,河马先生和夜莺姑娘将同样一封信,运用不同的语气、语调将信的内容读给狗熊奶奶听,产生了大不相同的效果,河马先生的"气粗声重"和夜莺姑娘的"气徐声缓"将同样的内容表达出了不同的含义,甚至是相反的效果。可见,讲述故事时,讲述者要分析把握故事基调和要表达的思想感情,用适宜的语气、语调表达。

在日常生活中,建议讲述者可以经常练习语气、语调讲述技巧,必要时可以加入不同的情境进行练习。例如故事《找小猫》中,出现猫妈妈呼唤远处的"小花猫"的情节。讲述时首先要考虑是呼喊远处的小花猫,要考虑距离,对"猫"字进行拖长字音的方法,让远处的小花猫能听到妈妈的呼唤。加入不同情境练习呼喊,妈妈焦急地呼唤、温柔地呼唤、生气地呼唤远处的小花猫等,每一种呼喊技巧运用不同,产生的效果也会不同。熟练以后,将猫妈妈换成牛婶婶、青蛙妈妈等角色,熟悉掌握讲故事时语气、语调变化的魅力。

❀ 二、重音、语速运用技巧

故事讲述时语音的轻重和语速的快慢等变化都是传递信息的有效手段。故事讲述前自己要先"身临其境",讲述时语速不要太平均,要有高低起伏、时而快、时而慢的变化,才不会让孩子产生听觉的疲惫。故事中有叙述性语言和角色语言。叙述性语言要体现旁观者的角度,声音要自然平稳、娓娓道来、亲切亲和,要衬托出与角色语言的不同。角色语言的表现多彩纷呈,根据故事中不同的角色的思想感情、个性特征,选择恰当的声音、语速来刻画故事中角色形象特点。语言表达具有良好的调控与使用能力,是幼儿教师需要掌握的一项策略和基本功底。

重音运用在故事讲述中,能够起到强调作用。故事中有一些重要的字、词或短句,需要采用重音处理。重音与语气有密切关联,不同的重音体现不同的语气,表达出的情感态度也不尽相同。重音使用不仅仅将字音加重,有时也会重音轻读、弱中加强、低中见高。重音要使用恰当,讲述者要熟悉了解故事情节发展,找准重音的位置,配合身势动作表达,增强故事的强烈情感。

军 礼

天,下着鹅毛大雪,红军队伍在零下三十多度的严寒中艰难地行进着。突然,队伍中有人喊了起来:"有人冻死了!"军长疾步向前走去,只见松树下一位战士倚着树干,坐在雪窝里,一动也不动,他的右手握着一个小纸包,脸上还挂着一丝早已冷却了的笑容。军长用颤抖的手打开那个小纸包,一只红辣椒跳进了军长的眼帘。他轻轻拂去战士肩头上的积雪,猛然发现战士身上竟然穿得如此单薄,单薄得像一张纸。"棉衣、棉衣呢?为什么没给他发棉衣?"军长两眼发红:"军需处长呢?快给我找军需处长来!"警卫员哇的一声哭了出来:"报告……报告军长,他……他就是刚刚任命的军需处长,棉衣不够了,就连每个人发的御寒辣椒他都没舍得吃一口……"

军长愣住了,他望着雕塑般的军需处长,眼泪流了下来。他高高举起那只鲜红的辣椒,在灰色的天穹下,在弥漫的雪雾中,辣椒就像一支燃烧的火炬,照耀着前程。在火炬下,一只又一只右手缓缓举起,军礼是那么庄重。人们也许并不知道这位军需处长的名字,可是永远也忘不了他留给我们的那只鲜红鲜红的辣椒。

故事《军礼》中,突出表现了军长发现军需处长倚着树干一动也不动的心痛与怜爱之情。讲述这类战争故事时,重音的处理尤为重要:"突然,队伍中有人喊了起来:'有人冻死了!'军长疾步向前走去,只见松树下一位战士倚着树干,坐在雪窝里,一动也不动,他的右手握着一个小纸包,脸上还挂着一丝早已冷却了的笑容。军长用颤抖的手打开那个小纸包,一只红辣椒跳进了军长的眼帘。他轻轻拂去战士肩头上的积雪,猛然发现战士身上竟然穿得如此单薄,单薄得像一张纸。"重音位置要找准,表达要饱满、富有激情,发音强调情感的迸发,对凸显角色心理状态起到画龙点睛的作用。

讲述故事的语速把握要使用停连技巧。停连包括停顿和连接,是讲述故事中根据情节发展声音的暂时中断和延续,表达语意或抒发某种情感,在幼儿讲述故事技巧中经常使用。讲故事中,适度运用停连技巧有助于幼儿更好地理解故事中的语义和故事传达的情感,适度的停连会使故事变得节奏鲜明,舒缓有致,让幼儿感受语言表达的节奏美、艺术美。根据幼儿听故事的反应,合理使用停连技巧,把握故事的语速,更好地吸引孩子的注意力,避免注意力分散或转移影响听故事的效果。

例如故事《白雪公主》中,王后听说白雪公主还活着,气得咬牙切齿的这段话:"哼!谁比我美丽,我就得害死谁!"

读王后的话,"我"要做重音处理,在"哼""我"的后面作强调停顿,"美丽"和"我"之间不做停顿而做连接,声断而情不断,并插入急吸气、吐粗气,"害死谁"要拖长字音,加大音量,要语调升高、语气加重,表现王后气急败坏、毒辣凶狠的形象。

例如故事《金鸡冠的公鸡》中,"狐狸听说猫和画眉鸟不在家,就跑到小房子前面来。坐在窗子下面唱歌。它唱道:'公鸡呀公鸡,金鸡冠的公鸡,你的脑袋油光光,你的胡须丝一样,你把头探出窗口,我给你吃颗小豆。'"这段贯穿整个故事的歌谣讲述的时候要节奏鲜明,朗朗上口,停顿使用要合理得当,重音突出,要运用停连技巧,体现出语言表达的节奏美和艺术美。

第二节　态势语运用技巧

态势语是人们在交往活动中，除了有声语言的交流以外，还会采用身体的姿势、手势、面部表情和眼神"无声语言"传递信息、表达感情、表明态度。使用态势语给幼儿讲述故事时，属于无声胜有声的语言。与抑扬顿挫、富有韵律的有声语言相结合，视觉和听觉和谐统一，多渠道传递故事的表达，补充和强化有声语言的信息，丰富讲述者的表达方式，弥补有声语言的表达局限，更加形象、直观地刺激幼儿视觉系统，激发幼儿学习的动机和兴趣，更好帮助幼儿理解有声语言表达中有些不易理解的部分。

态势语运用得好，与语言表达相结合，会增强口语表达的效果，使故事讲述更加生动形象。要想使幼儿爱听你讲的故事，就要善于使用态势语，得当的身体姿势和夸张的表情、传神的眼睛可以增加故事的可视性与美感，冲击孩子的视觉感受，多方位立体感受故事带来的情感体验。

态势语可以将抽象的语言概念变得更加具体形象，讲述者活泼自然的面部表情、灵活自如的动作、与孩子随时交流的眼神，都可以拉近和幼儿的距离，让幼儿感到更加亲近，对故事的记忆也会印象深刻。态势语是富有内涵的体态语言，在故事讲述中具有独特的魅力。

❋ 一、身姿运用技巧

幼儿故事多具有表演性，讲述者通过身体姿势技巧运用，表现故事中的形象，再现故事情节，增强故事的感染力，激发幼儿感知、联想、加强记忆。

身体姿势运用技巧注意结合身体姿势、方位动作两方面练习。例如故事《小铃铛》，小花猫因为脖子上有一个小铃铛而洋洋自得，拒绝所有好朋友的请求，结果自己在小河边照影子，一不小心脚下一滑，掉进了小河里，被小伙伴救上来的故事。在故事讲述过程中，小花猫先和不同的小动物进行了对话，为了更生动、逼真地表现，我们可以在讲述故事中，将故事先后出现的不同角色，设计在不同的方位，和小花猫进行对话和互动表演。让小花猫从出场开始，时而出现在舞台左边、时而出现在舞台右边、时而出现在台前和不同的角色进行"方位对话"。使故事讲述更加饱满，场面感更强。

故事讲述到小花猫在小河边照镜子的部分，"小花猫蹦蹦跳跳，走到小河边，往水里照照自己的影子，嗨，多漂亮的小铃铛，圆溜溜，亮晶晶，还会'丁零丁零'响呢！"这一段可以采用结合舞蹈动作的身体姿势表现，时而轻盈地踮起脚尖，换着不同的姿势在小河里照照自己的影子，自我陶醉。身势的起伏变化会增加故事的可视感，给人以视觉上美的享受，增加故事的韵律美。

当故事讲到"它伸长脖子，想照照清楚，没想到脚下一滑，扑通一下，掉到河里去了。"这一段时，要采用夸张、形象的跌跤姿势，动感十足地"脚下一滑"并跌落"小河"里，真切感受小花猫跌入小河的场景，激发孩子想救小花猫的愿望。最后大家齐心协力救小花猫的动作，是和孩子一起互相环抱挽腰喊口号，让力度加强，气势增大，在剧情急转中，"小花猫摘下小铃铛，不好意思地低下了头"结束。这个故事中，身体姿势、方位动作巧妙结合，融为一体。让故事更加鲜活地表现在幼儿面前，视觉感更强，易于理解。

故事《小猪奴尼》中，描述小猪奴尼有一段这样描述："奴尼吓得逃呀逃，逃出两里地。路上碰到猫妈妈，带着小猫做游戏，喵——走开，走开，别吓坏了我的小猫咪！"动作设计简单清晰，易于孩子理解、模仿。

需要强调的是讲述故事中，要多关注幼儿的反应，揣摩幼儿的感受、需要和兴趣，适时作出调整。身体姿势运用不宜过多，记住一个原则：宜简不宜繁、大方不拘谨。

❀ 二、手势运用技巧

故事讲述时,可以辅以手势的运用增强故事的表现力,手势较身势动作范围小、易操作,故事讲述时手势运用技巧有象形手势:如故事中出现不同的动物形象,可以用手势动作进行模拟表现,如:小花猫可以将双手置于嘴边,做猫胡子状表示;小鸭子可以双手叠在一起,做出扁扁嘴巴的样子;小鱼则可以用双手置于身后左右摇摆表示小鱼的尾巴游来游去的样子;小猴子则可以用双手在脸部、颈部、上身或头部进行抓挠状,并将五指捏拢后做出桃形,配合抓挠动作表示;大象则可以一只手抓住另一只胳膊肘处,前伸手臂表示长长的鼻子,并左右摆动等,还有一些生活类的故事中也需要用手势表示:如,刷牙、洗脸、梳头、跳绳、拍球等,手势技巧运用简单易于模仿。

故事《小乌鸦喝水》中有一段这样描述:"小乌鸦一时想不出什么好办法,只好围着瓶子飞了一圈又一圈,飞了一圈又一圈。突然,它发现不远的地方有一小堆石子儿,小乌鸦急忙飞过去,用嘴巴一颗一颗、一颗一颗地把小石子儿衔到瓶子里。随着小石子儿的增多,瓶子里的水慢慢地涨到了瓶口,小乌鸦痛痛快快地喝到了瓶子里的水。"这一段故事中,小乌鸦震动着翅膀到处飞、围着瓶子转圈圈、随着用嘴巴衔小石子儿,手臂配合按节奏震动等,凸显小乌鸦的特点,孩子们模仿起来既生动又有趣,一遍一遍,乐此不疲。

故事中,运用手势技巧还有很多,如招手动作,在故事《小猪奴尼》中,牛婶婶远远地看见小猪脏兮兮的样子,就向它招手呼喊:"哎呦呦,哪来这么个脏东西,来来来,让我给你冲一冲、洗一洗。"故事《军礼》中,"军长愣住了,他望着雕塑般的军需处长,眼泪流了下来。他高高举起那只鲜红的辣椒,在灰色的天穹下,在弥漫的雪雾中,辣椒就像一支燃烧的火炬,照耀着前程。在火炬下,一只又一只右手缓缓举起,军礼是那么庄重。"手势动作的高高举起和敬礼都会增强故事的表现力和感染力。故事《狼和小羊》中小羊温和地说:"亲爱的狼先生,我怎么会把您的水弄脏呢? 您站在上游,水是从您那儿流到我这儿的,不是从我这儿流到您那儿去的呀!"手势运用在方位指向上,双手右上举表示上游并手指拨动表示水流动。故事《老鼠开会》中,老鼠们听见响声互相用手指在嘴巴上示意安静等。手势在幼儿故事讲述中的运用非常普遍,和身体姿势运用技巧一样,要适宜适度,不宜过多过复杂。

❀ 三、表情运用技巧

幼儿故事包含很多情感成分,高兴、喜欢、厌恶、生气、愤恨等,通过讲述者的面部表情可以形象传递故事情感,让孩子们跟随故事或喜或忧。讲述时语调变化可以多一些;面部表情的运用要根据故事不同,或采用形象夸张的表情,或采用舒适自然的表情,或采用平和委婉的表情,都会使故事更有代入感,孩子们如临其境,更乐于反复讲述故事并表演。平时我们可以对着镜子练习表情,喜怒哀乐各种表情要表现适度,记住一个原则:适度夸张、善变会变。

例如故事《大狮子和小老鼠》中有一段精彩的对话片段:"小老鼠看见大狮子,就哀求说:'勇猛无比的大狮子呀,求求你,帮帮我吧!'大狮子见小老鼠很可怜,便伸出爪子把小老鼠救了上来。小老鼠非常感激,对大狮子说:'朋友,我一定会报答你的!'大狮子听了以后,哈哈大笑:'哈哈哈哈,我这么大,你这么小,我怎么会让你来帮助我呢?'"在讲述小老鼠哀求的样子时,表情一定要做出苦苦哀求、愁云满布的样子;小老鼠获救了,表情立刻要转换成欣喜、激动和感激之情;大狮子哈哈大笑的时候,面部表情要做出不屑一顾、目中无人的狂妄样子,最后大狮子被小老鼠救了以后,面部表情要表现出内疚不安、坦诚认错的样子。

如果用故事《狼和小羊》来说明表情的运用应该是比较经典的事例,故事中有一段描述:"狼恶狠狠地说:'就算这样吧! 你总是个坏家伙儿,我听说,去年你在背地里说我的坏话!'小羊听了,怯生生地说:

'噢！亲爱的狼先生，那是不可能的事儿，去年，去年我还没出生呢！'"这段对话中，大灰狼的恶狠狠和小羊的怯生生形成鲜明对比，表情的运用让孩子们如见其形、如临其境、如感其声，易于理解和感悟角色深层心理的变化。

故事《什么》中，派克奶奶是一个特别勤劳的人，她让派克干了一整天的活，把派克累得大口大口喘气。到了晚上睡觉的时候，"可是，没有床啊！""可是，没有枕头啊！""可是，没有被子啊！""可是，没有泰迪熊啊！""可是，已经天亮了！"每一句派克的反问都会有奶奶非常夸张的回应："什么?!"这个故事里，奶奶夸张的神态贯穿始终，在讲述故事时，要注意每一次发问，奶奶的每一次回应"什么"时，都配合嘴巴大大地张着，眼睛大大地瞪着，夸张滑稽的表情，增加故事的趣味性，让孩子们听得前仰后合，禁不住反复模仿。熟悉故事后，让孩子扮演搞笑又能干的奶奶，试试效果吧！

四、眼神运用技巧

在故事讲述中，夸张的动作、多变的表情会使故事变得更有趣生动。眼睛是传情达意的心灵窗口，眼睛可以将讲述者微妙的心理变化反映出来并传递给听者。如，骄傲的人盛气凌人、眼神轻蔑；强壮的人铿锵有力，炯炯有神；活泼的人轻盈欢快、眼睛清亮发光等。眼神在讲述故事时注意亲切自然，不能游离或回避孩子的目光，或淡定自若或目光炯炯或温情感人。讲述者要善用眼神传递故事所表达的情感，帮助幼儿更好地理解故事作品。

例如故事《大嘴青蛙》中，有一段精彩描述，动感十足："大嘴青蛙又遇见了鳄鱼先生，它还是咧着大嘴问道：'你好呀，鳄鱼先生，请问你喜欢吃什么？'鳄鱼神秘地说：'你过来，小家伙，我悄悄地告诉你。'大嘴青蛙刚要凑过去听，树上的小鸟大声叫了起来：'还不快跑，鳄鱼最喜欢吃的就是大嘴青蛙！'"故事中的大嘴青蛙遇到了鳄鱼先生，它不管不顾还是咧着大嘴巴，鳄鱼很神秘地和它对话时，要运用眼神的技巧表达鳄鱼的阴险而沉稳，讲述者要半眯着眼睛，微微闪烁着狡诈的目光，对大嘴青蛙说："你过来，小家伙儿，让我悄悄地告诉你。"增强故事的表现力，用眼神刻画出鳄鱼狡诈的形象。

讲述者在讲述故事中，要善于使用眼神密切关注孩子听故事的反应，及时调整讲故事的节奏和语调，会产生好的互动效果。讲述者还可以通过前视、环视、侧视、点视、俯视等眼神和幼儿交流，让幼儿在真挚关爱、闪烁着智慧的眼神中跟随你一起徜徉在故事世界、感受故事的魅力。

故事讲述中，态势语的使用要符合讲述者的身份，要根据幼儿年龄特征、性格特点、心理水平和认知能力恰当使用。讲述前可以采用分解动作、着重练习、先局部再整体、先分解再整合的方式。例如故事《小铃铛》，先练习身势：脚下一滑的摔跤动作，在此基础上练习招手的手势，配合焦急的表情和害怕的眼神，对照镜子反复练习，相信在不断练习、调整、完善中，逐渐形成自己独具特色的态势语风格。

总之，态势语的运用要自然大方、流畅自如、适度得体，不可矫揉造作，刻意夸张，生搬硬套甚至装腔作势。态势语使用是一个整体，身势、手势、表情、眼神要结合运用，不可生硬割裂使用其一，但要注意的是讲故事要以声音、表情眼神为主，动作为辅，动作不宜过多。

第三节　教学具运用技巧

给幼儿讲故事，适度采用辅助性教学具，进行示范讲述故事、复述故事、表演故事，可以大大增加故事的生动性、趣味性、情境性、表演性及互动性。

一、静态教学具运用技巧

讲故事或进行故事表演时，有时需要一些静态教学具辅助故事讲述，如：头饰、胸卡、手贴。讲故事或进行故事表演时，如果出现的角色一贯到底，故事线索简单明了，或角色三个左右，可以考虑采用头饰、胸卡贴或手帖区分角色，便于幼儿区分角色，理解故事内容，减轻记忆负担，增加趣味性。

故事《三只蝴蝶》中，三只蝴蝶形象靓丽，在故事表演时可以请幼儿佩戴三只蝴蝶的头饰分别扮演红蝴蝶、黄蝴蝶和白蝴蝶，使得故事角色清晰可辨、代入感更强。

故事《小猪奴尼》，整篇故事都是小奴尼的主场，在讲述故事时，可以为幼儿准备一个小猪奴尼的胸卡贴，让孩子明确角色定位，会增加故事讲述的活泼俏皮感，会让孩子很快融入扮演的角色之中，跟着小猪奴尼一起嬉戏玩耍。

故事《小花猫种鱼》，小花猫听黄牛伯伯说"种瓜得瓜，种豆得豆"，非常兴奋。急急忙忙跑回家，拿来了锄头、挖了许多坑，要把钓来的小鱼全部都种在坑里。讲述故事前，讲述者在地面上为孩子准备好一串"小鱼"的道具（用绳子将各种小鱼的图片穿成一串），当故事讲到"小花猫挖了许多坑，把钓来的小鱼全部都种在了坑里"，很自然、很形象地拿起一串小鱼，直接放在"坑"里，这个道具会形象勾勒出小花猫种鱼的过程和场景，孩子们都特别喜欢。

故事《老鼠嫁女》，老鼠妈妈为了宝贝女儿能嫁给世界上最有本领的人，到处去寻找。在和"天""云""风""墙""老鼠"的对话中，简单重复着几乎相同的话语。在讲述故事时，可以设计"天""云""风""墙"的角色手帖，随着故事的情节的变化，当出现不同角色时，快速地变换着角色手帖，让孩子们在趣味、形象中体验故事带来的惊喜，减轻孩子记忆的负担，便于轻松记忆情节。

有的故事需要提前布置一些相关的场景来烘托故事的气氛，如情境性背景、投影屏背景等。故事《捉迷藏》，讲述故事前可以选择在活动室或室外场景中，提前布置一些道具，如大树、草地、栅栏、小房子等背景，随着故事情节的发展，和孩子们在场景中进行故事互动或表演，讲到开始藏起来的时候，快快找一个场景躲藏起来，在趣味的躲猫猫游戏中，和故事中的角色一起感受捉迷藏的快乐。

静态的教学具、场景性背景道具可以和孩子们利用一些废旧纸箱等材料进行设计制作，在故事讲述、复述、表演时使用，孩子们使用自己设计制作的道具布景，兴趣会更加浓厚，心情会超级棒！

二、动态教学具运用技巧

在为幼儿讲故事的过程中，有时也需要活动的、有声响的、动态的教学具配合使用。如，木偶、手偶、故事围裙、活动插卡、多媒体课件、背景轻音乐等。故事《拔萝卜》，角色随着故事的发展逐渐增加，讲述者可以采用穿着故事围裙讲述故事的方法，故事围裙上有草地、大树、萝卜叶子等固定背景，边讲述故事边不断出示形象插卡，增加"老奶奶""小姑娘""小花狗"等角色，随着故事不断展开，故事围裙越来越丰富，故事场景、故事所有角色都会清晰出现在故事围裙的背景中，一目了然，便于孩子理解与记忆。

幼儿对于声音、色彩、形状等都非常感兴趣，根据故事需要，讲述故事时，可以配合播放多媒体动画背景课件、音乐或特殊音响，增强故事的表现力，渲染气氛。需要注意的是讲述者一定要根据情节发展适时播放，以恰如其分地烘托故事要表达的情感，使幼儿产生共鸣，产生情绪体验。

讲述故事《狼和小羊》，故事一开始讲到"狼来到小溪边，看见小羊正在喝水"，对于很多城市的孩子来说，从上而下的小溪流在生活中没有接触过，没有清晰的概念。老师一边形象生动地讲述故事，一边使用多媒体背景课件，随着故事的情节播放哗哗流淌的小溪流的场景，会让孩子仿佛置身于小溪边，从而更好地跟随故事讲述进入情境之中。

讲述故事《拔萝卜》,可以在老爷爷、老奶奶、小姑娘、小狗、小猫、小老鼠等角色逐一出场的时候,轻声播放《拔萝卜》的歌曲作为音乐背景,配合故事的讲述。让孩子们很容易在欢快的音乐节奏中体验拔萝卜的快乐感受,起到烘托气氛的作用。

讲述故事《噪音国》最后一段时,国王宣布"5、4、3、2、1"倒计时,当"1"说完后,竟然出乎意料地全国都安静得悄无声息,"好安静呀,噪音国几百年来,从来没有这么安静,小王子第一次听见了小鸟叽叽喳喳的歌声,听见了山泉淙淙流淌的声音,听见了风吹过树林发出沙沙的声音……小王子一下子就喜欢上了这静美的大自然。"这一段故事讲述时,配合讲述者在"小王子第一次听见了……"适时加入舒缓的轻音乐作为故事讲述背景,当班得瑞的轻音乐《清晨》伴随老师的柔声细语,林间空灵的鸟鸣声、哗哗的潺潺流水,顿时将故事中静美的大自然的氛围烘托出来,画面感在音乐背景的烘托中非常美妙。孩子们一下子就被这美妙的音乐吸引了,和噪音国顿时形成了鲜明的对比,让孩子们在对比中、在感悟中也喜欢上了这静美的大自然。

第四节　提问运用技巧

在讲述故事的过程中或讲述故事后,教师可以运用提问的技巧组织幼儿讨论,帮助幼儿理解故事,加深对故事的印象,拓展故事相关经验。设计的问题可以根据故事的内容,可以根据故事情节的发展,可以根据故事中的好词好句,也可以根据故事的主题情感等。提问设计应注重启发性特点,引导并增强幼儿积极参与故事活动的兴趣,通过提问能激发幼儿感知、理解和想象,培养幼儿完整讲述故事的能力,帮助幼儿理解故事中语句的构造、丰富并积累优美词句,养成全神贯注倾听故事的好习惯等。

为幼儿设计的提问应具有启发性,可以根据故事情节发展提前设计,预测讲故事过程中可能出现的问题,或根据讲述故事时幼儿的现场反应,围绕幼儿的"经验点"或"兴趣点"设计问题。教师运用启发性提问、机智的点拨和激发幼儿联想的讲述,诱导幼儿积极、主动、大胆地探索,建构自己的知识框架,促进幼儿思维和想象力的发展。

启发性提问的语言尽量带有开放性,给幼儿留下思考与感受的空间;提问的语气是充满柔情和期待的,让幼儿有参与的愿望;提问的节奏要快慢有致、疏密有节,给幼儿提供充足思考的时间等。

启发性提问要根据故事设计问题,要根据年龄班设计问题。常见的设计有描述性问题、思考性问题和假设性问题三个层面。

一、设计描述性问题

根据故事讲述对象的特点,可以在讲述前或讲述后,设计一些描述性提问。加深幼儿对故事的印象,帮助幼儿了解故事的大致内容。故事《会打喷嚏的帽子》教师可提一些描述性提问"故事的名字叫什么?""故事中有谁?""帽子会打喷嚏吗?"等,引导孩子带着问题听故事或回忆故事的内容,通过思考、回答,加深对故事的印象。故事《谁的本领大》,设计的描述提问如"到底谁的本领大呢?""故事里谁和谁比本领大呢?",通过引导孩子有重点地听故事,最后在问题中明白:"梅花鹿能过河,可是不会爬树,猴子能爬树,可是过不了河,它们各有各的本领,只有互相帮助,才能摘到果子,本领也就更大了。"在描述中,提高幼儿语言运用能力。

二、设计思考性问题

有些故事篇幅较长,可根据故事情节变化,采用分段讲述、进行思考性问题讨论的方式。思考性的问题能培养孩子思辨和表达能力，可以帮助幼儿更好地了解故事内容、记住故事情节、理解相关词汇。通过小组讨论、展开辩论等形式，给予幼儿充分回答问题的机会，要肯定幼儿不同的答案，鼓励幼儿说出"为什么"，培养孩子积极思考的好习惯。

例如故事《小公鸡吹喇叭》，设计思考性问题，如"小公鸡为什么要学习吹喇叭？""小公鸡学会吹喇叭了吗？""这是一只什么样的小公鸡？你喜欢它吗？为什么？"，引导幼儿理解故事的主题、角色性格和心理特征，学会一些好的句段或对话。

给孩子讲故事也是一个相互交流与分享的过程，讲到故事关键的地方，也可以停顿下来，提个思考性的问题，让幼儿猜想接下来的情节发展或结局。例如故事《猜猜我有多爱你》大兔子和小兔子之间关于爱的表达方式各不同，他们之间的对话模式相似，便于幼儿动脑筋思考接下来发生的情节与他们之间爱的对话，进行合理推理和猜测。通过故事中重复性的对话特点，提醒和点拨幼儿对情节进一步猜测，有效启发幼儿自己动脑筋推进故事情节、猜想与验证，调动孩子们和老师积极互动的愿望和兴趣。

❀ 三、设计假设性问题

有些故事不适合中断插问，否则会影响幼儿听故事时情节的连贯性，可以采用一些假设性的问题进行讲述后提问或追问。结合故事，教师可以运用假设性问题组织幼儿讨论，帮助幼儿理解故事中的语言、情节、人物形象和情感表达。

例如故事《桃树下的小白兔》教师可提假设性提问，引起幼儿想象、讨论，如"故事中的桃花还可以做成什么？""假如你是小白兔，你还会把桃花寄给谁呢？"鼓励幼儿大胆想象，将故事主题与现实生活巧妙结合，让幼儿体会到大自然的神奇美妙和生活的美好。这里需要强调的是教师一定要和孩子有及时的互动反馈和鼓励性的话语。

例如故事《月亮姑娘做衣裳》，在活动的最后，可以提出一个问题："月亮姑娘到底是为什么做不出合身的衣裳呢？她该怎么办呢？请在活动结束以后，和你的好朋友想想办法。"发散幼儿思维，留下思考空间，关注幼儿问题解决能力的培养。

第五节 其他技巧的运用

❀ 一、故事讲述需要添添减减

忠实原著是好的，但幼儿年龄小，理解能力有限，所以在讲故事的过程中，无须照本宣科地讲述故事，不要字字句句讲得都和故事原文一模一样，这样也适度减缓教师记忆的负担。在讲述过程中，将故事根据需要删删减减、改改添添也是讲述故事中常用的一个技巧。例如一些故事中叙述部分太啰嗦，讲起来不够紧凑精彩，拖沓的描述会让孩子们转移注意力，可以在讲述故事过程中根据现场需要灵活进行删删减减或改改添添。

故事《小熊不刷牙》中，小熊因为没有了牙齿咬不动蘑菇而伤心的原文是：

哈利回到家里，发现桌子上摆了它最爱吃的干蘑菇。哈利一看，拿起来就吃，可是它怎么也咬不动。哈利难受极了，跑到屋外哭了起来。"怎么办？森林里所有的动物都有牙齿，只有我没有，我看起来也完全不像一只熊了，连干蘑菇都吃不动。我该怎么做，牙齿才会回来呢？谁能帮帮我啊？"它不停地哭着。这时，哈利醒了。一切只是一场噩梦，所有的牙齿都还好好地长在嘴巴里呢！哈利松了一口气。

讲述时将故事添添减减后,简化了很多叙述部分,增加了象声词等,使故事变得更加动感形象、节奏紧凑,清晰易懂,生动可感。

哈利回到家,饿极了,发现桌上有它最爱吃的干蘑菇。抓起来就吃,可是它怎么也咬不动了。哈利难过极了,伤心地哭了起来。"呜呜呜……呜呜呜……"哭着哭着哈利醒了。原来,这都是一场梦,哈利的牙齿还好好地长在它的嘴巴里呢!

在给幼儿讲故事时,还会遇到很多突发事件或问题,讲述故事的教师和家长要善于运用删删减减、改改添添的方法,让讲述者和听者不拘泥于一字一句与原文符合的框架之中,轻松自如表达故事。

给幼儿讲述故事,不必太过分注重教训,有些时候老师和家长讲故事会看重教育孩子要懂一定的道理,获得了哪些教训,得到了哪些启发。其实不然,幼儿故事更重要的是用一定的技巧吸引孩子倾听故事,进行有趣味的分享,让孩子在一种情境中,潜移默化地得到启迪,幼儿的故事讲述要有"润物细无声"的功效,而不是过多因强调道理而失去了故事本身的魅力。

❈ 二、故事讲述需要反反复复

给幼儿讲述故事,有时候会根据需要反反复复讲述,孩子们每一次听故事感受和关注的重点也会有所不同。有时教师反反复复地讲述是为了让孩子理解故事内容、做好故事表演铺垫的准备;有时孩子反反复复地听故事是为了享受故事的情节、分享自己改编的故事和设计的结尾带给自己成功的体验。总之,给孩子们讲述故事不要受传统框架的束缚,要根据故事内容和孩子们的需要,将一个故事反反复复地讲述。讲述时可以采用多种形式,如:老故事新讲、讲述中表演等,和孩子们一起在反反复复中享受故事吧!

要讲出幼儿喜欢听的故事,幼儿教师除了具备扎实的基本功,还需要在辛苦的工作之余,反反复复讲述故事,这个过程虽然辛苦但非常必要。一个故事要讲出韵味和特色,一定是在一遍遍的揣摩、一点点的累积、一步步的摸索、一次次的调整过程中获取的,因为任何一个人从合格最终走向专业都需要一个成长的过程,需要这样的付出和储备。

总之,要想熟练掌握故事讲述技巧,就大胆开口讲故事吧!

第四章
小班幼儿故事赏析与讲述技巧解析

《3~6岁儿童学习与发展指南》（以下简称《指南》）中指出,3~6岁幼儿处于语言发展的关键期,口语交流能力的培养是幼儿语言学习的重中之重。"幼儿需要学习不断倾听理解交流者的语言,并且在不同的社会交往情境中通过语言来表达自己的想法。"[①]《指南》中"倾听与表达"目标1中提出,3~4岁幼儿能够在别人对自己说话时注意听并能做出回应,能听懂日常会话;目标2中提出,3~4岁幼儿愿意在熟悉的人面前说话,能大方地与人打招呼,愿意表达自己的需要和想法,必要时能配以手势动作,并且能口齿清楚地说儿歌、童谣或复述简单的故事;目标3中提出,3~4岁幼儿与别人讲话时知道眼睛要看着对方,说话自然,声音大小适中,并能在成人的提醒下使用恰当的礼貌用语。

《指南》"阅读与书写"目标1中指出,3~4岁幼儿能主动要求成人讲故事、读图书,喜欢跟读韵律感强的儿歌、童谣,爱护图书,不乱撕、乱扔;目标2中要求3~4岁幼儿能听懂短小的儿歌或故事,会看画面,能根据画面说出图中有什么、发生了什么事等。

根据《指南》对幼儿语言领域的解读,小班幼儿对词义理解较为肤浅,掌握最多的是生活中最常用的名词、动词。小班幼儿行为具有强烈的情绪性,喜欢模仿,思维带有直觉行动性,很直接。幼儿更容易理解简短的对话,常常受语言情境和语速的影响,所以故事句子数量不宜过多,内容不宜过长。

选择故事的时候,应多给小班幼儿准备一些情节简单重复的小故事,小班幼儿更喜欢听以小动物为角色的故事。它们听故事的时候集中注意时间较短,选择故事不宜太长,3分钟左右,小班幼儿喜欢边听故事边跟着"手舞足蹈",讲述故事时,可以带着孩子模仿故事中的拟声词或角色动作,跟着故事自由表演。

优秀的小班幼儿故事非常多,教师和家长朋友要多读、多品味优秀的幼儿故事,不断提高欣赏水平和讲故事的技巧,为指导幼儿听赏故事打好基础。本章节精选了20个经典的小班幼儿故事,其中有很多故事选自人民教育出版社出版的《幼儿园教材·语言》(教师用书),选取其中较为经典的故事并配以故事赏析和讲述故事技巧解析,故事后还附讲故事的音频。下面请赏析适合小班幼儿的优秀的故事作品。

1. 小铃铛

陆 弘

小花猫今天真漂亮,脖子上戴了一只小铃铛。走起路来,铃铛就会"叮铃叮铃"响。小花狗看见了,说:"哟,小铃铛圆溜溜,多好玩!给我戴一下好吗?"小花猫说:"不行,不行,会让你弄脏的。"小白

---

① 李季湄,冯晓霞.《3~6岁儿童学习与发展指南》解读[M].北京:人民教育出版社,2013.

兔看见了,说:"瞧,小铃铛亮晶晶,多好看!给我戴一下好吗?"小花猫说:"不行,不行,会让你弄坏的。"小山羊看见了,说:"小铃铛叮铃响,多好听!给我戴一下好吗?"小花猫说:"不行,不行,会让你弄丢的。"

小花猫蹦蹦跳跳,走到小河边,往水里照照自己的影子。嗨,多漂亮的小铃铛,圆溜溜,亮晶晶,还会"叮铃叮铃"响呢!它伸长脖子,想照照清楚,没想到脚下一滑,"扑通"一声,掉到河里去了。

小花狗正在河边玩,看见小花猫掉到河里去了,连忙去拉它。"嘿哟——"哎呀!小花狗拉不动小花猫。小白兔和小山羊看见了,连忙跑过来帮忙。

"嘿呦!嘿呦!嘿——"大家一起拉才把小花猫拉上岸来。

小花猫多难为情呀,它低下头,拿下脖子上的小铃铛,说:"你们也戴戴小铃铛吧!"

故事赏析

故事《小铃铛》中,小花猫因为有了一个小铃铛,神气活现,走起路来都有动感的声音哟!所以这只小花猫很骄傲,不管遇见谁,都不愿意将小铃铛给朋友戴一戴。结果呢?把小河当成镜子,一不小心掉进水里。是谁帮助了小花猫呢?当然是它的朋友们啦。最后,小花猫也知道不好意思了,小铃铛呢,大家轮流戴一下吧!好听吗?快快点开故事二维码,听一听吧!

故事讲述技巧解析

《小铃铛》故事短小经典,角色形象鲜明,模仿小动物的声音和动作,会给故事讲述增色很多。讲述故事时要使用鲜明欢快的故事基调,用声音塑造角色形象,辅助的动作简单明了,不要烦琐。讲述故事时,可以小范围移动方位,更形象地表达故事。《小铃铛》非常受小班幼儿喜欢,可以让幼儿戴上头饰,一起边听故事边表演哟!

2. 唱 歌 比 赛

音频

有一天,小鸡、小鸭、小狗、小羊和小猫比赛唱歌,它们请小白兔做评判员。

小鸡第一个唱:"叽叽叽,叽叽叽。"小白兔说:"小鸡唱得太轻了。"

小鸭子接着唱:"呷呷呷,呷呷呷。"小白兔说:"鸭子唱得太响了。"

小狗说:"我来唱。"它很快地跑到前面,唱:"汪汪汪,汪汪汪。"小白兔说:"小狗唱得太快了。"

小羊说:"我来唱。"它慢吞吞地走到前面,唱:"咩——咩——咩——"小白兔说:"小羊唱得太慢了。"

最后,轮到小猫唱,小猫不慌也不忙,走到大家前面,唱起来:"喵,喵,喵。"小白兔说:"小猫唱得不快也不慢,声音不小也不大,好听极了,小猫应该得第一名。"

故事赏析

《唱歌比赛》这个故事短小,活泼灵动,小动物们争先恐后地进行比赛唱歌,故事巧妙地利用小鸡、小鸭、小狗和小羊四个角色声音特点,让故事很巧妙地设计成将歌曲唱得"太轻了""太响了""太快了""太慢了"。而小猫"唱得不快也不慢,声音不小也不大,好听极了,小猫应该得第一名。"这样的结果幼儿很容易接受。小班幼儿对声音的轻重快慢有了一定的感知,通过生动形象的唱歌比赛再一次感受声音的轻重缓急,加深认识和理解。

故事讲述技巧解析

故事讲述的技巧要将每一个小动物不同的声音用适宜的拟声词表现出来,语速要根据故事情节的推进或快或慢、或大或小、或轻或重,让孩子们在语境里自然得出结果,原来小猫唱歌比赛第一名是因为"小猫唱得不快也不慢,声音不小也不大,好听极了"。故事虽短,但内容饱满丰富,角色对比鲜明,朗朗上口,适合表演,可以尝试让孩子们戴上小动物的头饰,扮演角色,也来一场"唱歌比赛"吧!

3. 小熊拔牙

有一只小胖熊,非常讨人喜欢。可它有个缺点,就是不喜欢经常刷牙。一天早晨,熊妈妈出门去了,小熊在家翻箱倒柜,到处找吃的。不一会儿小熊就吃了一大堆糖果,还有一罐蜂蜜。

小熊正在得意,忽然叫了起来:"哎哟,哎哟,我的牙齿怎么这么疼啊!"正巧,兔大夫出门看病,路过小熊家,听到小熊的叫声,急忙进屋询问小熊发生了什么事情。

兔大夫瞧了瞧小熊的牙齿,摇摇头说:"你平时吃甜的东西太多了,又不爱刷牙,几颗牙都有问题,有一颗还需要拔掉呢!"兔大夫用钳子夹住小熊的坏牙,费了好大力气,累得满头大汗,也没能把坏牙拔下来。于是兔大夫把小猴、小狐狸叫过来,大家齐心协力,才把小熊的坏牙拔了下来。

从此以后,小熊每天都坚持刷牙,一排牙齿雪白雪白的,再也不牙疼啦!

故事赏析

小胖熊喜欢吃糖,和孩子们这个年龄段特别相符。通过兔大夫的检查和拔牙时的费力表现,让孩子们形象地体会到原来不爱刷牙、不好好刷牙会让自己很"痛苦",简单的故事中隐藏着大道理。

故事讲述技巧解析

一个好的故事讲述者,能运用讲故事时的语气与语调将故事重点要表达的部分潜移默化地传递给孩子,让孩子在抑扬顿挫中有充分思考的空间,有理解故事的契机。讲述《小熊拔牙》的技巧在于两段故事情绪变化的不同,二者形成对比。在语调变化中,带着孩子们感同身受,替小胖熊疼痛,替小胖熊担忧,最后替小胖熊开心。他们一定会在自己刷牙时想到这个故事,认认真真地刷刷自己的牙!

4. 大狮子和小老鼠

(网络版)

一天,一只小老鼠正和它的朋友们捉迷藏。不知不觉地,小老鼠爬到一只大狮子的鼻子上,沉睡的大狮子被惊醒了。它慢慢地睁开眼睛,把小老鼠牢牢抓在手心里。小老鼠苦苦哀求道:"亲爱的陛下，求求您放了我吧！如果您放了我，我一定会报答您的。"狮子听了哈哈大笑："我这么大，你这么小，我怎么要你的帮助呢？"说完，把小老鼠放了。

又过了几天，大狮子睡觉的时候，被猎人布下的网罩住了。它费了好大劲，还是没有挣脱出来。它大声地叫："救命啊！救命啊！快救我出去！"小老鼠正好经过这儿，当它发现大狮子被网住时，对大狮子说："别急，您上一次放了我，这次我会救您的。"大狮子说："你这么小，救不了我。"小老鼠说："亲爱的陛下，您可不要小瞧我。"说着，它便用尖尖的牙齿，咬断了一根根网绳。

狮子很快得救了，它感激地对小老鼠说："谢谢你救了我，让我们成为永远的好朋友吧！"

大狮子和小老鼠

（改编版）

有一天，大狮子正在闲逛，突然听到："救命呀！救命呀！"大狮子低头一看，原来是一只小老鼠掉进了土坑里，怎么爬也爬不出来！

小老鼠看见大狮子，就哀求说："勇猛无比的大狮子呀，求求您，救救我吧！"大狮子见小老鼠很可怜，便伸出爪子把小老鼠救了上来。

小老鼠非常感激，对大狮子说："朋友，我一定会报答您的！"大狮子听了以后，哈哈大笑："哈哈哈哈，我这么大，你这么小，我怎么会让你来帮助我呢？"

有一天，小老鼠正在闲逛，突然听到："救命啊！救命啊！"原来狮子一不小心掉进了猎人挖的陷阱里，被网子给网住啦！小老鼠说："朋友，不要着急，让我来帮助您！"说完，就用它尖尖的牙齿，"咔嚓咔嚓，咔嚓咔嚓"，将网子咬出了一个大洞。

大狮子得救了。它不好意思地低下了头，说："我以前看不起你，现在我才明白，原来大狮子也有让小老鼠帮助的时候呀！"

故事赏析

故事《大狮子和小老鼠》讲述的是一只非常非常弱小的老鼠不小心掉进土坑里，向大狮子求救。大狮子很轻易救了小老鼠，却不在意小老鼠要报答它的承诺。后来呢？真的有一天，勇猛无比的大狮子掉进了猎人挖的陷阱里，被网子网住了。这可怎么办呢？小老鼠出现了吗？快听一听好听的故事吧！

故事讲述技巧解析

以上出现了故事《大狮子和小老鼠》的两个版本，一个是网络版，一个是改编后的版本。将两个不同版本的故事放在一起，能够感受出改编后的故事更加精练的特点。给孩子们讲述故事前，要将一些陈述性的语言改得简单明快，适合孩子理解，对话部分尽量生动有趣，改编的内容配动作形象表现，要将小朋友不太能理解的书面化语言转为口语化，让故事更加朗朗上口。

这个故事的讲述技巧在于一种力量感的对比体现。大狮子勇猛无比、力大无穷的样子和小老鼠弱小颤抖、充满哀求的样子，要在故事讲述中形象地表达出来，让孩子们通过语气的变化感受角色心理变化。故事加入适当的动作辅助表演，非常受孩子欢迎和喜爱。

音频

5. 狼 和 小 羊

狼来到小溪边，看见小羊正在喝水。狼非常想吃小羊，就故意找碴儿说："你怎么把我喝的水弄脏了，你安的什么心？"小羊听了，温和地说："亲爱的狼先生，我怎么会把您的水弄脏呢？您站在上游，水是从您那儿流到我这儿的，不是从我这儿流到您那儿去的呀！"

狼恶狠狠地说："就算这样吧！你总是个坏家伙儿，我听说，去年你在背地里说我的坏话！"

小羊听了，怯生生地说："噢！亲爱的狼先生，那是不可能的事儿，去年……去年我还没出生呢！"

狼不想再争辩了，就龇着牙，一步一步逼近小羊，大声吼道："你这个小坏蛋，说我坏话的不是你就是你爸爸，反正都一样！"说完，就向小羊扑去！

故事赏析

《狼和小羊》的故事家喻户晓，不讲道理的狼和善良单纯的小羊在故事中刻画得活灵活现。这个故事讲述到最后，可以不按照原文讲述。因为孩子年龄小，他们天生同情弱小生命的善良要加以保护。所以，可以建议将故事中"狼向小羊扑去"这一句调整或讲完后，抛出一个思考"你猜，这时谁来了？"将故事进行下去。

故事讲述技巧解析

故事《狼和小羊》的场景性很强，讲述者要把握语调变化技巧，将大灰狼的恶狠狠和小羊的怯生生表现出来。故事非常适宜配动作，"狼龇着牙，一步一步逼近小羊，大声吼道"这一句的动作要夸张、有力量，配上强有力的跺脚的声音一步步前移，对话部分要加强语气表现，将急于吃小羊的迫切心情读出来，将毫不讲理的本性暴露出来，让听者如临其境、如闻其声，感受危险步步逼近的情节发展。

结尾部分建议请孩子们设计，故事根据孩子年龄特点，自由发挥。例如给小班幼儿讲述时，可以直接加入："孩子们，你们要不要帮助小羊呀？好，现在请握紧拳头，和我一起大声喊：'大灰狼、大灰狼，快快走开，大灰狼！'这时候，大灰狼听见小朋友的叫声吓得转身逃跑了！"给中班幼儿讲述时，可给孩子们提出一个思考性的问题，请孩子们动脑筋想一想，"这时候谁来了，会发生什么事情？"让孩子们充分讨论后创编故事结尾。给大班幼儿讲述时可以提出一些假设性问题供孩子们思考："假如你是小羊，你会怎么做？会说什么才能化险为夷？"等等。根据孩子们的年龄和接受水平，进行故事的趣味改编，可以举一反三。

音频

6. 狮 子 打 喷 嚏

"阿！阿！阿嚏！"

"哎！哎哟！这是怎么啦？我的老骨头都要散架啦！"

"哎！哎哟！大树爷爷！是不是地震了？""我也不太清楚，也许是地震。"

"不是地震，是大狮子打的大喷嚏！"

"哦!""啊? 哦!"

"原来如此,它应该早点看病的,弄得我们大家都这么狼狈。"

"它呀,已经很久很久没有锻炼身体了。"

"肯定是不锻炼身体,才会生病的,害得我们都受它的影响了。"

"真是不好意思! 我,连累你们啦! 我向大家保证,以后再也不会有这样的事情发生了!"

"你说的是真的吗? 那你可要天天锻炼身体才行啊!"

"我发誓我以后一定好好锻炼身体,不再打喷嚏影响大家啦。"

"好,太好了!"

"我们相信你,一定能做到!"

故事赏析

　　故事《狮子打喷嚏》在"好,太好了!""我们相信你,一定能做到!"的小动物们的对话中愉快结束,让孩子们明白一个简单的道理:好朋友要相互体谅,知道小伙伴如果不是故意的行为要试着原谅对方。同时,一定要好好锻炼身体,让身体更健康。故事讲述后,可以和孩子一起说一说:怎么锻炼身体? 有什么好的办法不让自己生病打喷嚏呢?

故事讲述技巧解析

　　故事《狮子打喷嚏》讲述技巧,要将不同的小动物听到狮子打喷嚏后不同的对话部分生动地表现出来,要在不同的语气、语调中表现出不同小动物的特点。故事中没有赋予小动物具体的角色,全文以对话的方式呈现,让故事的讲述充满了无限的可能性。讲述时,可以大胆模仿不同的小动物,突出对话部分的层次感,增加故事的趣味性。让幼儿在听一听、猜一猜中,感受故事传递的关爱之情。讲述故事时,要把大狮子的"喷嚏"夸张表现,凸显对大家造成不舒服的体验感,引导孩子们知道虽然大狮子不是故意的,但行为结果会给小伙伴带来不舒服的体验,从而小心自己的行为,加强身体锻炼,尽量避免对小伙伴造成一定的"伤害"。故事结束后要展开相关的讨论,设计一些关于锻炼身体不让自己生病等思考性的问题,引发幼儿的对自身健康的关注。

7. 摸 耳 朵

朱惠芳

　　每天晚上,兔咪咪都要摸着妈妈的耳朵才能睡得着。这天,兔妈妈要上夜班,兔咪咪噘着嘴巴不肯睡。

　　鼠妈妈来了,兔咪咪摸摸鼠妈妈的耳朵:"太小了! 太小了!"

　　猫妈妈来了,兔咪咪摸摸猫妈妈的耳朵:"太尖了! 太尖了!"

　　大象妈妈也来了,兔咪咪摸摸象妈妈的耳朵:"太大了! 太大了!"

　　兔咪咪说:"我要摸妈妈的耳朵,妈妈的耳朵长长的、软软的、毛茸茸的,可舒服啦!"

　　三个妈妈把兔咪咪的小手放到她自己的耳朵上:"瞧,你的耳朵也是长长的、软软的、毛茸茸的呀!"

真的,兔咪咪就这样摸着自己的耳朵睡着了。从此以后,兔咪咪再也不用摸着妈妈的耳朵睡觉了,她能自己独自睡觉了。

故事赏析

故事《摸耳朵》中的兔咪咪是一个甜美的小宝贝形象。兔咪咪睡觉要摸妈妈的耳朵,结果换来换去都不是妈妈的耳朵。因为兔妈妈的耳朵"是长长的、软软的、毛茸茸的,可舒服啦!"。最后兔咪咪摸着自己的"长长的、软软的、毛茸茸的小耳朵"睡着了。故事充满柔美和甜蜜,很适合睡前讲给小班宝宝听。

故事讲述技巧解析

讲《摸耳朵》故事的技巧主要把握语气要轻柔、甜蜜。故事虽短,但很温馨,信息量很多。在兔咪咪的语言描述中,孩子们可以形象清晰地认识鼠妈妈、猫妈妈、象妈妈不同动物耳朵的形状和特点。讲故事时兔咪咪摸到不是妈妈耳朵时不满意的"小任性"要表现出来。最后一段故事的讲述应以舒缓、温柔的语调结束,给孩子舒适的体验感,配合故事渐入佳境,因为兔咪咪要睡觉了哟!

8. 小花猫种鱼

春天来了,小动物们都忙着种庄稼。小花猫看见老黄牛在耕地,小花猫就问:"请问黄牛伯伯,您在干什么呀?"老黄牛笑呵呵地说:"我在耕地种庄稼,想吃大豆种大豆,想吃南瓜种南瓜!"小花猫一听,高兴极了:"我也得赶快种点鱼!"

小花猫急忙跑回家,拿来锄头,在地上挖了许多坑,把钓来的鱼全都种在坑里。

从此以后呀,小花猫再也不去小河边钓鱼了,它每天都守在坑旁边,盼着它的小鱼早点发芽。可是,时间一天天过去了,别人的庄稼一天天长大,可小花猫种的小鱼就是不发芽。"牛伯伯不是说,种瓜得瓜,种豆得豆吗?为什么别人的种子都发芽了,我种的小鱼到现在还不发芽呢?"

小朋友,你们说,小花猫种的小鱼能发芽吗?

故事赏析

小花猫好学好问,本来是件好事。可是故事《小花猫种鱼》里这只小花猫把听来的方法,直接不动脑筋或继续请教,就按自己的想法去种鱼,盼来盼去也没有收获一条小鱼。最后把问题和思考抛给孩子们,听听孩子们是怎么回答的,就是你讲述故事把握的基调是不是准确的最好检验。因为听故事后,理解并明确一个道理,有时也是检验故事讲述是否成功的标志。

故事讲述技巧解析

《小花猫种鱼》经过精心改编后,曾让很多学生斩获各类级别讲故事比赛金奖。故事中不仅情节构思巧妙,对话部分易于突出讲述者的特点;而且故事可以搭配经典动作,让故事具有生命力,可感、可观、可赏的故事就是经典。讲述这个故事时,动作可以根据情节搭配,宜简不宜繁。

9. 小乌鸦喝水

有一只贪玩的小乌鸦,玩得口渴了,到处找水喝。它东张西望,发现在不远的草地上有一个盛水的瓶子。小乌鸦急忙飞过去,拿起瓶子一看,瓶子里的水太少,瓶子口又太小,无论它的嘴巴怎么喝也喝不到瓶子里的水。

小乌鸦一时想不出什么好办法,只好围着瓶子飞了一圈又一圈,飞了一圈又一圈。突然,它发现不远的地方有一小堆石子儿,小乌鸦急忙飞过去,用嘴巴一颗一颗、一颗一颗地把小石子儿衔到了瓶子里。随着小石子儿的增多,瓶子里的水慢慢地涨到了瓶口,小乌鸦痛痛快快地喝到了瓶子里的水。

聪明的小乌鸦凭着自己的智慧,终于喝到了瓶子里的水!

故事赏析

《小乌鸦喝水》,听到这个故事的名字,是不是已经知道了故事里有谁? 发生了什么事? 是的,故事里讲的是一只小乌鸦口渴了,到处找水喝。可是找到的瓶子口太小,瓶子里的水又太少。最后,这只聪明的小乌鸦终于喝到了瓶子里的水。它用的什么方法呢? 快快开动你的小脑筋,然后再听听故事,看看你想到的方法和小乌鸦是不是一样呢?

故事讲述技巧解析

讲述经典故事的技巧在于老故事新讲法,因为好多故事一开头或刚说出故事名字,很多孩子就会说"听过了"。这个场景是不是熟悉? "没关系的,孩子们,我知道你们听过这个故事,但你们听过我讲这个故事吗?"简单的几句话就会把孩子们的注意力吸引过来,然后娓娓道来你准备的"新"故事吧!

这个故事一定要配以身势动作,形象会更加鲜明,如果头上加一个小乌鸦的头饰会更加可爱。"小乌鸦一时想不出什么好办法,只好围着瓶子飞了一圈又一圈"这段文字采用绕圈边飞边振翅的身势吸引孩子,讲到"小乌鸦急忙飞过去,用嘴巴一颗一颗、一颗一颗地把小石子儿衔到瓶子里。"中"一颗一颗"时,用舌头在嘴巴里弹一下,发出脆响"得"的声音,你会发现孩子们会被《小乌鸦喝水》这个老故事的新讲法吸引,并且非常乐意跟着你一遍一遍地模仿哟!

10. 一 个 蛋

草儿青,花儿红,小花猫高兴地在草地上打滚。咦! 草地上有个圆圆的东西是什么呀? 啊! 是一个蛋。这是谁丢的呢?

小花猫去问喜鹊妈妈:"喜鹊妈妈,这蛋是你丢的吗?"喜鹊妈妈说:"是呀! 我少了一个蛋。"喜鹊妈妈把蛋看了又看,摇摇头,说:"这个蛋太大,不是我的。"

小花猫去问鹅妈妈:"鹅妈妈,这蛋是你丢的吗?"鹅妈妈说:"是呀! 我少了一个蛋。"鹅妈妈把蛋看了又看,摇摇头,说:"这个蛋太小,不是我的。"

小花猫去问鸡妈妈:"鸡妈妈,这蛋是你丢的吗?"鸡妈妈正在孵蛋,它一个蛋也没有少,可是它接过蛋看了又看,想:这蛋多好啊! 我多一个蛋,就可以多一个鸡宝宝了。鸡妈妈笑眯眯地说:"这蛋是我的,谢谢你,小花猫。"

小花猫高兴地回家了,鸡妈妈把这个蛋和自己生的蛋放在一起,又孵起蛋来了。它一边孵,一边想:"真快活,我又能多一个鸡宝宝了。"一天、二天、三天,一连孵了好多天,鸡妈妈听到蛋壳里有"啄啄啄"的声音,不一会儿,一个个毛茸茸的鸡宝宝从蛋壳里钻出来了。那只小花猫捡来的蛋呢?还没有钻出鸡宝宝来。鸡妈妈再孵啊孵,又孵了好多天。鸡妈妈觉得肚子下的蛋也在动了,它高兴地低头一看,只见蛋壳破了,钻出来的却是一只毛茸茸、扁嘴巴的东西。鸡妈妈一看不是自己的鸡宝宝,心里正发愁不知怎么办才好。这时,一只花色的鸭子摇摇摆摆地走过来了,它一眼就看见了自己的宝宝,高兴地扑着翅膀走到鸡妈妈跟前说:"鸡大嫂,谢谢你帮助我把我的宝宝孵出来了。"鸡妈妈看到扁嘴巴找到了自己的妈妈,十分高兴地说:"不用谢,是小花猫捡来的蛋。你不会孵宝宝,以后要孵鸭宝宝,只管把蛋送来好了。"

故事赏析

故事《一个蛋》是一篇充满童趣的小故事。小花猫捡到一个蛋,不知道是谁的。可爱热情的小花猫一个一个去问去找。这个蛋呀,比喜鹊妈妈的蛋大,比鹅妈妈的蛋小,最后鸡妈妈为了能多一个鸡宝宝就把蛋留了下来。鸡妈妈开始孵蛋了,一天、两天、三天……一个个毛茸茸的小鸡都出来了,可是这个捡来的蛋宝宝还没有钻出来。后来怎么样了?鸡妈妈孵出的蛋宝宝是小鸡吗?快听故事吧!这个故事不仅可以知道谁会生蛋,还会知道谁不会孵蛋呢!故事里会有很多的小秘密等你来发现哟!

故事讲述技巧解析

故事《一个蛋》讲述的技巧在于把握故事基调,进行分析。故事中小花猫连续三次重复发问:"×妈妈,这蛋是你丢的吗?"要用声音塑造活泼、可爱的小花猫形象,要讲出疑惑感。在喜鹊妈妈和鹅妈妈的回答中让孩子找到答案。三个妈妈分别用喜鹊妈妈温柔、鹅妈妈高昂、鸡妈妈厚实的声音表现。最后一段花色鸭子和鸡妈妈的对话要表现出激动、感动。故事在鸡妈妈的欢笑声中结束,给人温馨的感觉。

11. 带刺的小刺猬

小刺猬到了上幼儿园的年龄了,爸爸妈妈决定让小刺猬去体验一下幼儿园的生活。

今天,小刺猬早早地就起床了,这是它第一天上幼儿园,它开心极了。幼儿园的大象老师带着小刺猬来到了森林班,对班里的小动物们说:"孩子们,我们班上来了一位新伙伴,它叫小刺猬。大家欢迎欢迎!"

小动物们一看,哎哟,这个小刺猬,长得真是太难看了!小花猫说:"瞧它,尖尖的嘴巴,小小的眼睛,灰不溜秋的身子,背上还长了好多好多像针一样的刺!"

大象老师请小刺猬坐在小鸡的旁边。"不要,不要!我才不跟小刺猬一起坐呢!它身上有那么多的刺,会把我扎痛的!"

大象老师请小刺猬坐在小猪的旁边。"不要,不要!我才不跟小刺猬一起坐呢!它身上有这么多的刺,多吓人啊!"

小刺猬难过极了。唉,都怪这些害人的刺!小刺猬真想把它们一根一根全都拔掉,可它们长得牢牢的,拔也拔不动,要是用力一碰,还疼得要命!唉,小刺猬只好哭着回家告诉爸爸妈妈。

爸爸听了以后对他说:"小刺猬,明天幼儿园春游!来来来,爸爸告诉你怎么做!"于是它在小刺猬耳边说了一些悄悄话,小刺猬听完,你猜怎么着?它竟然开地笑了。

第二天春游,小动物们带了好多好多好吃的食物。它们手里提着,抱着,一点儿也不方便!瞧,小刺猬!它把红红的果子插在尖尖的刺上,轻松极了。大家都很羡慕,小刺猬帮大家把好吃的都挂在了它的背上。今天的春游开心极啦!小动物们都说:"谢谢小刺猬!"

小朋友们,现在你们知道小刺猬尖尖的刺不是用来伤害别人的了,它的用处可大着呢!

故事赏析

《带刺的小刺猬》讲述的是小刺猬因为身上长刺在幼儿园不受欢迎的故事。故事后来发生了巧妙的回转,结束时小伙伴们都说:"谢谢小刺猬!"这究竟是怎么回事呢?本来都不理睬小刺猬的小伙伴们因为什么事情转变了对小刺猬的看法呢?快来听听这个故事吧。故事巧妙地让孩子们在听讲中了解小刺猬的外形特征,增长相关知识,并且懂得好朋友要互相关爱、取长补短的道理。

故事讲述技巧解析

讲述这类有爱的故事,要用有爱的声音诠释故事。小动物的拟声词要使用得富有童趣,因讲述对象是小班幼儿,所以语速不宜过快,要清晰,尤其是讲到小花猫说:"瞧它,尖尖的嘴巴,小小的眼睛,灰不溜秋的身子,背上还长了好多好多像针一样的刺!"和"不要,不要!我才不跟小刺猬一起坐呢!它身上有那么多的刺,会把我扎痛的!"等,要一字一句交代清楚,让孩子们感受到小动物们因为小刺猬的刺都嫌弃它,和故事后半段的情节反转形成对比。故事讲述后要注意提问,让孩子理解为什么小动物们都要谢谢小刺猬。故事讲述适合用多媒体动画设计背景,配合故事讲述播放,让孩子在声光动画中,形象感知,增加印象,了解小动物外形的不同之处。

12. 小兔子找太阳[①]

有一只可爱的小兔子,听说太阳是红红的,圆圆的,便要去找太阳。它来到屋子里,提着两盏红红的、圆圆的灯笼,问妈妈:"妈妈,这是太阳吗?"妈妈说:"不,这是两盏红灯笼呀,太阳在屋子外面呢!"

小兔子来到菜园里,看见三个红红的、圆圆的萝卜,问:"妈妈,这是太阳吗?"妈妈说:"不,这是三个红萝卜,太阳在天上呢!"

小兔子抬起头,看见天上飘着红的、圆圆的大气球,问:"妈妈,这是太阳吗?"妈妈说:"不,这是红气球……"

真急人,太阳到底在哪儿呀?

① 周兢.语言[M].南京:南京师范大学出版社,2000.

妈妈说："瞧，太阳只有一个，还会发光呢！"

小兔子顺着妈妈的手指处，仰起了头，大声叫："妈妈，我找到了，太阳是红红的，圆圆的，亮亮的，照在身上暖洋洋的。"

故事赏析

这是一篇充满童趣的小故事。展现在我们面前的这只活泼、可爱的小兔子，对生活、对大自然充满了好奇。它爱探求，爱提问，虽然总是出错，但孩子的成长就是在不断地纠错中获得的。这个作品不是简单地将"太阳是什么样的"答案直接告诉幼儿，而是通过小兔子的一次次探究，在熟悉的生活场景中一步步寻找答案。这种获取知识的方式值得我们思考，这样得到的答案也是全面的、深刻的。

故事讲述技巧解析

《小兔子找太阳》讲述的技巧在于把握故事基调，进行故事分析。故事中的小兔子连续三次重复发问："妈妈，这是太阳吗？"要讲出天真感、疑惑感，要突出小兔子好学好问的好习惯，最后妈妈出场后，小兔子顺着妈妈的手发现太阳的场景是不是温馨而感动？基调要转换成母女间的真挚感、温暖感。小兔子大声说的对话部分，要气满声高，突出喜悦、激动的情感。

---

13. 下雨的时候

小白兔在草地上蹦蹦跳跳，它看看花，采采蘑菇，玩得真高兴。

忽然，刮起风，下起雨来了。小白兔急忙摘了一大片叶子，顶在头上，当作伞，这下可淋不到雨了。小白兔走呀走，看到前面走来一只小鸡，给雨淋得"叽叽叽"直叫。小白兔连忙叫："小鸡，小鸡，快到叶子底下来吧！"小鸡说："谢谢你，小白兔。"说着，就走到叶子底下。

小白兔和小鸡一起顶着大叶子往前走，又看见一只小猫给雨淋得"喵喵喵"直叫。小白兔和小鸡一起叫："小猫，小猫，快到叶子底下来吧！"小猫说："谢谢你们！"说着，就走到叶子底下。

不一会儿，雨停了，太阳出来了。小白兔、小鸡和小猫三个好朋友在一起做游戏，玩得真开心。

故事赏析

故事《下雨的时候》情节简单，节奏紧凑，清晰明了，非常适合小班幼儿听赏并表演。故事中，既聪明又乐于助人的小白兔、小鸡和小猫因为下雨时发生的事情最后成了好朋友。在短短的故事中，角色丰富，内容饱满，可以让幼儿学习礼貌用语，树立礼貌行为的理念。故事讲述后，可以让幼儿戴着头饰，用准备的大芭蕉叶做道具进行表演故事。熟练掌握故事后，还可以增加2～3个角色，将故事扩充、延伸，让孩子不断邀请需要避雨的小动物。在有礼貌的邀请中，既巩固了礼貌用语的用法，还愉悦了孩子的情绪，满足了孩子的表演欲望，收获多多。

故事讲述技巧解析

讲述故事的时候，可以先朗诵一段关于小白兔的短小儿歌，或者用猜谜语的方法，引起孩子兴趣后，引出故事。丰富的活动类型让孩子们既受到情感熏陶又得到情绪体验上的满足。小白兔蹦蹦跳跳采着蘑菇的愉快心情,突然刮起风、下起雨的天气变化和遇见不同的小伙伴相邀到大叶子下面躲雨的情节,应该在讲述故事时,注意语速、语气的变化。拟声词的恰当运用可以使故事的讲述变得更加形象生动。

14. 小 白 鹅

绿绿的草地上,开满了鲜花,在花丛中,有一座小木房,这就是白鹅的家。

鹅妈妈白又胖,生下三个可爱的小宝宝,一个叫鹅哥哥,一个叫鹅姐姐,最小的一个叫鹅弟弟。

一天早上,红红的太阳升起来了,鸟儿"叽叽喳喳"地唱着歌,天气真好!鹅妈妈带着它的小宝宝到草地上来玩啦。三只小白鹅边玩边唱歌:

"我是鹅哥哥,扁扁嘴巴会唱歌,戆戆戆,妈妈听了笑呵呵。"

"我是鹅姐姐,扁扁嘴巴会唱歌,戆戆戆,妈妈听了笑呵呵。"

"我是鹅弟弟,扁扁嘴巴会唱歌,戆戆戆,妈妈听了笑呵呵。"

鹅妈妈笑着说:"好孩子,你们唱得真好听!"

鹅妈妈带着小白鹅们摇摇摆摆地走到小河边,说:"河水清又清,跳下河去游水吧。"鹅哥哥"扑通"一声跳下河,鹅姐姐"扑通"一声跳下河,鹅弟弟躲在妈妈身边,不敢往下跳。鹅妈妈说:"好孩子,别害怕,跟着妈妈一起跳下河。""扑通""扑通"鹅弟弟跟着鹅妈妈也跳下了河。它和鹅哥哥、鹅姐姐一边游水,一边唱歌:"我们是快乐的小白鹅,扁扁嘴巴会唱歌,戆戆戆,戆戆戆,戆戆戆。妈妈听了笑呵呵。"

故事赏析

故事《小白鹅》讲述的是鹅妈妈和三只小白鹅的幸福一家人的故事,浓浓的亲情、与家人在一起的和谐快乐感随着故事扑面而来,温馨而美好。

故事讲述技巧解析

"红红的太阳升起来了,鸟儿'叽叽喳喳'地唱着歌,天气真好!"在这样的好天气中,讲故事的基调应该定位在阳光、河水、青青岸边的温暖格调中,要节奏感很强地"唱"出三只可爱的小白鹅有节奏的歌曲韵律。讲述故事的节奏要明朗,音韵要自然和谐,突出表现鹅妈妈由衷地夸赞:"好孩子,你们唱得真好听!"要用慈母般的语气,表现出从心底发出的赏赞和愉悦感。故事在有韵律的歌谣中愉快结束,一段故事宛如一幅图画,很美!

15. 小黄鸭和小青蛙

小河流水哗啦啦,哗啦啦,河里游来一只快乐的小黄鸭。"呷!呷!呷!"它一边游水,一边唱歌:"呷!呷!呷!"

突然,小黄鸭听到"呱呱呱"的呼喊声,这是谁在叫呀?它急忙游过去,只见石头上有一只小青蛙。

小黄鸭问:"小青蛙,小青蛙,你怎么啦?"小青蛙说:"黄鸭哥哥,刚才我在捉害虫,不小心摔了一跤,腿受伤了。现在我不能跳,也不能游,只能趴在这里呱呱呱地叫。"

小黄鸭说:"小青蛙,别着急,我来帮助你。"小黄鸭摘了一片长长的叶子,把小青蛙的伤口包扎好。可是小青蛙还"呱呱呱"地叫着,说:"我不能走路,回不了家,怎么办呢?"小黄鸭又说:"小青蛙,别着急,我送你回家。"小黄鸭摘了一片又圆又大的叶子,放在水面上,让小青蛙坐在叶子中间,自己扶住叶子,用力划呀,划呀,一会儿划到了河对面,把小青蛙送回了家。

小青蛙说:"谢谢你,黄鸭哥哥。"小黄鸭说:"别客气,你好好养伤吧!"

小河流水哗啦啦,哗啦啦,河里游着快乐的小黄鸭。

故事赏析

《小黄鸭和小青蛙》讲了一对好朋友互相帮助的故事。"小河流水哗啦啦,哗啦啦,河里游来一只快乐的小黄鸭。"你听,是不是特别喜欢这只快乐的小黄鸭?它是一只喜欢助人为乐的小黄鸭哟!不仅帮助了受伤的小青蛙,还把小青蛙送回了家。然后呢?你听,"小河流水哗啦啦,哗啦啦,河里游着快乐的小黄鸭。"在开头和结尾有韵律地呼应,看似相同,其实一字之差,动感和情景就大不相同了。没有遇见小青蛙是"游来",送完小青蛙回家后是"游着",小黄鸭还能遇见谁呢?快快发挥你的想象吧!

故事讲述技巧解析

故事《小黄鸭和小青蛙》在开头和结尾有韵律地呼应,吸引幼儿。故事中有动作,有形象,语言通俗易懂,讲述的时候要把握节奏感,角色要鲜明表现出来。讲述故事时,要将故事中角色感情的起伏声情并茂地表现出,要讲述出"语言的音乐感"。故事互相帮助的主题通过小黄鸭和小青蛙之间的对话,清晰表达,让幼儿易于理解。故事可以边讲述边使用多媒体动画背景,"小河流水哗啦啦,哗啦啦",配合着故事讲述播放,让孩子们在有声动感的动画配合中听故事,不仅形象感知,增加印象,了解小鸡和小鸭的不同之处,更是一种视听盛宴的享受。

16. 蛋壳摇篮

"小小蛋儿把门开,走出一只小鸡来,黄茸茸呀胖乎乎,叽叽叽叽真可爱。"小蛋壳儿裂开了,钻出一只毛茸茸的鸡宝宝。鸡妈妈带着鸡宝宝去散步。刮风了,鸡妈妈张开大翅膀,鸡宝宝赶快钻进去,这可是鸡宝宝的新家呀!

现在的小蛋壳儿有点孤单,"现在我不是鸡宝宝的家了。对了,我再去找一个新宝宝,就不孤单了。"它咕噜咕噜滚走了。

一只蜜蜂在采花粉。"蜜蜂宝宝,我做你的新家吧!""谢谢你,小蛋壳儿。我的家住在大树上,瞧!那个圆圆的蜂巢就是我的家。"

一只青蛙在唱歌。"青蛙宝宝,我做你的新家吧!""谢谢你,小蛋壳儿。我的家住在大池塘,那个大大的荷叶就是我的家。"

一只小蜗牛在散步。“蜗牛宝宝，我做你的新家吧！”“谢谢你，小蛋壳儿。瞧！我的家就在我的背上呢。”

现在的小蛋壳儿有点难过。

一只金龟子看到了它。“太好啦，我的宝宝正缺个摇篮呢，小蛋壳儿，你愿意做小金龟子的家吗？”小蛋壳儿开心极了。金龟子妈妈衔来一片花瓣儿铺在小蛋壳儿里，多舒服呀！

“睡吧睡吧，我亲爱的宝贝。”金龟子妈妈摇着小蛋壳儿做的摇篮，摇篮里的小宝宝很快就睡着啦。小蛋壳儿呢，当然也睡着了。

故事赏析

《蛋壳摇篮》讲述的是一个简简单单、温馨有爱的故事。小蛋壳儿因小鸡宝宝出生后，变得很孤独，到处去找新宝宝。小蜜蜂、小青蛙、小蜗牛都有自己的家，小蛋壳儿心情变得很难过。后来一个偶然的机会，让小蛋壳儿做金龟子宝宝的摇篮，你听，“金龟子衔来一片花瓣儿铺在小蛋壳里，多舒服呀！”“金龟子摇着小蛋壳儿做的摇篮，摇篮里的小宝宝很快就睡着啦。”是不是很有爱呀！

故事讲述技巧解析

《蛋壳摇篮》故事非常短小，要想吸引小班孩子，首先语速不宜过快，因为故事内容与孩子的生活还是有一定距离感，所以建议讲述故事时，可以适当做一些动画背景配合播放，更好地帮助孩子理解故事，更加形象地知道小蛋壳儿最后变成金龟子宝宝的小摇篮的变化过程。这个故事里的小蛋壳儿要处理成儿化音的读法，会使得整个故事更加柔美可亲，讲述故事的时候如果配上柔美的轻音乐，会给孩子带来独特的感受！

17. 小猫喵喵的胡须

音频

小花猫喵喵非常爱漂亮，每天打扮得干干净净的，还不忘在镜子面前照来照去。

有一天，它在草地上玩儿，碰见了小鸟和小鸭子，就高兴地跑过去，跟它们打招呼。可是小鸟一看见它就大笑起来：“哈哈，喵喵，你不是女孩吗，而且这么小，怎么就有胡子了呢？”小鸭子在旁边也说：“哎呀，看起来跟老爷爷一样，真难看！”喵喵听了，噘着嘴，伤心地跑开了。

它回到家，立刻把胡子剪了。妈妈看见了，吓了一跳，说：“你没有了胡子怎么捉老鼠呀？”

“我又不用胡子抓老鼠！而且胡子很难看。”喵喵说。

猫妈妈叹了口气，什么也没说。

第二天，猫妈妈听到吱吱的声音，知道有老鼠来了，就对喵喵说：“你去捉住它吧。”喵喵自信地说：“没问题。”它朝老鼠那边跑去，老鼠哧溜一下就钻进了洞里。喵喵也朝洞口跑去，没想到碰得头昏眼花。

喵喵疼得哭起来，这时候妈妈走过来说：“胡子对猫来说很重要，洞口能不能进去，用胡子一量就知道了，捉住老鼠可缺不了它。”

喵喵知道了胡子的重要性，以后再也没剪过胡子。

故事赏析

《小猫喵喵的胡须》看似讲述的是小猫不认同自己的胡子、剪掉自己的胡子和剪掉胡子后没抓到老鼠的故事,但故事还讲述了一个充满智慧的猫妈妈对于小孩子日常生活中遇到的小烦恼、小任性的处理方法与策略。故事语言简练又不失生动,用词非常贴近孩子的生活,易于孩子接受和理解。

故事讲述技巧解析

讲述《小猫喵喵的胡须》这个故事,首先要分析把握故事整体基调,故事虽短,但情节推进流畅、简洁。讲述要将故事场景再现在听者面前,几个关键词的把握很重要,如"大笑""伤心""立刻""哧溜"如何表达需要不断地揣摩,才能更好地再现场面感。小猫喵喵对自己的胡子(样子)不认同,抓不到老鼠碰得头昏眼花的失落感,猫妈妈适时、适度地介入与关爱之情要体现出来。讲述应语速中速舒缓,语调轻柔大气,要将故事结尾处妈妈给孩子讲道理的这段话娓娓道来。讲述故事后,可以和孩子一起查阅相关资料,增加对猫咪胡须重要性的认知,加深对故事的理解。

---

18. 猫头鹰当大王

在一片森林里,"万兽之王"狮子想找动物接替它的王位,听到这个消息,猫头鹰自告奋勇地报了名。猫头鹰幸运地上任后,立刻神气地下令:"从现在开始,你们都要跟我一样,白天休息,晚上做事!"大家听了都不愿意,可又不得不无可奈何地服从命令。

白天,森林里还好,夜里却乱成一团,到处一片哭叫声。小蜜蜂在黑漆漆的晚上撞伤了腿,坐在地上号啕大哭。小白兔一头撞在树上,头昏眼花。小蚂蚁不知被谁踩得头上冒出两个大大的包。小蜗牛一边慢慢地爬一边打着哈欠。小鸟眼睛睁得大大的,却还是撞得眼冒金星。

小熊猫的黑眼圈更深了,筋疲力尽地坐在石头上。只有一只聪明的飞蛾,头上戴着灯泡帽,才幸免受伤……

一周下来,小动物们都叫苦连天,坚决不再听猫头鹰的命令了。

故事赏析

故事《猫头鹰当大王》讲述了猫头鹰当上森林之王后,小动物都过上了黑白颠倒、叫苦连天的生活。故事采用叙述性语言推进情节发展,却不失趣味感,小动物的各种悲催遭遇描述得具体形象,故事里面隐藏了太多的为什么,是一个极具教育价值的故事。故事想传递的道理藏在讲述者和孩子之间一问一答的互动中。

故事讲述技巧解析

《猫头鹰当大王》故事技巧在于用语言塑造出小动物们不同遭遇的慌乱感、无序感、焦躁感,还要注意把握体现出小动物们内心世界的变化起伏。"从现在开始,你们都要跟我一样,白天休息,晚上做事!"使用重音,语调是升高的,显示出森林之王的威武霸气与至高无上的权威感。"号啕大哭""头昏眼花""眼冒金星"这些关键词也要使用重音表达,声音应该着重体现小动物的无奈、疲惫、无助,故事结尾虽用简单一句话结束,但留给孩子们很多创意性的拓展思考,可以请孩子们续编故事,可以请孩子们开一场辩论会,也可以请孩子们表演故事,演绎不同版本的森林之王。

19. 谁 咬 了 糕

明明把一块糕放在桌上,准备留给爸爸吃。爸爸回来了,明明赶快去拿糕。一看,咦!糕怎么少了一个角。是谁咬的呢?明明问小猫:"小猫,小猫,这糕是你咬的吗?"小猫摇摇头,说:"我爱吃鱼,不爱吃糕,这糕不是我咬的。"明明就去问小狗:"小狗,小狗,这糕是你咬的吗?"小狗摇摇头,说:"我爱吃肉骨头,不爱吃糕,这糕不是我咬的。"明明又去问小兔:"小兔,小兔,这糕是你咬的吗?"小兔摇摇头,说:"我爱吃青菜和萝卜,不爱吃糕,这糕不是我咬的。"明明再去问小羊:"小羊,小羊,这糕是你咬的吗?"小羊摇摇头,说:"我爱吃青草,不爱吃糕,这糕不是我咬的。"

正在这时候,"吱吱吱",一只小耗子跑来了,小猫"喵呜"一声叫,扑过去一把抓住小耗子。明明看见小耗子的胡须上粘着糕屑,原来糕是小耗子咬的。

故事赏析

故事《谁咬了糕》以糕少了一个角为线索贯穿到底,最后在明明不断的追问与解答中,才知道原来是小耗子咬了糕。故事采用常见的重复手法,追问了四种小动物。在四种不同的回答中,孩子们轻松地了解了四种动物不同的声音和饮食习惯。故事的最后留出一条线索,让仔细听故事的孩子快速判断,猜中了偷糕吃的是小耗子,体验愉悦和满足。

故事讲述技巧解析

讲述这个故事时,首先要把握故事中出现的几种角色形象特点,小猫喵喵的、小狗汪汪的、小兔蹦蹦跳、小羊咩咩叫的节奏感跳跃出现,使得故事朗朗上口,易于形象表现。讲述时要注意拟声词的运用,一定要在讲述前反复练习,适度表现。最后在小耗子"吱吱吱"和小猫"喵呜"一声叫中结束故事,情趣盎然,动感十足。整个故事要讲出带有疑问的追问和清晰可辨的回答,让孩子们了解小动物喜欢吃什么食物的常识,增长见识。

20. 三 只 羊

在一座山脚下,有三只羊。一只是大羊,一只是中羊,还有一只是小羊。它们上山去吃青草。山上有一个山洞,洞里躲着一只大灰狼。

有一天,小羊上山去吃草,它"的笃,的笃"走上山,大灰狼听见了小羊的脚步声,就在山洞里问:"谁呀?"小羊说:"我是小羊。"大灰狼问:"你来干什么?"小羊说:"上山来吃草。"大灰狼恶狠狠地说:"我要吃掉你!"小羊听了很害怕,就赶快往山下逃。

中羊也上山去吃草,它"踢托,踢托"走上山,大灰狼听见了中羊的脚步声,就问:"谁呀?"中羊说:"我是中羊。"大灰狼问:"你来干什么?"中羊说:"上山来吃草。"大灰狼恶狠狠地说:"我要吃掉你!"中羊听了很害怕，也赶快往山下逃。

小羊、中羊在山脚下碰见了大羊，告诉大羊说："你不能上山去吃草了，山上有一个山洞，洞里有一只大灰狼，它要吃掉我们。"大羊说："别害怕，我们一起上山去，要是碰见大灰狼，小羊可以用头撞，中羊和我一起用角顶，让大灰狼滚下山去，摔死它。"小羊和中羊听了，都说："好！"

三只羊就一起上山了，大羊"笛度，笛度"走在最前面，中羊"踢托，踢托"跟在后面，小羊"的笃，的笃"走在最后面。大灰狼听见了三只羊的脚步声，问："谁呀？"三只羊一起说："我是大羊""我是中羊""我是小羊"，大灰狼恶狠狠地说："我要吃掉你们！"说着，从洞里窜出来，向三只羊扑去。三只羊一起对付大灰狼，小羊用头撞，中羊和大羊用角顶，它们一起把大灰狼撞倒，大灰狼滚下山去摔死了。从此以后，三只羊高高兴兴地在山上吃青草。

故事赏析

故事《三只羊》讲述的是三只羊齐心协力战胜大灰狼的故事。故事平铺直叙，情节简单趣味，适合小班幼儿听述。小羊上山去吃草，遇到大灰狼很害怕，赶快往山下逃。中羊上山去吃草，遇到大灰狼很害怕，赶快往山下逃。大羊会不会也和小羊、中羊一样害怕大灰狼逃跑呢？可以停下故事问问孩子。如果孩子回答不害怕，对啦！大羊不仅不害怕大灰狼，还想出好办法对付它呢！试试这个故事采用讲一讲、问一问、猜一猜的方式讲述，可以增加孩子对故事的理解和记忆。故事里传递一种团结的力量，就是"齐心协力"。

故事讲述技巧解析

故事《三只羊》讲述的技巧在于用语调的变化将幼儿引入到趣味的故事情节之中。用语音塑造故事中三只羊的走路声，增加故事的趣味性。故事中的对话简单而重复，适宜小班幼儿模仿掌握。故事中小羊轻盈、中羊敦实、大羊沉稳，采用了大量的动词描述，讲述时可以用重音突出，再现故事的场景，凸显角色特点。

第五章
中班幼儿故事赏析与讲述技巧解析

《指南》在"倾听与表达"[①]目标1中提出,4～5岁幼儿在群体中能有意识地听与自己有关的信息,能结合情境感受到不同语气、语调所表达的不同意思。目标2中要求,4～5岁幼儿愿意与他人交谈,喜欢谈论自己感兴趣的话题,能基本完整地讲述自己的所见所闻和经历的事情。目标3中要求,4～5岁幼儿在别人对自己讲话时能回应,能根据场合调节自己说话声音的大小,并能主动使用礼貌用语,不说脏话、粗话。

《指南》"阅读与书写"目标1中指出,4～5岁幼儿会反复看自己喜欢的图书,喜欢把听过的故事或看过的图书讲给别人听,对生活中常见的标识、符号感兴趣,知道它们表示一定的意义。目标2中指出,4～5岁幼儿能大体讲出所听故事的主要内容,能根据连续画面提供的信息,大致说出故事的情节,还能随着情节的展开产生喜悦、担忧等相应的情绪反应,体会作品所表达的情绪情感。

中班幼儿能够较连贯地表达对故事的理解;能集中注意力,耐心地倾听故事;乐意与同伴交流,能主动地在集体面前讲述,声音响亮,句式完整;尝试仿编故事;在故事中巩固练习发音,正确运用代词、方位词、动词、连词和介词等;继续学习交往语言,提高语言交往能力。他们对句子的理解能力进一步加强,但还不会做复杂的综合分析,只能从表面去理解事物。教师应多结合幼儿实际生活和直接经验启发幼儿理解故事中的情节与深层含义。

本章精选了20个经典的中班故事,每个故事都配有故事赏析和故事讲述技巧解析,扫码即可听讲故事示范音频。下面请赏析适合中班幼儿的优秀的故事作品。

1. 城里来了大恐龙

冰 波

大恐龙来到城里,它觉得这个地方比它以前到的任何地方都热闹。

大恐龙"啪嗒啪嗒"地走在马路上,可是它的身体太大,交通给堵塞了,汽车排起了长队,响起了喇叭。

大恐龙"啪嗒啪嗒"地走在铁路上,它的身体太重,铁路被踩得"吱哩吱哩"直响,火车也被震得跳起了舞。

大恐龙"啪嗒啪嗒"地走在胡同里,它闻到了人家厨房里飘出的阵阵香味,忍不住把头伸进窗户。可是大恐龙的脖子太长,把人家的房顶都掀翻了。

① 李季湄,冯晓霞.《3～6岁儿童学习与发展指南》解读[M].北京:人民教育出版社,2013.

大恐龙心里真难过。城里人感到大恐龙给他们带来了危险。

这时一个聪明的小孩说:"大恐龙走了许多路,一定是饿了。"

他带着许多小朋友在马路上撒青草,大恐龙沿着这条青草路边吃边走,吃饱了就在十字路口打起瞌睡。

马路被堵住了。汽车从大恐龙身上、身下开过,大恐龙变成了立交桥。大恐龙身上痒痒,睁开眼睛一看,想不到自己还有这么大的用处呢!大恐龙觉得自己应该为城里人多做一点事,因为它是多么喜欢这个地方啊!

一辆辆大卡车、面包车、小汽车从自己脊背上开过去,一辆辆自行车、摩托车、三轮车从自己的长腿上骑过去,一群群的大人、小孩从大恐龙身上走过……

城市的马路畅通了,大家都说,大恐龙立交桥真好!

故事赏析

这个故事新颖有趣,很受孩子们的喜欢。故事中的大恐龙善良,有着浓郁的人情味。它发现自己给大家带来了危险,心里很难过;当它无意间发现自己可以变成立交桥为大家带来交通便利时,心里又高兴起来。

故事讲述技巧解析

因为故事天马行空,极富想象,大恐龙拟人化的形象带给孩子新颖奇特的感觉,所以在讲述故事时要注意语速不宜过快,要让孩子们能边听故事边在脑海中再现情境,有利于孩子理解故事描述的场景。故事讲述时,可以将大恐龙"啪嗒啪嗒"的脚步声留出来让孩子们一起讲述,用声音"造势",更有趣味性,孩子们觉得仿佛自己就是那只力大无穷的大恐龙呢。

2. 胆小先生

王铨美

有一位先生,住在一座漂亮的房子里。因为他的胆子很小,大家都叫他胆小先生。

一天,一只大老鼠闯进了他的房子。胆小先生马上去捉,结果在地下室捉住了它。

"你放了我!"大老鼠挣扎着说,"我要是一跺脚,整个房子就塌了。"胆小先生害怕了,连忙放开了它,还允许它住在地下室里。地下室里吃的东西真多,大老鼠吃呀、喝呀,真开心。后来,大老鼠生了一窝小老鼠,小老鼠又长成大老鼠……很快,地下室里住满了老鼠。

"不行,不行!"大老鼠冲着胆小先生嚷嚷,"这么多老鼠住这么一个小小的地下室,而你一个人住这么多房间,太不合理了,得换个房子。""换房子?"胆小先生大吃了一惊。"对,换房子!"老鼠们齐声说。胆小先生又害怕了。

他们很快换了房子。胆小先生住在地下室,老鼠们住进各个房间。它们在宽大的客厅里唱呀跳呀,在喷香的厨房里喝呀吃呀,每天都像过节一样。

"你应该搬出去!"大老鼠又冲着胆小先生嚷嚷,"你干吗老住在地下室?这么好的地下室,你配住吗?"

"什么?"胆小先生气愤地踩了一下右脚,"咚——"老鼠们害怕了,它们个个抱头乱窜,以为地震了。

"哦,原来我是很有力量的!"胆小先生抓起扫帚,这儿一扑,那儿一打,这儿一戳,那儿一捣,老鼠被打得吱吱叫,全逃跑了。

胆小先生后来怎么样了?小朋友能猜得到吗?

故事赏析

故事《胆小先生》中,两种角色形成的错位反差是贯穿整个故事的亮点。本来弱小的老鼠变成呵斥人类的"霸主",还有一个反差就是"胆小先生"和自己后来变成的"大胆先生"。这两种反差对比带给孩子们无比快乐的感受。这个故事非常适合讲述,很好玩,也很好听。故事情节发展很紧凑,一直吸引孩子继续听下去,想知道最后胆小先生的结果如何。从胆小先生最后的表现,孩子们知道要做一个遇事不害怕、不胆小、勇敢面对的人。

故事讲述技巧解析

在讲述故事的时候要用夸张的语气表现。故事的开始,夸张是用在老鼠们三次对着胆小先生"嚷嚷"的表现上,要把老鼠"吓唬"胆小先生不断升级要求的神情、语气表现出来;还要将夸张的语气用在故事后半段,即当胆小先生无意中发现自己还是很有力量的时候。在胆小先生扑打老鼠的细节部分,应该突出重音,抓—扑—打—戳—捣,与胆小先生以前懦弱无能、胆小怕事的性格形成鲜明的对比,同时要将老鼠们"吱吱乱叫"落荒而逃的落魄感读出来。最后设计的问题是一个开放式提问,要用设疑的语气结束故事讲述,让孩子们在思考中继续感受故事带来的乐趣。

建议讲述故事之前,将角色话语的语序调整一下,讲述起来会更加顺畅流利,也更适合孩子听哟!

3. 会打喷嚏的帽子

魔术团里,有一位老爷爷,老爷爷有一顶奇怪的帽子。他朝帽子吹一口气,里面就会变出许多好吃的东西来,有糖果、蛋糕,还有苹果……

"嗨!把这顶奇怪的帽子偷来,该多好呀!"

这话谁说的?嗯,是几只耗子说的。晚上,它们就悄悄地溜到老爷爷家里去了。老爷爷正睡着呢!那顶奇怪的帽子,没放在柜子里,也没放在箱子里。在哪里呢?就盖在老爷爷的脸上。

"好啦,我看还是叫小耗子去偷最合适,它个子小,脚步又轻。"大耗子挤挤小眼睛说。

"吱——"小耗子害怕得尖叫起来,"我不去!我怕'呼噜'。你们没听见,奇怪的帽子里藏着一个'呼噜',它叫起来,地板、窗户都会动的,吓人!"

可不是,老爷爷在打呼噜,呼噜呼噜,像打雷似的。大耗子叫黑耗子去偷,黑耗子不敢;叫灰耗子去偷,灰耗子也不敢;反正叫谁去偷,谁都说"不敢"。

大耗子生气了,摸摸长胡子说:"好啦!好啦!都是胆小鬼,你们不去,我去。等会儿,我偷来了帽子,变出许多好吃的东西来,你们可别流口水。"

话是这么说,其实,大耗子心里也挺害怕,它一步一抬头,朝着帽子里那个"呼噜"走过去,提防着帽子里的那个"呼噜"突然钻出来咬它。也真巧,它刚走到老爷爷床跟前的时候,呼噜不响了。这下,大耗子可得意啦,原来"呼噜"怕我呀!它轻轻一跳,跳上了床,爬到老爷爷的枕头旁边,用尖鼻子闻了闻那顶帽子,喷喷,好香哟,有糖果的味儿,蛋糕的味儿……快!快!它把尾巴伸到帽子底下去,想用尾巴把帽子顶起来……咦,这是怎么啦?尾巴伸到一个小窟窿里去了……哎呀,什么小窟窿,是老爷爷的鼻孔啊!

"阿嚏——"老爷爷觉得鼻孔痒痒的,打了个大大的喷嚏,吓得大耗子连滚带爬,一口气跑到门口,对它的伙伴说:"快跑,快跑!"

耗子们闹不清是怎么回事,跟着它跑啊,跑啊,跑出好远,才停下来。它们问大耗子:"这是怎么回事啦?你偷来的帽子呢?"

大耗子说:"帽子里藏着一个'阿嚏',这个'阿嚏'可比'呼噜'厉害多了。你一碰它,它就轰你一炮,要不是我跑得快,差点儿给炸死了。"

故事赏析

故事《会打喷嚏的帽子》非常有趣,讲述了一群馋嘴又胆小的耗子们想偷老爷爷的帽子。为什么呢?因为帽子是魔术团会变魔术的老爷爷的,老爷爷这顶奇怪的帽子呀,只要朝它吹一口气,帽子里面就会变出许多好吃的东西来,有糖果、蛋糕,还有苹果……所以,耗子们想方设法要偷到帽子,最后发生了一系列紧张又有趣的事情,想知道吗?快听故事《会打喷嚏的帽子》寻找答案吧!

故事讲述技巧解析

讲述这个故事的技巧在于通过语气、语调的变化,传神地讲述出不同耗子的对话,让孩子们清晰感知耗子们的"心理变化",要将耗子非常紧张地去偷帽子的场景动感地表达出来,让孩子们跟着既紧张又搞笑的偷帽子过程一起担心、害怕、嘲笑和兴奋。特别是讲到老爷爷打喷嚏,运用摹声技巧时,要夸张,制造气氛,将孩子们带入情节之中。

4. 小猪罗罗的屁

小猪罗罗是个圆滚滚的小胖子,又健康、又顽皮,一天到晚嘻嘻哈哈,好像有许多开心的事。小猪罗罗喜欢放屁,小伙伴和它说话,它总是先用"噗、噗、噗——"一个个的大响屁来回答。

小兔子来找小猪罗罗:"罗罗,咱们去拍皮球吧?"小猪罗罗晃晃屁股,噗、噗、噗——"好啊,好啊。"可小兔子不高兴了:"罗罗,你真没礼貌,我不和你玩了。"

小松鼠来找小猪罗罗:"罗罗,咱们去荡秋千吧?"小猪罗罗立刻开心地摇摇屁股,噗、噗、噗——放了三个大响屁,说:"好啊,好啊。"可小松鼠生气了:"罗罗,你真坏,我不和你玩了。"就这样,小伙伴们都不和它玩了。小猪罗罗真是难过极了,它该怎么办呢?

为了能和小伙伴们玩,小猪罗罗决定把所有的屁都憋在肚子里。它找到小伙伴们说:"咱们一起玩吧,我再也不放屁了。"小兔子、小松鼠高兴地点点头,和小猪罗罗一起开心地做游戏。它们一会儿捉迷藏,一会儿玩老鹰捉小鸡,小动物们一个个高兴极了。

可是,小猪罗罗的屁越憋越多,最后把肚子都鼓成了一个圆圆的小皮球。罗罗实在憋不住了,就噗、噗、噗……

这么多的屁把小猪罗罗一下子冲上了天,小猪罗罗吓坏了,不停地喊:"救命啊,救命啊!"小兔子和小松鼠也吓得哇哇大哭起来:"都怪我们,不让小猪罗罗放屁,这下可怎么办呢?"

小猪罗罗一边在天上飞,一边放屁,噗、噗、噗——最后,它终于落在了一片柔软的草地上。小伙伴们急忙跑过来,扶起它:"罗罗,你没事吧? 都怪我们,今后你放屁,我们也跟你玩。"噗、噗、噗——"太好了!"噗、噗、噗——"太好了!"小猪罗罗开心得又是放屁又是笑,还一直翻跟头呢!

故事赏析

故事《小猪罗罗的屁》,听了故事的名字,你一定知道这个故事和小猪有关,而且和屁有关,是的,故事讲述的是一只圆滚滚的小猪罗罗喜欢放屁。小猪罗罗喜欢放屁,小伙伴和它说话,它总是先用"噗、噗、噗——"的一个个大响屁来回答。你喜欢这样的朋友吗? 小猪罗罗当然被朋友们拒绝了。没有朋友的小猪罗罗为了能和小伙伴们玩,决定把所有的屁都憋在肚子里,最后它交到好朋友了吗? 快听听这个有趣的故事吧!

故事讲述技巧解析

故事《小猪罗罗的屁》讲述时先要分析把握故事的基调,要分成不同的段落去把握。首先小猪罗罗去找朋友玩,故事讲述在对话中要表达出天真感。接着,故事转为小动物们一个个高兴极了,它们一会儿捉迷藏,一会儿玩老鹰捉小鸡,讲述时要表达出愉悦感。看着小猪罗罗被屁冲上了天空要表达出为朋友担忧的紧张、焦虑感。最后要表达出小伙伴们接受了小猪罗罗放屁的生理现状,愿意和它继续做好朋友的喜悦感。故事情节丰富,画面感很强,是一个孩子们很喜欢听的故事哟!

5. 老虎和黑熊

管　桦

一只老虎和一只黑熊在山坡上比赛摔跤。瞧,黑熊抱住老虎的腰,老虎抓住黑熊的肩膀,谁也不放松。它们一会儿抱着在地上打滚,一会儿翻个身站了起来,又抱成一团。

它们从早上摔打到中午,老虎打不动了,差点就要被黑熊摔倒了,连忙说:"咱们休息一下再比。"黑熊答应了,说:"好,就让你休息一下。"

老虎喘了一会儿气,跑到山坡下的小河边,喝够了水,就躺在草地上休息。

黑熊呢,它可不休息,神气活现地说:"老虎,老虎,我就让你休息半天,你也比不过我黑熊呀,我力气可大啦! 怎么也使不完,瞧我的……"它一边说话,一边把身边的一棵小树拔了出来。它又"咯噔咯噔"地在山坡上走了一圈,看见一棵小树,就拔一棵,不多一会儿,把山坡上的小树全拔了。它又说:"拔几棵小树,算不了什么! 再瞧我的……"它爬到山坡顶上,抱起大石头,把它扔得远远的。它"咯噔咯噔"地在山顶上走了一圈,看见一块大石头就扔一块,不多会儿,把山坡顶上的大石头全扔了。

这时候,老虎回到山坡上来了,对着黑熊说:"咱们接着比。"它们又摔起跤来。老虎休息了一阵子,又有了力气,可是黑熊呢,又是拔树,又是扔大石头,把力气都使完了。它们摔打了一会儿,黑熊就张着大嘴巴"呼呼"地喘着粗气。它心里说:"哎呀,刚才我怎么没好好休息一下呢!"

老虎使了个猛劲,一下把黑熊扳倒在地上。本来黑熊的力量比老虎大,可是,这次摔跤比赛,黑熊输了,老虎胜利了。

故事赏析

故事《老虎和黑熊》非常受幼儿园孩子们的喜爱,原因应该很简单,有力量的对峙与通过较量进行比赛,这样的"游戏"很受幼儿园中班年龄段的孩子喜欢。而故事中的两个角色正是充满力量感的形象,老虎和黑熊比赛谁的力气大,最后谁赢了?为什么呢?故事会吸引孩子听到最后,直到揭开比赛的结果。

故事讲述技巧解析

听老虎和黑熊比力气谁更大的故事时,讲述者可以和孩子们来个约定,让孩子们边听故事边给故事里的比赛者加油鼓劲,让整个故事都充满力量感和鼓劲的声音。最后故事的讲述重点放在了黑熊的喘气,为什么会呼呼地喘大气呢?原来黑熊干了很多很多傻事,一定要把这些傻事讲述得夸张而有趣哟!

音频

6. 上 课

张祥凤

大树林里办起了一所动物学校。

当当,当当,当当!上课钟响了,小山羊、小喜鹊、小公鸡、小乌鸦和小鹌鹑一起来到大树下,在草地上坐得整整齐齐,不吵也不闹。

八哥老师来上课,它说:"小朋友们,上课要专心,心里不能想吃想玩,眼睛盯住黑板看,耳朵听着老师讲,嘴跟着念。大家听到了没有?"

"听——到——了!"学生一齐回答。

"能做到吗?"

"能——做——到!"

八哥老师笑着点点头,就在黑板上端端正正写了五个词:"妈妈、姑姑、哥哥、姐姐、娃娃。"写完了,八哥老师说:"这一堂课,要把这五个词学会,念得一点也不错。能做到吗?"

"能!"学生们大声回答。

八哥老师带着大家念。念了一会儿,学生们就不专心了。小山羊想着出去吃草,小喜鹊在看麻雀打架,小公鸡和小乌鸦在看窗外面松鼠在树上赛跑,小鹌鹑想出去拍皮球。

八哥老师又教了几遍,问大家:"小朋友,你们会念了吗?"

"会啦!"

"会念的,站起来!"

唰的一下,大家一齐站了起来。

八哥老师高兴地说:"好,都会念了,我来考考你们。"

八哥老师请小山羊念。小山羊尖着嗓子念起来:"妈妈,妈妈,妈妈,妈妈!"引得大家都笑了起来。

八哥老师请小喜鹊念。小喜鹊点点头,神气地念起来:"姐姐,姐姐,姐姐,姐姐!"大家一听,又笑得要命。

八哥老师请小公鸡念。小公鸡一伸脖子,大声念起来:"哥哥,哥哥,哥哥!"把大家的肚子都笑疼了。

八哥老师请小鹁鸪念。小鹁鸪点点头,翘翘尾巴,念起来:"姑姑,姑姑,姑姑,姑姑!"连在外面玩的小猫咪听了,也笑弯了腰。

八哥老师叫小乌鸦念,小乌鸦生怕老师听不清楚,就粗着嗓子直叫:"娃娃,娃娃,娃娃!"

这下,连八哥老师也忍不住笑了起来。

八哥老师叹了口气:"上课不专心,一堂课只学会一个词,每人只得二十分,不及格。"

一直到现在,山羊、喜鹊、公鸡、乌鸦和鹁鸪都只学会一个词。山羊只认识"妈妈",喜鹊只认识"姐姐",公鸡只认识"哥哥",鹁鸪只认识"姑姑",乌鸦只认识"娃娃",全像个大傻瓜。唉,谁叫它们上课不专心呢!

故事赏析

故事《上课》讲的是什么呢?听了故事你就知道为什么"山羊只认识'妈妈',喜鹊只认识'姐姐',公鸡只认识'哥哥',鹁鸪只认识'姑姑',乌鸦只认识'娃娃'"了,原来它们上课不专心听讲,就连八哥老师听了它们的"本领展示"都忍不住笑了起来。唉,咱们小朋友一定不能学习它们哟!

故事讲述技巧解析

《上课》这个故事讲述起来特别"带劲"。因为故事角色鲜明,情节有趣,设计非常巧妙。讲述时要将每一种小动物的发音特色通过夸张的语气表达出来,声音要尽量地响亮,这样可以直接刺激孩子的听觉感官,伴随着形象的表情,淋漓尽致地将每一种小动物的诙谐幽默感传递给孩子们。

7. 不听劝告的小鲤鱼

一条金色的小鲤鱼,吐着泡泡,翻着筋斗,在小河里自由自在地游来游去。一只老乌龟游过来说:"小鲤鱼呀!听说最近有不少小鱼莫名其妙地消失了,你可要当心,早点回家去!"小鲤鱼瞥了老乌龟一眼说:"你年纪大了,什么都害怕,我就喜欢冒险,就算遇见了凶猛的大鱼,我都不怕,或许我还能找到那些失踪的小鱼呢!"老乌龟听了,摇摇头游走了。

小鲤鱼继续向前游呀游,它既没有遇见任何危险,也没有看见老乌龟说的很多的小鱼消失。心里想:"哼,胆小鬼!"这时,它感觉肚子有些饿,想找点吃的。它四处瞧着,"咦!好大的一条蚯蚓呀!"它高声叫着,甩着尾巴猛冲过去一口吞进了大蚯蚓,"啊!痛死了!"还没等它反应过来,已被一条线"呼"

的一声拉出了水面。它用力地摇晃着身体,可是有个铁钩紧紧地钩住了它的嘴唇,痛得它连挣扎的力气都没有了。

一只手抓住了它的身体。随后它被扔到了一个小水桶里,它恐惧地在水桶里左冲右撞,一条同样被困在水桶里的小鱼说:"别白费力气了,出不去的,你看我的头都撞坏了。"小鲤鱼这才后悔没有听老乌龟的话,可是已经晚了,它再也回不到小河里了。

故事赏析

故事《不听劝告的小鲤鱼》讲述的是一条金色的小鲤鱼因为不听老乌龟(长辈)的劝告,最后被鱼钩钩住,再也回不到小河里的悲伤故事。日常生活中孩子经常会有不听爸爸妈妈的话,任性而惹人烦恼的时候,可以和孩子一起听听这个耐人寻味的故事,和孩子说一说,为什么小鲤鱼再也回不到小河里了。作品中有小鲤鱼和老乌龟鲜明的形象对比,有小鲤鱼被铁钩钩住前后的心情对比,故事语言通俗易懂,通过小鲤鱼的心理变化展开线索,给孩子以温情的教育,让孩子知道应该认真听长辈的话,不能太任性的道理。

故事讲述技巧解析

《不听劝告的小鲤鱼》这个故事讲述的技巧在于用语调的变化来让幼儿跟着悬念进入故事情境之中,用语音塑造角色对话,增加故事的趣味性。小鲤鱼和老乌龟的对话要注意角色的特点和场景的呼应,要表达出语重心长般的劝告和目空一切的任性对比,以气传声,勾勒出一老一小的对话场景。在故事最后一段,另一条绝望的小鱼与小鲤鱼的对话让故事情节发生逆转,要采用无助而绝望的语气烘托小鲤鱼内心的恐惧而后悔的感受,使得故事更加耐人寻味。

8. 三只蝴蝶

季 华

花园里有三只蝴蝶。一只蝴蝶是红的,一只蝴蝶是黄的,一只蝴蝶是白的。它们天天在花园里一块儿玩耍,非常快乐。

有一天,它们正在草地上捉迷藏,突然下起大雨来。

它们一起飞到红花那里,齐声向红花请求说:"红花姐姐,红花姐姐,大雨把我们的翅膀打湿了,大雨把我们淋得发冷了,让我们到你的叶子底下避避雨吧!"

红花说:"红蝴蝶的颜色像我,请进来;黄蝴蝶,白蝴蝶,别进来!"

三只蝴蝶齐声说:"我们三个是好朋友,相亲相爱不分开,要来一块儿来,要走一块儿走。"

雨下得更大了,三只蝴蝶一起飞到黄花那里,齐声向黄花请求说:"黄花姐姐,黄花姐姐,大雨把我们的翅膀打湿了,大雨淋得我们发冷了,让我们飞到你的叶子底下避避雨吧!"

黄花说:"黄蝴蝶的颜色像我,请进来;红蝴蝶,白蝴蝶,别进来!"

三只蝴蝶齐声说:"我们三个是好朋友,相亲相爱不分开,要来一块儿来,要走一块儿走。"

三只蝴蝶一起飞到白花那里,齐声向白花请求说:"白花姐姐,白花姐姐,大雨把我们的翅膀打湿了,大雨淋得我们发冷了,让我们飞到你的叶子底下避避雨吧!"

白花说:"白蝴蝶的颜色像我,请进来;红蝴蝶,黄蝴蝶,别进来!"

三只蝴蝶齐声说:"我们三个是好朋友,相亲相爱不分开,要来一块儿来,要走一块儿走。"

三只蝴蝶在大雨里飞来飞去,找不着避雨的地方,真是着急呀!可是它们谁也不愿意离开自己的朋友。

这时候,太阳公公从云缝里看见了,连忙把天空的乌云赶走,吩咐雨别再下了。

天晴了,太阳公公把三只蝴蝶的翅膀晒干了。三只蝴蝶迎着太阳,一块儿在花园里快乐地跳舞、游戏。

故事赏析

故事《三只蝴蝶》讲述了下雨的时候,三只美丽的蝴蝶一起去找避雨的地方,结果红花姐姐只收留红蝴蝶,三只蝴蝶宁愿相亲相爱在一起,也不愿分别;同样,在黄花姐姐、白花姐姐那儿也都没有求助成功;结果还是太阳公公看见了它们三个好朋友相亲相爱,就赶走乌云,让三只蝴蝶又一起在花园里快乐地跳舞游戏。故事中三只蝴蝶是不是就像生活中形影不离的三个小伙伴儿、三个亲密无间的小姐妹?故事传递了一种力量和精神,不管风雨有多大,相亲相爱的人也不愿意分开,"我们三个是好朋友,相亲相爱不分开,要来一块儿来,要走一块儿走"。相信在故事反反复复的讲述中,孩子们也已经能够理解并记住这种爱和友谊的力量。

故事讲述技巧解析

讲述这种友谊主题的故事,语调中要饱含深情,讲到大雨中齐呼:"红花姐姐,红花姐姐,大雨把我们的翅膀打湿了,大雨把我们淋得发冷了,让我们飞到你的叶子底下避避雨吧!"语气焦急而诚恳。但当红花拒绝后,虽然翅膀淋湿、冷得瑟瑟发抖,仍坚持:"我们三个是好朋友,相亲相爱不分开,要来一块儿来,要走一块儿走。"语气肯定而勇敢坚强,是一种对友谊的维护和坚守,宁愿忍受一些痛苦和煎熬,也要和好朋友在一起,传递着一种为美好而坚持的力量,令人感动。讲述故事时,这一段对话要讲出力量感。故事中的对话部分,很适宜孩子分组表演,可以为孩子们准备故事表演道具,三只蝴蝶的头饰、三个花姐姐的头饰,鼓励孩子在讲述故事的过程中进行表演,在表演中和小伙伴团结协作,收获友谊,理解故事。

9. 谁的本领大

森林里,有一只猴子和一只梅花鹿。有一天,猴子碰见了梅花鹿,它俩都说自己的本领大,说着,说着,就争吵起来了。最后,它们决定比比看。它们去请大象当裁判员。大象把长鼻子朝前一甩,说:"你们看,河对岸有棵果树,果树上长满了果子,你们谁能先摘到果子,就算谁的本领大。"

梅花鹿想:"我有四条腿,跑得飞快,我准能先摘到果子。"

猴子想:"我的动作灵活,果子准是我先摘到。"

比赛开始了,大象喊了声:"预备——跑!"梅花鹿撒开四条腿,飞快地向前跑去,一眨眼就跑到了小河边,轻轻一跳,就过了小河,它一口气跑到果树下。回头一瞧,猴子还没过河呢!梅花鹿得意地想:"哈哈!这下我准能先摘到果子啦!"可是,果树太高,它伸长脖子跳来又跳去,还是摘不到果子,心里真着急。

猴子呢,它跑到了小河边,被河水挡住了去路,河上没有桥,河里又没有船,猴子过不了河,心里也真着急。它想:"我会爬树,可是过不了河,梅花鹿过了河,可是又不会爬树,我们互相帮助,不就能摘到果子了吗?"于是,它就喊起来:"梅花鹿,有办法啦!你快回来驮我过河,我们一起去摘果子!"听到喊声,梅花鹿赶紧往回跑,驮着猴子跳过小河,跑到果树下。猴子"嗖"地一下爬上了果树,攀着树枝很快就摘到了果子。它们一起把果子交给了大象,大象笑眯眯地说:"现在,你们明白了吧,梅花鹿能过河,可是不会爬树,猴子能爬树,可是过不了河,你们俩各有各的本领,只有互相帮助,才能摘得果子,本领也就更大了。"

从此以后,猴子和梅花鹿成了好朋友。

故事赏析

故事《谁的本领大》讲述了小猴子和梅花鹿想比比谁的本领大,吵来吵去没结果。最后还是大象最智慧,请它们过河摘果子,一个过不了河,一个爬不上树,得出结论是:"你们俩各有各的本领,只有互相帮助,才能摘得果子,本领也就更大了。"故事虽简单,但传递的能量却很强大。讲述故事后,还可以和孩子们一起玩一玩"过河摘桃"的游戏,加深对故事情节的体验。

故事讲述技巧解析

故事中出现的三个角色性格迥异:小猴子机灵善爬高,反应快捷;梅花鹿轻盈善奔跑,略微骄傲;大象成熟稳重。三个角色无论在形象上还是动作上都较容易区分,讲述故事时,要注意用语言塑造形象特点,让孩子们清晰辨别出这是在讲哪一个小动物。讲述时要辅以简单形象的动作:小猴子边说话边到处抓抓挠挠,语速偏快;梅花鹿五指岔开放置头顶,语调高挑,略微自傲;大象面带微笑,语重心长。让孩子们明白原来每一个人,各有各的本领,只有互相帮助,本领才会更大。

10. 我可以和你玩吗?

一只小乌龟,它想去找朋友玩。它爬呀爬呀,爬到一颗大石头上,看见一只小白兔。它问:"我可以和你玩吗?"小白兔说:"你没有长长的耳朵,我才不要跟你玩。"

小乌龟又爬呀爬,遇见了一只刺猬。它问刺猬:"我可以和你玩吗?"小刺猬说:"你的身上又没有刺,我才不要跟你玩。"

小乌龟爬呀爬呀,遇见了一条蛇。它问:"我可以和你玩吗?"小蛇说:"你没有长长的舌头,我才不要和你玩。"

小乌龟很失望,只好又爬呀爬,看到一只猴子。它问:"我可以和你玩吗?"猴子说:"你又不会爬树,我才不要和你玩。"小乌龟失望地说:"好吧!再见!"

小乌龟一边爬一边想:"对了!我可以变得和它们一样啊!"它学小白兔,把两片长长的叶子插在头上,把一堆筷子粘在身上假装是刺猬,再学小蛇,把一截绳子咬在嘴里当舌头。然后,它模仿猴子,辛辛苦苦地爬到树上,大叫:"谁要和我做朋友?"

砰！小乌龟重重地摔下来了！哎哟喂呀！它伤心地说："我怎么这么笨呢？"这时候，一个小男孩蹲下来看着它，说："咦？你是谁？不像兔子，也不像刺猬。"

小乌龟一听，立刻把叶子、筷子、绳子全部拆下来。小男孩睁大眼睛说："哇，好可爱的小乌龟！我可以和你玩吗？"

乌龟愣住了，它不敢相信，真的有人要和它玩呢！

故事赏析

故事《我可以和你玩吗？》讲述的是一只小乌龟渴望找到好朋友，小乌龟用真诚的态度对小白兔、小刺猬、小蛇和小猴子说："我可以和你玩吗？"结果因为小乌龟没有长长的耳朵、身上没有刺、没有长长的舌头、不会爬树而被拒绝。小乌龟为了得到朋友和友谊，把自己变得不再是自己，辛辛苦苦装扮一番却非常痛苦地从树上重重地跌落，渴望友谊的小乌龟最后找到朋友了吗？听完你就能知道，这个故事是在惊喜中结束的！

故事讲述技巧解析

讲述故事时，重点把握情绪变化，渴望—失望—伤心—痛苦—惊喜，要善于运用语调、语速的变化让幼儿跟随故事发展一起经历寻找、请求、难过、绝望到喜出望外。故事的基调把握是否得当直接影响幼儿对故事的理解。最后可以引导幼儿思考一个问题："朋友必须是和自己很像的吗？"通过和孩子深入聊聊故事，可以"检验"一下自己讲述故事的效果哟！

11. 企鹅寄冰

冰 波

狮子大王住在很热很热的非洲。

夏天来了，狮子大王不停地大叫："热啊！热啊！真是太热了！"狐狸对狮子说："亲爱的大王，我听说在遥远的南极，有一种很凉很凉的东西，叫作冰。"狮子大王说："是吗？那我要看看冰到底是什么样子的。"它立刻给住在南极的企鹅写了一封信，请企鹅寄一块冰来。

好多天以后，企鹅收到了信："狮子大王想要一块冰，这可太容易了，我这里可是冰天雪地，到处都是冰呀！"企鹅特意挑选了一块方形的冰，装在塑料袋儿里，然后，封在大盒子里，给狮子大王寄去。装冰的盒子先上了轮船，又上了飞机，因为，从南极到非洲，有好长好长的路程。

过了好多天，狮子大王终于收到了盒子，它打开一看："咦！盒子里怎么装着一大袋子水呢？"狮子大王非常恼怒，它在盒子上贴上一张纸条，对邮递员说："请把这个邮件退回去！"

又过了好多天，企鹅收到了退回来的盒子，上面的纸条写着："我要你寄块冰，你为什么给我寄了一包水？"企鹅急忙把盒子打开，看到盒子里是一大块方方正正的冰！

"这明明是块冰，狮子大王怎么说是一大包水呢？"

企鹅有些糊涂了，小朋友，你们能告诉企鹅这是怎么回事吗？

故事赏析

故事《企鹅寄冰》讲述的是住在非洲的狮子大王，由于太热了，想让住在南极的企鹅给它寄一块冰，好多天以后，狮子大王收到的是冰吗？哈哈哈，它收到的是一袋子水，这让狮子大王非常生气，又把这包水寄回南极。结果呢，哈哈，冰又回到了企鹅的手里！

故事讲述技巧解析

讲述故事的技巧在于，首先要分析故事的线索，以冰为线索贯穿始终，到最后，狮子大王和企鹅都被这一块冰给搞糊涂了。讲述时要将大王热得有些急躁、有些小粗暴的感觉讲述出来。企鹅作为朋友，非常细致认真地包装冰块，这一过程一定要讲述得清清楚楚，慢条斯理。当企鹅收到大王退回的盒子，看到纸条时，纸条上写的话"我要你寄块冰，你为什么给我寄了一包水？"要以大王抱怨、不解、急躁的情绪表达哟！

音频

12. 小黄莺唱歌

在一座小山上，树林里住着一只小黄莺。小黄莺唱起歌来，可好听了，声音像吹笛子一样："咕咕哩，咕咕哩，咕哩！"可是它唱歌的时候，一会儿跳到这棵树上，一会儿跳到那棵树上，总是低着头。它很害臊，怕人家听见它唱歌的声音。

春天来了，树林里的动物要开联欢会。大家都说小黄莺唱歌唱得好极了，就让小松鼠去请小黄莺参加。

小松鼠捧了一把鲜花，来到小黄莺家，对小黄莺说："小黄莺，小黄莺，树林里要开联欢会了，请你去唱歌！"

小黄莺说："那多难为情呀！大家都听我唱歌，我害怕，我不去。"

妈妈对小黄莺说："别怕，别怕，要勇敢些，孩子。大家爱听你唱歌，你就该唱给大家听啊。去吧，去吧！"

小黄莺听了妈妈的话，就跟小松鼠走了。

联欢会最后一个节目，就是小黄莺唱歌。小黄莺跳到台上，看见那么多小伙伴瞧着它，觉得很难为情，心里一慌，声音也发抖了。它低着头，"咕哩，咕哩"才唱了几句，就再也唱不下去了，红着脸跳到后台去了。

小黄莺心里难过极了，也不跟大伙儿说"再见"，就飞回家去了。路上，它碰见了顽皮的小八哥，小八哥说："小黄莺，胆子小，唱歌唱一半，还是唱不好。"

小黄莺飞着，飞着，又碰见多嘴的小喜鹊。小喜鹊说："小黄莺，真害臊，唱歌唱一半，还是唱不好。"

小黄莺羞得差点要哭出来了。它回到家里，对妈妈说："我以后再也不唱歌了。"

妈妈说："人家笑话你，是你不好呀，没把歌儿唱完。不要紧，往后你多唱给大家听听，胆子就会慢慢大起来。"

小黄莺听了妈妈的话，天天练习唱歌。

有一回，小黄莺飞上山岗，看见许多八哥，就在它们面前唱起歌来。那只顽皮的小八哥说："别唱了，我可不喜欢胆小的歌唱家。"小黄莺不理它，唱啊，唱啊，越唱胆子越大啦！

又有一回,小黄莺飞出树林,看见许多喜鹊,就在它们面前唱起歌来,那只多嘴的小喜鹊说:"小黄莺,别表演了,我可不欢迎害臊的演员。"小黄莺不理它,唱啊,唱啊,越唱越好听啦!

小黄莺又飞到青蛙和山雀面前去唱歌,它们听了以后,都夸奖它:"小黄莺胆子大起来了,唱的歌更好听了,表情也很好。小黄莺进步多快啊!"

夏天到了,树林里又要举行一次联欢会,小黄莺也去参加。顽皮的小八哥和多嘴的小喜鹊说:"小黄莺胆子小,别让它唱了。"可是青蛙和山雀都说:"让小黄莺唱吧! 它胆子大了,歌也唱得更好听了。"

联欢会开始了,小黄莺第一个上台表演。这次,它心里一点儿也不紧张,唱的歌真好听。大家都鼓起掌来,顽皮的小八哥和多嘴的小喜鹊也在给它鼓掌呢!

故事赏析

故事《小黄莺唱歌》通过讲述小黄莺从胆小害羞到大胆自信地表现自己的变化,让孩子明白,只有经常练习本领,熟练掌握本领,自己才会变得越来越胆大,越来越自信。不仅仅是唱歌,还可以是其他更多的本领哟!

故事讲述技巧解析

讲述故事时,技巧在于用语音、语调塑造小八哥、小喜鹊的形象,使这两个角色通过讲述"活"起来,让顽皮的小八哥和多嘴的小喜鹊贯穿故事始终,见证着小黄莺的变化。让孩子们更好地了解和理解小黄莺的变化过程,更明确"相信自己""不轻易放弃""一定可以通过努力超越曾经的自己"的道理。

故事最后一段可以加上小黄莺唱歌的声音,"咕咕哩,咕咕哩,咕哩,咕哩!"这段歌曲可以随意配调,孩子们一定会被清脆悦耳的声音吸引的。

13. 小老鼠和大老虎

我是一只老鼠,看见了吧,一只很小很小的小老鼠。我身后那个又高又壮的家伙是大老虎。我们俩是好朋友。

可是,怎么说呢,我们之间还是有点小问题……每次玩"西部牛仔"的游戏,大老虎总是当好人,我总是当坏人。大老虎说:"好人最后总是会赢的!"唉,我能说什么呢? 我不过是一只很小的小老鼠。

每次分甜面圈,大老虎分到的那块总是比我的大。大老虎说:"这样分才对嘛!"唉,我能说什么呢? 我不过是一只很小的小老鼠。每次看到想要的花儿,大老虎总是命令我跳下去采给它。大老虎说:"好美的花啊!"唉,我能说什么呢? 我不过是一只很小的小老鼠。

有一天,我用积木搭了座城堡,这是我搭过的最大的一座城堡!"快看——大老虎!"我得意极了。大老虎头也不回,只是怪声怪气地说:"哟,不错嘛。"突然,它跳起来,大吼一声"呀——",用它刚刚学会的空手道把我的城堡踢飞了!"够了!"我气得大叫起来,"我再也不跟你玩了! 虽然我只是一只很小的小老鼠,但是,你也不过是个很大的大坏蛋! 哼,拜——拜!"

我好生气、好伤心啊！其实，我更多的是害怕。以前，我哪敢这样对大老虎大喊大叫？只是这一次……

大老虎找到我了！我的心吓得"咚咚"直跳。完了，这下它会像踢飞我的城堡一样，一脚把我踢飞。"走开！"我冲它叫起来，"我才不怕你呢！别过来！"奇怪的是，大老虎并没有踢我。原来，它重新搭好了我的城堡。真的呐！可是，我告诉它："我还是不想跟你做朋友。"大老虎说："玩不玩'西部牛仔'啊？这样吧，你当好人，我当坏人。"哈，我终于可以当好人啦！可是，我告诉它："我还是不想跟你做朋友。"大老虎又说："吃不吃甜面圈啊？这样吧，你吃大的，我吃小的。"哈，我终于可以吃大的那个啦！可是，我告诉它："我还是不想跟你做朋友。"最后，大老虎说："要不要花啊？这样吧，我跳下去给你摘！"哈，我随便指了一朵，它就勇敢地跳了下去……

"嗯……可能吧。"我闻着花香告诉它，"我可能会跟你做朋友，不过，只是有可能喔。"大老虎听了，很开心。

从那天起，我们又高高兴兴地在一起玩了——有时候我当好人，有时候它当好人。有时候我去摘花，有时候它去摘。对了，吃甜面圈时，我们一人一半！这真是太好啦！

故事赏析

《小老鼠和大老虎》讲述的是两个个头、性格对比反差很大的好朋友之间发生的故事。高尔基说过："儿童文学是快乐的文学。"儿童不喜欢枯燥的故事和乏味的叙述，他们需要的是有趣的东西。这个故事中洋溢着浓郁的谐趣和欢愉之美，幽默、夸张、滑稽，还表现了一种稚气而拙朴的艺术风格。故事在文字的叙述、情节的描述中，处处透露出一种稚拙感：小老鼠和大老虎的朋友关系建立在不平等的基础上，小老鼠因为小而受到大老虎的"欺负"，后来朋友的力量让大老虎做出了一系列的改变，小老鼠也慢慢原谅了它并重新成为好朋友。

故事讲述技巧解析

讲述故事时要将小老鼠开头的自述部分讲得"备受委屈"，将大老虎"威武勇猛"地欺负小老鼠的动作加以强化表现，对比出两个好朋友的不公平关系。紧接着大老虎"画风"转变，要凸显语气的变化，要体现出小老鼠半信半疑的态度。整个故事都充满浓浓的游戏色彩，以自述的口吻叙述故事容易使孩子们产生共鸣体验。

14. 耳朵上的绿星星

今天晚上，森林里要开个音乐会，小松鼠要到台上去表演唱歌。

小松鼠想：上台表演，一定要打扮得很美才行呀，我怎么打扮才好呢？

小松鼠来到了花园里，它看到了绿绿的小草。小松鼠想：我用小草编顶帽子，戴在头上一定很美。

小松鼠刚要去摘小草，小草说："别摘我，别摘我，我会痛的！"

小松鼠点点头，走开了。

小松鼠看到一朵红红的玫瑰花,它想:我用玫瑰花的花瓣,把嘴唇涂得红红的,一定也很美。

小松鼠刚要去采玫瑰花,玫瑰花说:"别采我,别采我,我会痛的。"

小松鼠点点头,走开了。

这时,躲在一片树叶下的两只萤火虫看到了这一切,它们说:"绿绿的小草,是我们玩儿的地方。红红的玫瑰花,是我们睡觉的地方。小松鼠不摘草,不采花,它真好。"

小松鼠回到家,心里有些难过:参加音乐会,我什么也没打扮,一定不漂亮。

晚上,月亮出来了。小松鼠去参加音乐会,路过花园的时候,两只萤火虫轻轻地飞了起来,悄悄地跟着小松鼠。

森林音乐会开始了,第一个节目就是小松鼠唱歌。

小松鼠轻盈地跳上舞台,台下所有的观众惊呆了,啊,小松鼠从来没有这么漂亮过! 它的两只尖尖的小耳朵上,有两颗绿色的小星星。

小松鼠的歌唱得美妙极了,把满天的星星都唱出来了,眨着眼睛静静地听。可是,天上的星星再美,也美不过小松鼠耳朵上的两颗绿色的小星星。

小朋友们一定猜出来了吧,小松鼠耳朵上的星星就是两只萤火虫呀! 连小松鼠自己也不知道呢!

故事赏析

故事《耳朵上的绿星星》的小主角是一只心地善良的小松鼠。森林里要开音乐会,小松鼠要到台上去表演唱歌。小松鼠上台表演,一定要打扮得很美才行,怎么打扮才好呢? 森林音乐会开始了,第一个节目就是小松鼠唱歌。小松鼠轻盈地跳上舞台,台下所有的观众惊呆了,啊,小松鼠从来没有这么漂亮过! 故事里的小松鼠为什么这么漂亮,你想学学吗? 听了故事你就找到答案了。

故事讲述技巧解析

故事《耳朵上的绿星星》在讲述时,要用一些动作辅助,这样可以更形象地再现小松鼠摘小草、采玫瑰花时的场景,更好地理解故事中传递的"小草很美我不摘,花儿很美我不采"的含义。故事最后一段"小松鼠的歌唱得美妙极了,把满天的星星都唱出来了,眨着眼睛静静地听。可是,天上的星星再美,也美不过小松鼠耳朵上的两颗绿色的小星星",欢快圆满的结尾,语调要高昂,体现出赞美与欣喜,让孩子们明白爱护大自然的孩子最美的道理哟!

15. 不怕,不怕

轰隆隆——打雷了! 小田鼠赶紧钻进被子里,还用手捂住耳朵。妈妈说:"不怕,不怕! 这是雷公公在告诉大家,要下雨了,没回家的小动物快快回家。"

太阳落山了——天黑了! 小兔子好害怕。爸爸说:"不怕,不怕! 这是太阳公公在告诉大家,今天就要过去了,宝宝要睡觉了,明天又是新的一天。"

下雪了——好冷啊! 小猫咪坐在火炉前还是冷,它觉得冬天好可怕。小狗捧着个大雪球来了:"不怕,不怕! 运动运动就不冷了。走,堆雪人去。"

阿嚏——生病了！小猴子看着护士阿姨手里的针筒，哇地哭了。护士阿姨说："不怕，不怕！打了针，病很快就会好，又可以和小伙伴一起玩了。"

哎呀哎呀——好累呀！小熊自己走了好长一段路，累得呼哧呼哧直喘大气。爷爷奶奶说："不怕，不怕！宝宝的腿脚越走越有劲儿，越走越结实。"

为什么——为什么做不好？小刺猬想用积木做一个城堡，可是，怎么也做不好。小刺猬想了想："不怕，不怕！我一定会做出一个最高最大最漂亮的城堡……"

是啊，不怕，不怕！从小就要做勇敢的娃娃。

故事赏析

故事《不怕，不怕》讲述了很多小动物在生活中遇到的一个个令人害怕的事情。"打雷了""生病了""事情总是做不好"……这些"担心"与"不安"在故事中都被——轻松地化解，你在生活中遇到过这些"害怕"的事情吗？一起在故事中寻找解决方法吧，听了故事，你就是一个勇敢的娃娃了。

故事讲述技巧解析

《不怕，不怕》这个故事使用了大量排比句式来推进情节发展，故事充满关爱，对于小动物们的各种担忧给予安抚与解答，让孩子在故事中学会应对各种害怕的情绪。讲述时应巧妙运用摹声，增加动态感，"不怕，不怕"这一句贯穿故事，节奏感要读出来，语气要适宜，双手配合摆一摆，虽然角色不同但关爱备至的情感一定要表达到位。故事讲述后，可以分角色进行故事表演，感受这个充满童真、惟妙惟肖的故事。

音频

16. 小猪奴尼

鲁 兵

一只小猪，名叫奴尼。妈妈说："奴尼，奴尼，瞧你多脏呀！快来洗一洗。"奴尼说："妈妈，妈妈，我不洗。我不要洗！"

妈妈挺生气，跑来追奴尼，奴尼真顽皮，逃东又逃西，"扑通"掉进泥坑里。泥坑里面尽是烂泥，奴尼又翻跟斗又打滚。玩了半天才爬起，一摇一摆回家去。吓得妈妈打了一个大喷嚏，阿嚏，阿——嚏。"你是谁？我不认识你。""妈妈，妈妈，我是奴尼，我是奴尼。""不是，不是，你不是奴尼。""是的，是的，我真的是奴尼。""出去，出去！"妈妈发了脾气，"你再不出去，我可不饶你，扫把扫你，畚箕畚你，当作垃圾倒了你！"

奴尼吓得逃呀逃，逃出两里地。路上遇见羊姐姐，织的毛衣真美丽！"咩——走开，走开，别弄脏了我的新毛衣！"路上碰到猫妈妈，带着小猫做游戏，"喵——走开，走开，别吓坏了我的小猫咪！"

最后碰到牛婶婶，在吊井水边洗大衣，"哎呦呦！哪来这么个脏东西！来来来，让我给你冲一冲，洗一洗！"吊井水用了一百桶，肥皂泡泡满天飞。洗掉烂泥，是奴尼。

奴尼回家去，妈妈真欢喜，"奴尼，奴尼，你几时学会了自己洗？"奴尼鼻子翘翘，眼睛挤挤，"妈妈，妈妈，明天我还要自己洗！"

故事赏析

故事《小猪奴尼》中的奴尼是一只不爱清洁、不爱洗澡的小猪,非常喜欢在泥坑里面打滚翻跟斗,结果呢,小猪奴尼脏得连妈妈都认不出,妈妈还要把它赶出家门。脏兮兮的小猪路上遇见羊姐姐和猫妈妈,谁愿意和它在一起玩游戏、做朋友呢?遭到嫌弃的小奴尼,在牛婶婶的帮助下,用吊井水洗得干干净净回家去,妈妈当然很欢喜。小猪奴尼现在知道讲究卫生就会让别人喜欢的道理。小朋友们,在生活中,你是不是也很讲卫生,有很多好朋友呢?

故事讲述技巧解析

讲述这个故事的技巧在于把握故事的整体脉络,要将自己先化身为奴尼,语气上进行模仿,变为一个淘气俏皮的小可爱。路上遇到的猫妈妈和羊姐姐的嫌弃要充分表达出来,牛婶婶的宽厚慈爱要用适宜的语气表达。故事整体节奏鲜明跳跃,配上合适的动作会增色很多哟!这个故事很适合孩子们表演,用孩子们的童声讲述出来别有一番享受。

17. 大嘴青蛙

有一只大嘴青蛙,总爱炫耀自己的大嘴巴。一天,它遇到了一只公鸡,就咧着嘴巴问道:"你好,公鸡先生,我是大嘴青蛙,请问你喜欢吃什么呀?"

公鸡想了想说:"ji——go——go——我喜欢吃小虫子。"

"好,知道了,再见。"

大嘴青蛙又遇见了一只小白兔,它又咧着大嘴问道:"你好,兔子先生,我是大嘴青蛙,请问你喜欢吃什么呀?"

兔子想了想说:"嗯——我喜欢吃胡萝卜。"

"好,知道了,知道了,再见。"

大嘴青蛙又遇见了一只鳄鱼,它还是咧着大嘴问道:"你好,鳄鱼先生,请问你喜欢吃什么呀?"

鳄鱼神秘地说:"你过来,小家伙儿,我悄悄地告诉你。"

大嘴青蛙刚要凑过去听,树上的小鸟大声叫了起来:"还不快跑,鳄鱼最爱吃的就是大嘴青蛙!!"

大嘴青蛙眼睛瞪得滴溜圆,嘴巴立刻嘟在一起,慌乱地逃跑了。

哎呀呀,大嘴青蛙,炫耀差点让你进了鳄鱼的大嘴巴!

音频

故事赏析

《大嘴青蛙》故事短小,滑稽幽默,动感十足,但寓意深刻,故事情节简单,易于孩子们理解接受。因为故事中的大嘴青蛙是那么的夸张,无论见到谁,总是要把自己的大嘴巴炫耀一番。见到公鸡和兔子炫耀真的没关系,可是遇见了大鳄鱼也要炫耀,鳄鱼最喜欢吃的就是青蛙,可是大嘴青蛙呢?却一点也不知道危险正在向它靠近,哎呀呀!这可急坏了树上的小鸟……骄傲的大嘴青蛙呀,一定要记住炫耀差点让你进了鳄鱼的大嘴巴这个教训,还有要记得谢谢善良的小鸟哟!想知道大嘴青蛙最后怎么样了吗?小鸟怎么帮助大嘴青蛙的呢?快来听故事找答案吧!

讲述故事《大嘴青蛙》时，大嘴青蛙的大嘴巴的夸张一定要表现得淋漓尽致，要辅以动作表现，更能增强故事的趣味性。对话部分要体现强烈的对比，这样表达才能烘托出大嘴青蛙自我感觉超级好的炫耀感。故事中的鳄鱼先生，神秘而阴沉，语调低沉而平缓，表现出鳄鱼先生极度的克制性。树上叽叽喳喳的小鸟表现得要急切、担忧，要用高调、尖声表达，故事在大嘴青蛙 180 度大翻转慌乱脱逃中结束。在把握故事节奏时要注意前半部分偏快，鳄鱼出现环节节奏放缓，最后再加速处理，形成 ABA 节奏型。故事全部结束后，特意再加上一句意味深长的总结性语言，凸显故事主旨，涵义深刻。

这个故事角色分明，适合带着孩子和"大嘴青蛙"一起玩故事表演游戏。可以请孩子们在熟练掌握故事的基础上自由选择喜欢的角色，采用身边物品例如小椅子等简单道具辅助表演（站在椅子上代表高处的小鸟），利用教室不同的方位变化表现大嘴青蛙分别遇见公鸡、兔子和鳄鱼。你会发现，每一次孩子们都会选择扮演不同的角色去尝试，无论表演多少遍，仍意犹未尽，乐此不疲！

18. 白云枕头

胖小猪和小白兔本来是最要好的朋友，可是今天却为了一件小事吵架了。小白兔说："哼，叫你夜里睡不着觉！"胖小猪说："哼，叫你的毛变得黑黑的！"它俩都气呼呼地回家了。

到了晚上，奇怪的事情发生了。胖小猪本来一挨上枕头就会呼噜呼噜睡着了，可是今天却怎么也睡不着。"1，2，3……5……10……"数到 100 还是睡不着。"哎呀，难受死了！"

小白兔呢，睡觉前总要照照镜子。今天一照，吓了一跳。一身雪白雪白的毛全变黑了。用水洗，用肥皂擦，一点没用，还是黑黑的。小白兔哭了一夜，胖小猪也一夜没睡。

第二天，胖小猪看见了小白兔，发现它变黑了，"都是我不好，我真是头坏猪"。这个时候，胖小猪看到了天上的白云，它想，"用白云洗个澡，小白兔会变白的吧?"胖小猪回家拿了条大口袋，又爬上山顶。它抓住了好几朵白云装进大口袋，一会儿就装满了。胖小猪背着大口袋来到小白兔面前，"你洗个白云澡吧，会变白的"。小白兔从口袋里捧出一朵白云往身上一擦，擦过的地方立刻变得雪白雪白。

晚上，胖小猪躺在床上，翻来覆去还是睡不着。咚咚咚，是小白兔来了，怀里抱着个大枕头。小白兔说："这是用白云缝的枕头，给你枕吧！"胖小猪高兴地抱着枕头回到床上，又开始数数，不过还没数到十，它就呼呼进入梦乡了，梦里，它跟小白兔在森林里快乐地玩耍呢！

从此，胖小猪和小白兔成了一对森林里形影不离的好朋友！

故事《白云枕头》是一个充满浓浓爱意的亲密伙伴的故事。"胖小猪和小白兔本来是最要好的朋友"这样的开头很容易让孩子们链接到真实生活中，贴切自然。就像自己和身边的小伙伴一样，有开心也有烦恼。故事的最后是圆满结局，小伙伴在一起形影不离，只有经历不开心、小矛盾，伙伴的关系才会更加牢固，更加亲密。朋友应该这样，互相惦念，互相着想，互相关爱！

故事讲述技巧解析

《白云枕头》故事中角色虽然只有小白兔和胖小猪两个,但角色特点很鲜明,在形态、声音、性格等方面有明显差异,都可以做一些讲述技巧的处理。夜里,胖小猪翻来覆去睡不着觉地"数数",凸显了胖小猪的憨态可掬。当发现小白兔变黑了以后的自责又凸显了胖小猪的憨厚单纯。胖小猪的语调表现时要略带憨厚感,语速要偏慢,但要清晰可辨,要让小听众跟随胖小猪的言语线索一起思考。故事情节富于想象,小伙伴之间的相互关爱用白云巧妙链接,讲述这个故事,一定要带着浓浓的爱。故事结尾处语调是上扬的,语气是愉悦的,"形影不离"四个字应略微加重处理,呼应故事开头两个好朋友,所以最后一定要面带微笑结束故事。

19. 老虎和小猫

在一片森林里,住着一只老虎和一只小猫,老虎住在山顶,小猫住在山脚。山上的小溪往山下流,正好从小猫家门前流过。它们都过着宁静而悠闲的生活。

有一天,老虎折了一只纸船,放进小溪里。纸船漂呀漂,漂到了小猫家门口。小猫捞起纸船一看,乐坏了。纸船里面放着一条小鱼,纸船的小帆上写着:祝你每天幸运!

小猫也想折一只纸船送给老虎,可是,纸船怎样才能漂到山顶上去呢?它想了想,有办法了。小猫找来树枝和纸,扎了一只风筝。风筝乘着风飘呀飘,飘到了老虎家门口。老虎一把抓住风筝的线,一看,也乐坏了。风筝上系着个盒子,盒子里面装着一块肉,风筝的翅膀上写着:祝你永远快乐!

纸船和风筝让老虎和小猫成了好朋友。可是有一天,它俩为了一点儿小事吵了一架。从此,山顶上再也见不到飘荡的风筝,小溪里再也见不到漂浮的纸船了。

小猫非常难过,但它还是坚持每天扎一只风筝,却不好意思把风筝放飞到山顶,只把风筝挂在树枝上。老虎也很难过,但它也还是坚持每天折一只纸船,不过呀,却把纸船放在了屋顶上。

一天傍晚,刮起了一阵阵大风,老虎家屋顶的纸船被风吹进了小溪里,挂在树枝上的风筝也被风越吹越高。小猫和老虎又惊喜地看到了纸船和风筝,上面都写着同一句话"对不起"。这下,小猫和老虎都开心极了,老虎把所有纸船都放进了小溪里,小猫也放飞了所有的风筝。它们又成了好朋友!

故事赏析

故事《老虎和小猫》讲述的是老虎和小猫之间的甜蜜友谊的故事。"纸船的小帆上写着:祝你每天幸运!""风筝的翅膀上写着:祝你永远快乐!"老虎和小猫就这样在纸船和风筝中成了互相惦念、祝福的好朋友。有一天,故事中的两个好朋友同时惊喜地看见"纸船和风筝,上面都写着同一句话'对不起'"。这是怎么回事呢?故事讲述前可以先把问题抛出来,让孩子们在不断猜测和想象中跟随故事去一探究竟吧。

故事讲述技巧解析

故事《老虎和小猫》内容贴近生活,讲述了老虎和小猫从不认识到彼此祝福,从互不理睬到和好如初的伙伴故事。看似故事脉络很老套,但故事情节充满想象与惊喜,字里行间充满了浓郁的儿童情趣。故事的讲述技巧是把握老虎和小猫的语言特点及心理变化,要将纸船和风筝传递友谊的情节娓娓道来,加深幼儿印象，要明白小伙伴之间要勇于认错，大胆表达的道理等。听完这个故事后，还可以请孩子们了解纸船和风筝的相关常识，动手做一做小纸船和小风筝，写上想说给好朋友的话，送给好朋友，以增强对故事的理解。

20. 神气的大熊树

小鸟和大熊是好朋友，小鸟在树枝上"喳喳喳"地唱歌。大熊呢，在树洞里"呼呼呼呼"睡大觉。

冬天来了，小鸟要飞到南方过冬了，而大熊呢，也要回树洞里冬眠了。两个好朋友约定明年春天再见面。

春天来了，小鸟从南方飞回来了，它看到大熊正坐在光秃秃的树墩上呜呜地哭鼻子呢。

"大熊，大熊，我们的大树怎么不见了呀？"

"呜呜呜，大树……大树被伐木工人给锯走了。"

"没关系，没关系的，大熊，只要树根还在，它就一定可以重新长成一棵大树的！"

大熊和小鸟在树墩旁边找呀找，终于找到了一颗小小的小小的嫩芽。可是大树只剩下树墩了，小鸟在哪里玩呢？大熊想了想，有了！它站在树墩上，变成了一棵神气的大熊树。小鸟飞到熊树上快乐地唱起了歌，"啦啦啦，啦啦啦，我是快乐的小鸟呀！"而大熊也在歌声中摇摇摆摆跳起了舞。

小鸟夸奖大熊："大熊，你真是一棵有趣的大树。"

小鸟还叫来了它的好朋友们，它们一起在熊树上开音乐会。小鸟们围着大熊飞，小兔子们围着大熊跳，热闹极了。

而树墩上的小嫩芽呢？也在歌声和笑声中长呀长，长成了一棵小树苗。

转眼冬天又来了，两个好朋友约定明年春天还在这里相聚。

春天来了，小鸟从南方飞回来了。它远远地就看到一棵挺拔的小树和大熊站在一起，挥着手说："欢迎你小鸟，欢迎你回家。"小鸟又可以在小树上玩儿了，但有时它也会飞到大熊的身上玩一会儿，因为它已经喜欢上了这棵神气的大熊树。

故事赏析

故事《神气的大熊树》截取大自然中一个常见的现象，讲述了因树木遭遇砍伐，小鸟失去游戏的地方而非常难过，在好朋友的陪伴中重新拥有一棵大树，找回欢乐的故事。故事中的小鸟失去游戏的大树，有爱的大熊扮演成小鸟游戏的大树，陪伴小鸟、小兔一起游戏，等待小树长大，好温馨，好感动。故事让小朋友知道从小要树立爱护大自然的情感，保护大自然从我们做起，大自然是我们和小动物们共同拥有的家。

故事讲述技巧解析

讲述故事《神气的大熊树》的技巧在于把握小鸟情绪的变化，在讲到"小鸟飞到熊树上快乐地唱起了歌，'啦啦啦，啦啦啦，我是快乐的小鸟呀'"，讲述者可以采用演唱的方式，增强表达小鸟失而复得的喜悦与兴奋感。故事在结局部分描述小鸟又可以在小树上玩儿了，但有时它也会飞到大熊的身上玩一会儿，因为它已经喜欢上了这棵神气的大熊树。对大熊朋友的喜爱与感激，对在大自然中拥有自己的家的幸福感跃然纸上。故事没有无趣的说教，寓保护大自然的教育于小伙伴的友谊之中，以小见大。

第六章
大班幼儿故事赏析与讲述技巧解析

《指南》在"倾听与表达"[①]目标1中提出,5~6岁幼儿在集体中能注意听老师或其他人讲话,听不懂或有疑问时能主动提问,能结合情境理解一些表示因果、假设等相对复杂的句子。目标2要求,5~6岁幼儿愿意与他人讨论问题,敢在众人面前说话,并能有序、连贯、清楚地讲述一件事情。目标3中要求,5~6岁幼儿在别人讲话时能积极主动地回应,能根据谈话对象和需要调整说话的语气,懂得按次序轮流讲话,不随意打断别人,同时做到能依据所处情境使用恰当的语言,如在别人难过时用恰当的语言表示安慰。

《指南》"阅读与书写"目标1中指出,对5~6岁幼儿,要求能够专注地阅读图书,喜欢与他人一起谈论图书和故事的有关内容,做到对图书和生活情境中的文字符号感兴趣,知道文字表示一定的意义。目标2中要求,5~6岁幼儿能说出所阅读的幼儿文学作品的主要内容,根据故事的部分情节或图书画面的线索猜想故事情节的发展,或续编、创编故事,对看过的图书、听过的故事能说出自己的看法,还能初步感受文学语言的美。

大班幼儿掌握一定数量的词汇后,用词的积极性越来越高,能用一定的语法规则将词汇合乎逻辑地组织起来,能够用词组句完整表达。虽然还以陈述句为主,但在具体的情境中能理解疑问句、祈使句、否定句和感叹句。大班幼儿在语言表达上,能够大胆、清楚地表达自己的想法和感受,乐意参加表演,大胆学说角色对话,在集体面前讲述,尝试进行创编,能够顺畅表达自己的愿望和想法。教师应引导幼儿通过倾听故事、分析故事、理解运用故事,将简单句说得更完整、更生动,将复合句说得更恰当、更规范。

本章精选了20个经典的大班故事,每个故事都配有故事赏析、故事讲述技巧解析、讲故事示范音频。这些故事蕴含着很多可以挖掘的价值,可以讲述给孩子们听,可以带孩子们进行故事表演,可以鼓励孩子们大胆推测、想象故事情节发展,改编故事部分情节或续编故事结尾,可以做成自己的故事小书讲给更多的小伙伴听……下面请赏析适合大班幼儿的优秀的故事作品。

1. 聪明的乌龟

一只狐狸,肚子饿得咕咕叫,它东奔西跑地找东西吃,看见一只青蛙正在捉害虫,心里想,先拿这只青蛙当点心,填填肚子也好。

狐狸一步一步轻轻地跑过去,再跑上两步就要捉到青蛙了,可是,青蛙正在捉害虫,一点儿也不知道。

---

① 李季湄,冯晓霞.《3~6岁儿童学习与发展指南》解读[M].北京:人民教育出版社,2013.

这事儿让乌龟看见了,它急忙伸长脖子,一口咬住狐狸的尾巴。

"哎哟,哎哟,谁咬我的尾巴?"狐狸叫了起来。

乌龟回答了吗?没有。它张嘴说话,不是就放了狐狸吗?乌龟不说话,一个劲儿地咬住狐狸的尾巴不放。

青蛙听见背后狐狸在叫,就连蹦带跳地跑到池塘边,"扑通"一声跳到水里去了。

狐狸没吃到青蛙,气坏了,回过头来一看:"啊,原来是一只乌龟,我没吃到青蛙,就吃乌龟也行。"

乌龟可聪明了,把头一缩,缩到硬壳里去了。狐狸没咬着它的头,就去咬它的腿,乌龟又把四条腿一缩,缩到硬壳里去。狐狸没咬着它的腿,一看,还有条小尾巴呢,就去咬它的小尾巴,乌龟再把小尾巴一缩,也缩到硬壳里去了。

狐狸实在饿慌了,就去咬乌龟的硬壳壳,格崩,格崩,咬得牙齿都发酸了,还是咬不动。

狐狸说:"乌龟,乌龟,我要把你扔到天上去,啪嗒一下摔死你。"

乌龟说:"谢谢你,谢谢你,你扔吧,我正想到天上去玩玩呢!"

狐狸说:"乌龟,乌龟,我要把你扔到火盆里去,呼啦一下烧死你。"

乌龟说:"谢谢你,谢谢你,你扔吧,我身上发冷,正想找个火盆来烤烤火呢!"

狐狸说:"乌龟,乌龟,我要把你扔到池塘里去,扑通一下淹死你。"

乌龟听到狐狸这么一说,"哇"的一声哭了:"狐狸,狐狸,求求你,行行好吧,千万别把我扔到池塘里去,我最怕水,掉在水里就没命了!"

狐狸才不理它呢,抓起它的硬壳壳,走到池塘旁边,"扑通"一声,把它扔到水里去了。

乌龟下了水,就伸出四条腿来,划呀,划呀,一直划到青蛙身边。两个好朋友,一边笑,一边说:"狐狸,狐狸,你还想吃我们吗?来呀!"

狐狸气昏了,身子一纵,向青蛙和乌龟扑去,"扑通"一声,掉到池塘里去了。只见水面上冒了一阵子气泡,再没看见狐狸露出水面。

故事赏析

《聪明的乌龟》情节变化丰富,紧扣小朋友的心弦。故事中的乐趣主要来源于聪明的乌龟"不按常规出牌",狐狸一直都很聪明,在乌龟面前却"聪明反被聪明误",气昏了头脑,最后一口美味没吃到,自己却在水里吐泡泡。

故事讲述技巧解析

讲述故事时要把狐狸恼羞成怒的样子用高挑的语调表达出来,讲述狐狸气急败坏地要把乌龟"摔死""烧死"时语调要发狠、有力,聪明的乌龟"喜出望外"地祈求狐狸快点帮它实现愿望的语调应该兴奋、激动;狐狸改变了主意,"我要把你扔到池塘里去,扑通一下淹死你"。语气应坚定、有力,乌龟的"极度悲伤"的哀求,要用颤抖的声音表现,让孩子们感觉到乌龟的机智勇敢和狐狸的气急败坏。在故事的结尾揭示答案,乌龟和好朋友一起在池塘游来游去,而狐狸却再也没有露出水面。

2. 小螃蟹找工作

爱吐泡泡的小螃蟹长大了,它想去找一份工作。

它来到理发馆,挥动大螯为顾客理发。小螃蟹剪发又快又好,可是电吹风的热气烤得它很难受,嘴里的泡泡都吐不出来了。

小螃蟹到图书馆去当图书管理员,它为小朋友送上书和画报。小螃蟹有许多的手,一次可以拿许多的书。可是,它的大螯一不小心就把书撕破了,嘴里的泡泡又经常把书弄湿。

小螃蟹到饭店去做服务员,它端着菜走得又快又稳。一对大螯就像钳子,开啤酒瓶盖可方便了。啤酒瓶里冒出许多许多泡沫,小螃蟹的嘴里也冒着泡泡。小螃蟹想,来吃饭的小朋友看到自己一个劲儿地冒泡泡,会不高兴的,还得另外找一个合适的工作。

小螃蟹走到食品店门口,它想,我会冒泡泡,别人会以为我很馋,我还是请医生治一治,不再吐泡泡再来吧。

医生对小螃蟹说,螃蟹都会吐泡泡,这不是病。你耐心去找工作,一定会找到适合自己的工作。

小螃蟹走啊走,来到卖肥皂和肥皂粉的商店,它想,"我试一试吧"。它用肥皂水吹出一个个大泡泡。大泡泡像气球一样飘在商店门口,把大家都吸引来了。顾客真多啊,小螃蟹心里快活极了。

小螃蟹给妈妈写了一封信:"妈妈,你放心吧! 我找到了工作,每天我都很快乐……"

故事赏析

《小螃蟹找工作》,看到这个故事名字,你能想到小螃蟹找工作是怎样的一段经历吗? 什么工作最适合小螃蟹呢? 小螃蟹最后找到合适的工作了吗? 其实你的这三个问题就是这个故事的主要脉络,故事围绕小螃蟹找工作、换工作,最后终于拥有了一份最满意的工作展开,在小螃蟹给妈妈写的信中结束,是一个充满想象力的故事。快快听故事《小螃蟹找工作》吧,超级有趣哟!

故事讲述技巧解析

《小螃蟹找工作》的故事通篇没有角色的对话,故事采用小螃蟹第一人称自述的方式,讲述了小螃蟹为了找到最适合自己的工作而不断尝试、不断思考的过程。故事讲述要点在于把握小螃蟹的自我对话部分,要将小螃蟹内心世界的变化用不同的语气、语调丰富地表达出来,让孩子们理解小螃蟹虽然不断换工作,但它积极勤快,愿意不断尝试新工作(新挑战),对自我有足够的认知,知道自己的优缺点,这是故事传递的深层含义。讲述故事时,要把小螃蟹对于每份工作的优势讲出自信感,对自己吐泡泡造成的各种不适要通过神情、口吻、声调表现出淡淡的无奈感。故事结束时,小螃蟹给妈妈写信的语速把握要节奏得当,要将信的内容表达得富有动感,将小螃蟹找到合适自己工作的得意表达出来。相信这个懂事、自力更生的小螃蟹一定会给孩子留下美好的印象。

3. 獾 的 礼 物

獾是一个让人依靠和信赖的朋友,总是乐于帮助大家。但是他已经很老了,老到几乎无所不知,老到知道自己快要死了。獾并不怕死。死,仅仅是意味着他离开了他的身体,獾不在乎。因为随着岁月的流逝,他的身体早就不听使唤了。他只是担心他离去之后朋友们的感受。为了让他们有心理准备,獾告诉过他们,不久的某一天,他会去下面的长隧道,当这一天到来时,希望他们不要太悲伤。

有一天,当獾看着鼹鼠和青蛙比赛冲下山坡时,他觉得自己特别的老、特别的累。他多想和他们一起跑啊,可是他知道他的老腿跑不动了。他久久地看着鼹鼠和青蛙,分享着朋友们的快乐。

他很晚才回到家。他向月亮道了声晚安,然后就拉上窗帘,把寒冷的世界关在了外面。他慢慢地朝深深的地下走去,那儿有温暖的火炉在等他。他吃过晚饭,坐在书桌前面写信。写完信,他在火炉边的摇椅上坐了下来。他轻轻地来回摇晃着,很快就睡过去了,他做了一个奇怪却很美的梦,一点都不像他从前做的梦。让獾吃惊的是,他正在奔跑。他的前头是一条很长很长的隧道。他觉得双腿非常强壮,稳稳地朝着隧道跑去。他不再需要拐杖了,他把它扔到了隧道的地上。獾飞快地跑着,在长长的隧道里越跑越快,最后,他的脚爪离开了地面。他觉得自己在翻腾、旋转,起起落落,跌跌撞撞,却没有受伤。他觉得自由了,好像已经脱离了他的身体。

獾的朋友们都焦急地聚集到了他的门外。他们担心,是因为他没有像平时那样出来说早安。狐狸报告了一个悲伤的消息,獾死了,他把獾的信读给大家听。信写得很简单:"我去下面的长隧道了,再见。獾。"所有的动物都爱獾,大家都非常伤心。特别是鼹鼠,他非常失落、孤独,难过得要命。那天晚上,鼹鼠在被窝里,一直想着獾。眼泪顺着他那天鹅绒般的鼻子流下来,他紧紧抱着的毯子都湿透了。

外面开始下雪了。冬天来了,很快,厚厚的积雪就把动物们的家埋了起来。接下来的几个月里,他们会待在温暖而舒适的家中度过寒冬。雪盖住了乡村,却掩盖不住朋友们的悲伤。獾总是在别人需要他的时候出现。现在他不在了,动物们都不知道该怎么办了。獾说过希望他们别难过,但这真的很难。

春天快到了,动物们常常互相串门,常常说起獾还活着的那些日子。

鼹鼠很会用剪刀,他说起了獾教他怎样用一张折纸,剪出一长串鼹鼠的事。那天,他剪了一地的纸鼹鼠。最后,他终于剪出了一长串手拉手的鼹鼠,他说他还记得当时的那份喜悦。

青蛙是一个滑冰高手。他回想起他怎样在獾的帮助下,在冰上迈出打滑的第一步。獾亲切地带着他滑,直到他敢自己滑。

狐狸想起他小时候总是系不好领带,是獾教会了他。"把宽的一头,从右边搭到左边,从后面绕一圈,然后朝上拉,再向下穿过领结口,抓住细的一头,把领结推到脖子上。"现在,狐狸会系各种各样的领结,有些系法还是他自己发明的呢。当然,他自己的领带也总是系得无可挑剔。

獾把自己烤姜饼的独家秘方教给了兔子太太,还教她怎样烤出兔子形状的姜饼。兔子太太出色的厨艺,在全村都出了名。当她说起獾给她上的第一堂烹饪课时,她说那么久了,好像还能闻到刚出炉的姜饼的香味儿。

所有的动物对獾都有一段特殊的回忆——他教过他们的一些事情,他们现在做得好极了。獾给每个朋友都留下了离别礼物,他们可以永远珍藏下去。有了这些礼物,他们就能够互相帮助。等到最后的积雪融化了的时候,动物们的悲伤也慢慢地融化了。每当提到獾的名字,说起獾的又一个故事,大家都露出了微笑。

一个温暖的春日,鼹鼠走到他最后一次看到獾的山坡上,他想要谢谢獾送给他的离别礼物。"谢谢你,獾。"他轻轻地说,他相信獾能听到。

是的……獾一定会听到!

故事赏析

《獾的礼物》讲述了充满智慧的獾离开了他的身体,也离开了所有的动物朋友。虽然他在生前已经常常告诉朋友他只是去隧道的另一头,希望大家不要为他难过,但是,在寒冷的冬天里没有了獾,对大家来说实在是太难过了。直到春天来临,所有的动物聚在一起怀念獾,说着獾以前与大家相处的种种,大家的悲伤才慢慢抚平,因为獾虽然永远离开了,但他留下来的"礼物"却像是矿藏一样,永远都在帮助有需要的人。

故事教给孩子如何面对生命的离去,在幼儿阶段是一种很适宜的方式。故事呈现了难以言喻的生死离别,也希望孩子们在听完这个温暖的故事后,慢慢伴随长大,面对离别和死亡,不再有慌张、恐惧和放不下的悲恸,学会勇敢从容地面对。因为生命的意义在于经历美好的事情,失去的有时会以另一种方式新生与呈现。和孩子们一起倾听獾的故事,慢慢懂得和亲人朋友在一起时可以多做一些温暖有意义的事情,离开时记得大家在一起时的美好,让美好记忆存留,缓解离别的伤痛。必要时要创设适宜条件让孩子们学会适度表达悲痛的情绪,舒缓悲伤,替代思念。

故事讲述技巧解析

《獾的礼物》在娓娓道来中,孩子们一起感受故事里的獾是一只乐于助人的、充满慈爱的獾,他总是在别人需要帮助的时候出现。故事讲述在一个冬日,獾死了,语速趋于舒缓,语调趋于悲伤,在淡淡忧伤的语境中传递故事中的獾并不怕死,相比起死,他更在意的是朋友们面对他死后的感受,令人动容。这段故事的讲述使孩子们沉浸在一种淡淡的伤痛之中,便于孩子们理解在獾死后,朋友们面对獾的离去而无所适从、悲伤惋惜的情感。故事最精彩的部分当然还在结尾,当冬去春来,万物复苏时,好朋友们以自己的方式表达对獾的思念,意味悠长。让孩子们明白原来爱可以有很多种具体表达方式,爱是可以传递下去的,爱是可以循环往复的……

4. 勤劳的人起得早

戴巴棣

早晨,小山羊不肯起床。山羊妈妈说:"孩子,勤劳的人起得早,你看窗外,蜜蜂早就在采花蜜了。你可要好好向蜜蜂学习。"

小山羊听了,一骨碌起了床。

小山羊来到院子里,看蜜蜂采蜜。

"蜜蜂姐姐,您早哇!"小山羊说,"我妈妈说勤劳的人起得早,我得好好地向您学习。"

"不……"小蜜蜂怪不好意思地说,"我不算早,每天我来采蜜,喇叭花总是打扮得整整齐齐的,早就在等我了。喇叭花才起得早呢。"

小山羊又去找喇叭花。

"喇叭花阿姨,您早哇!"小山羊说,"我妈妈告诉我,勤劳的人起得早,我得向您学习。"

"不……"喇叭花羞红了脸,"小山羊,我不算早,每天,我总是等太阳公公照着我的脸,我才睁开眼睛。太阳公公才起得早呢。"

小山羊对太阳公公说:"太——阳——公——公——您早! 我妈妈说,勤劳的人起得早,我得好好向您学习。"

"不……"太阳公公摇摇头笑眯眯地说,"我不算早,每天,我都是被大公鸡唤醒的,大公鸡才起得早呢!"

小山羊又去找大公鸡。

"公鸡大叔,您早哇!"小山羊说,"我妈妈告诉我,勤劳的人起得早,我得好好向您学习。"

大公鸡侧着脑袋想了想说:"我不算早,每天,我吹起床号的时候,老猫早就起来了,弓着腰在屋子里窜来窜去。老猫才起得早呢!"

小山羊听说还有起得更早的,没等大公鸡把话说完,就去找老猫了。

它找到东,找到西,哪儿也找不到老猫的影子;问这个,问那个,谁也不知道老猫在哪里。小山羊急匆匆地穿过厨房,不留神,脚下一绊,摔了一跤。它爬起来一看,哈,老猫蜷成一团,还躲在炉子旁边打瞌睡呢。小山羊问:"猫大伯,您不是起得最早的人吗? 怎么太阳晒到屁股了,你还在睡懒觉呀?"小山羊喊了老半天,老猫睁开眼睛一看,太阳刚刚升到树梢上,嘟嘟哝哝地说:"什么……早着呢! 让我再……再睡一会儿吧。"说着,它又打起呼噜来了。

瞧,起得最早的原来正是最爱睡懒觉的老猫。小山羊不明白这是怎么一回事。小朋友,你能告诉我们吗?

故事赏析

故事《勤劳的人起得早》讲的是一只小山羊不肯起床,山羊妈妈告诉它勤劳的人起得早,让它好好跟着"勤劳的人"学习的故事。小山羊寻找勤劳的人为贯穿故事的线索,小山羊分别向蜜蜂姐姐、喇叭花阿姨、太阳公公、公鸡大叔学习,可是公鸡大叔却说老猫起得早,要向老猫学习。小山羊看见的老猫正蜷成一团躲在炉子旁边打瞌睡呢! 故事在疑惑中结束。这样的设计会给孩子们留下更深的印象。快快开动小脑筋,帮助小山羊想一想,到底为什么公鸡大叔说老猫起得早、最勤劳吧!

故事讲述技巧解析

整个故事角色对话部分要做好不同小动物的拟声处理,适当辅以动作表现故事,效果更为形象。故事讲述技巧的另外一个方面是要注意疑问句的处理,真正读出小山羊寻找答案却疑惑不解的内心世界,把悬念和疑惑抛给投入思考听故事的孩子,使得孩子们感到意犹未尽。

5. 我的幸运一天

[日]庆子·凯萨兹

王丽娜 改编

一只饥饿的狐狸,正准备出门找午餐,突然,外面传来一阵敲门声,狐狸打开门,门口竟站着一只小肥猪。"哎呀,我找错门了,我以为是兔子的家呢!"

"没错。""你来得正是时候!"狐狸喊道,它把小猪狠狠地拖进屋里。"这真是我幸运的一天! 我要吃一顿香喷喷的烤猪肉,现在,你乖乖地躺到烤锅里去吧!"

小猪叹了口气说:"好吧,狐狸先生。听您的安排吧。可是……""可是什么?"狐狸吼道。"嗯,您知道,我身上又脏又臭,难道您不想把我洗得干净一点吗?""嗯,是很臭。"于是,狐狸忙了起来,它生起了火,给小猪认认真真地洗了一个热水澡。狐狸说:"好啦,现在你是全村最干净的小猪了,快给我躺到烤锅里去吧!"

小猪叹了口气说:"好吧,狐狸先生。听您的安排吧。可是……""可是什么?"狐狸吼道。"嗯,您知道,我是一只非常小的猪。难道您不想把我喂饱,让自己吃得更过瘾一点吗? 想一想吧,狐狸先生。""嗯,确实小了点。"于是,狐狸忙了起来:它摘西红柿,做通心粉,烤小甜饼,然后,给小猪吃了一顿丰盛的午餐。狐狸说,"好啦,现在你是全村最肥的小猪了。快给我躺到烤锅里去吧!"

小猪叹了口气说:"好吧,狐狸先生。听您的安排吧。可是……""可是什么?"狐狸吼道。"嗯,您看看我的肉,又紧又硬,不好吃,难道您不想帮我按摩一下吗?"于是,狐狸忙了起来,它让小猪坐在沙发上,为小猪捏捏头、松松肩,小猪舒服得直哼哼,"等等,等等,这里、这里、这里、这里还有点僵硬,狐狸先生,狐狸先生?"

狐狸呢? 再也听不见了——它累昏过去了,连抬抬手指头的力气都没有了,更别说烤猪肉啦!

"可怜的狐狸先生。"小猪叹了口气,"它忙了整整一天!"然后,村里最干净、最肥嫩、最柔软的小猪,拿着剩下的小甜饼飞快地跑回家去了。"多么舒服的热水澡! 多么丰盛的午餐! 多么惬意的按摩!"小猪叫起来,"这真是我最幸运的一天!"

故事赏析

故事《我的幸运一天》,讲述一只小猪因为敲错门误入狐狸的家,狐狸兴奋万分称"这真是我幸运的一天"。这只小猪和狐狸在一起究竟发生了什么事情呢? 为什么故事的最后,小猪却兴奋地边奔跑边大叫"这真是我最幸运的一天"呢? 到底是谁的幸运一天? 听完这个故事你就知道了。

故事讲述技巧解析

故事《我的幸运一天》讲述前可以设计一个有趣的导入:呼噜噜噜噜,呼噜噜噜噜,呼噜呼噜,呼噜呼噜,小尾巴在摇摇。小朋友们猜一猜,这是谁啊? 嗯,是小猪,今天我们来听故事《我的幸运一天》。

讲述故事时,要善于通过声音形象生动、栩栩如生地勾画出故事中的两个主角小猪和狐狸的形象。"好吧,狐狸先生。听您的安排吧。可是……""可是什么?"在故事中反复出现,把小猪和狐狸的形象烘托得更加鲜明,讲述时利用反复句式的特点让孩子们模仿学习并用动作表现。故事虽然略长,但段落整齐、反复句式规整,随着小猪不断提出新的请求,狐狸先生一一去做,使得故事出现了戏剧性的反转,讲述时要注意突出故事的诙谐幽默。

6. 小马过河

彭文席

马棚里住着一匹老马和一匹小马。小马跟着老马,样样事情,都要老马帮着它做。

有一天,老马对小马说:"你已经长大了,能帮妈妈做点事儿吗?"小马说:"怎么不能? 我很愿意帮您做事。"老马高兴地说:"好啊,那么,你把这半袋麦子驮到磨坊去吧。"小马驮起口袋,飞快地往磨坊跑去。跑着,跑着,一条小河挡住了去路。河水"哗啦啦"地流着,能不能过去呢? 小马为难了,它想:"要是妈妈在身边该多好哇! 问问妈妈,就知道该怎么办了。"可是,离家已经很远很远了,它向四周望望,看见一头老牛在河边吃草,小马"哒哒哒"地跑过去,问道:"牛伯伯,请您告诉我,这条河,我能蹚过去吗?"老牛说:"水很浅,刚没过小腿,能蹚过去。"小马听了老牛的话,立刻跑到河边,准备过去。突然,从树上跳下一只松鼠,跳到小马跟前,大叫道:"小马! 别过河,别过河,河水会淹死你的!"小马奇怪地问:"水很深吗?"松鼠认真地说:"当然! 昨天,我的一个伙伴就是掉在这条河里淹死的呀!"小马连忙收住脚步,不知道怎么办才好。它叹了口气说:"唉! 还是回家问问妈妈吧!"

小马甩甩尾巴,走回家去。妈妈见小马回来了,就问它:"怎么回来啦?"小马难为情地说:"河水很深,过……过不去!"妈妈说:"那条河不是很浅吗?"小马说:"是呀! 牛伯伯也这么说。可是松鼠说河水很深,还淹死了它的伙伴呢!"妈妈说:"那么到底是深还是浅呢? 你仔细想过吗?"小马低下了头,说:"没……没想过。"妈妈亲切地说:"松鼠和老牛的话都有道理。老牛那样高大,它看河水当然很浅;松鼠那样矮小,一点儿水就能把它淹死,它当然说水很深。"妈妈接着说,"你比老牛矮多少,又比松鼠高多少,你仔细想一想就会知道你能不能过河了。孩子,光听别人说,自己不动脑子,不去试试,是不行的。"

小马听了妈妈的话,明白了,转身又往河边跑去。到了河边,小马刚刚要下水,松鼠又大叫起来:"怎么,你不要命啦?""让我试试吧。"小马一面回答,一面下了河,小心地蹚过去。原来河水既不像老牛说的那样浅,也不像松鼠说的那样深。

通过这件事,小马懂得了一个道理:碰到事情不仅要多动脑筋想一想,还要多去试一试呢。

故事赏析

故事《小马过河》家喻户晓、耳熟能详。这样经典的故事虽短,但蕴含着深刻的道理。故事中的小马为了能帮妈妈将粮食运到磨坊,路过一条小河,小马询问了不同的伙伴儿,同样的河水,但牛伯伯和小松鼠的回答却完全不同,让小马不知道该怎么办才好。无奈的小马跑回家问妈妈,妈妈会对小马说什么呢? 牛伯伯和小松鼠为什么把河水说得不一样深呢? 小马最后能不能帮助妈妈成功地将粮食运到磨坊呢? 答案就在故事里哟!

故事讲述技巧解析

讲述《小马过河》的故事,要善于把握不同角色的语气,要模拟不同小动物的声音,形象地将小动物的语气、动作表现出来。故事讲述到"小马连忙收住脚步,不知道怎么办才好"时可以抛出问题,让幼儿积极思考。当继续听故事,发现和自己的想法一致时,相信孩子们会沉浸在成功的喜悦之中。《小马过河》故事整体节奏快慢有致,最后要用稳稳的语气收尾,明确表述深刻道理。

音频

7. 小壁虎借尾巴

林颂英

一只小壁虎正在墙角捉蚊子。突然，一条蛇咬住了它的尾巴。小壁虎吓坏了，使劲一挣，挣断尾巴逃走了。小壁虎想："没有尾巴多难看呀！我去向谁借一条尾巴呢？"

小壁虎爬到小河边，看见小鱼姐姐正在游水，就对小鱼说："小鱼姐姐，小鱼姐姐，请您把尾巴借给我，行吗？"小鱼说："不行呀，我要用尾巴拨水呢！"

小壁虎爬到大树上，看见老黄牛正在吃草，就对老黄牛说："牛伯伯，牛伯伯，请您把尾巴借给我，行吗？"老黄牛说："不行啊，我要用尾巴赶蝇子呢！"

小壁虎爬到屋檐下，看见燕子阿姨正在搭窝，就对燕子说："燕子阿姨，燕子阿姨，请您把尾巴借给我，行吗？"燕子说："不行呀，我要用尾巴掌握方向呢！"

小壁虎借不到尾巴，心里很难过。它爬呀爬呀爬回了家，把没有借到尾巴的事情告诉了妈妈。妈妈笑着说："傻孩子，你转过身子看一看。"小壁虎转身一看，高兴地叫了起来："哦，我又长出一条新尾巴啦！"

故事赏析

故事《小壁虎借尾巴》讲述了小壁虎被蛇咬断尾巴后伤心难过，到处借尾巴的事情。最后，小壁虎自己长出来一条新尾巴，故事圆满愉快地结束。原来呀，小壁虎的尾巴不需要借，是可以慢慢长出一条新尾巴的！这个故事不仅好听，还能学到很多本领。当然还有，听了故事你会知道故事中的每一种小动物，自己的尾巴都各有各的用处呢！

故事讲述技巧解析

《小壁虎借尾巴》适合带孩子们玩配音游戏。故事配音之前，要请小朋友熟悉故事中每一个角色的对话。孩子们自选要配音的角色后，戴好头饰，一起看着动画课件的画面，大家互相配合说着小鱼姐姐、燕子阿姨、黄牛伯伯、壁虎妈妈的话语，感觉自己也化身变成了它们一般。模仿时一定要将小鱼的甜蜜、燕子的温柔、黄牛的沉稳、妈妈的慈爱表现出来。

8. 木兰从军

音频

我国古代有位女英雄，名叫花木兰。

那时候，北方经常发生战争。一天，朝廷下达了紧急征兵的文书。木兰见上面有父亲的名字，焦急万分。她想：父亲年老多病，难以出征，弟弟又小，还不够当兵的年龄，自己理应为国为家分忧。她说服了家人，女扮男装，替父从军。

木兰告别了家人，披战袍、跨骏马、渡黄河、过燕山，来到了前线。在多年的征战中，她为国立下了赫赫战功。

木兰胜利回乡后，脱下了战袍，换上了心爱的女装。将士们前来探望她，这才惊讶地发现，昔日英勇善战的花将军，竟是位文静俊美的姑娘。

故事赏析

花木兰是我国古代一位替父从军的女英雄，家喻户晓。但这样的故事年代久远，为幼儿讲的故事应该通俗易懂，所以在讲述前要进行改编，将一些孩子不易理解的词句改换成易理解的。注意故事细节的处理，这样可以让经典的古代战争故事一样可以被孩子们接受和喜爱。

故事讲述技巧解析

为了让孩子们更好地理解、掌握故事《木兰从军》的情节，故事讲述时注意前半部分的语速应该相应平稳、缓和，讲述第三段故事"披战袍、跨骏马、渡黄河、过燕山"时，语气应凸显英雄气势，语调应该洪亮有力，处理排比句时应有停连处理。最后一段故事委婉动听，讲述时应突出"原来木兰是一位俊美的姑娘"的惊讶之情，让故事停留在久久回味之中。

9. 军 礼

天，下着鹅毛大雪，红军队伍在零下三十多度的严寒中艰难地行进着。突然，队伍中有人喊了起来："有人冻死了！"军长疾步向前走去，只见松树下一位战士倚着树干，坐在雪窝里，一动也不动。他的右手握着一个小纸包，脸上还挂着一丝早已冷却了的笑容。军长用颤抖的手打开那个小纸包，一只红辣椒跳进了军长的眼帘。他轻轻拂去战士肩头上的积雪，猛然发现战士身上竟然穿得如此单薄，单薄得像一张纸。"棉衣、棉衣呢？为什么没给他发棉衣？"军长两眼发红："军需处长呢？快给我找军需处长来！"警卫员哇的一声哭了出来："报告……报告军长，他……他就是刚刚任命的军需处长，棉衣不够了，就连每个人发的御寒辣椒他都没舍得吃一口……"

军长愣住了，他望着雕塑般的军需处长，眼泪流了下来。他高高举起那只鲜红的辣椒，在灰色的天穹下，在弥漫的雪雾中，辣椒就像一支燃烧的火炬，照耀着前程。在火炬下，一只又一只右手缓缓举起，军礼是那么庄重。人们也许并不知道这位军需处长的名字，可是永远也忘不了他留给我们的那只鲜红鲜红的辣椒。

故事赏析

《军礼》讲述的是因为物资短缺，红军战士牺牲自己温暖他人的感人故事。战争题材的故事其实在幼儿园很少出现，毕竟很多老师选择时会认为孩子们对于战争很陌生，不易理解。但有一些题材角度特别感人的故事还是应该改编后呈现给孩子们，让孩子们在语言创设的特殊意境中去感悟、去感动，去对比过去、珍惜现在。这个故事通过改编，呈现给孩子们的就是一个既感人至深，又易于接受的战争故事。

故事讲述技巧解析

讲述时要把握语速变化，深沉而生动，感人至深地娓娓道来，故事中有些地方要用重音处理，加强表现力度。动作不宜过多，只是在最后一段加入，例如"高高举起"可以加入动作，并加上庄重地敬一个"军礼"，让孩子们体会那种庄严肃穆的场景，感受值得大家尊重敬仰的战士留给后人的温暖。

10. 将军的魔药

冰　波

王丽娜　改编

古时候，有位将军，他要出远门打仗。

"唉，不知道我能不能打胜仗……"将军的父亲送给他一个葫芦，对他说："你不用担心，葫芦里面有一种魔药，它能使你常胜不败。但一定要记住，你千万不能打开它。"将军把葫芦挂在腰上，信心十足地打仗去了。

将军很爱惜那个葫芦，他想："有了父亲给我的魔药，我一定能获得胜利。"将军遇到了敌人，他勇敢地向敌人进攻。冲呀，杀呀，很快，将军就获得了胜利。将军打了很多仗，每次总是胜利，从来没有失败过。

渐渐的，将军开始骄傲起来了。有一天，将军好奇地打开了葫芦，从葫芦里倒出来的，竟是普通的沙子。将军很失望："原来根本就没有什么魔药！"

第二天，敌人来进攻了。他没有了魔药，开始担心自己会打败仗。结果，将军彻底失败了。

将军回到家里，父亲对他说："世界上根本就没有什么魔药，魔药就是你的自信心，如果连你都不相信自己，你怎么能成功呢？"

故事赏析

这是一个战争题材的故事，讲述的是一位将军驰骋战场从胜利到失败的过程和原因。故事寓意深刻，非常值得讲述，孩子们也很喜欢。但战争故事因年代久远，孩子理解起来会有些费力，讲述前应该对故事进行一些调整和适度的修改。这个故事围绕葫芦中的魔药一点点推进展开，情节设计具有一定的悬念和"魔力"，可以将这个故事作为送给孩子们勇气、力量和自信的"法宝"哟！

故事讲述技巧解析

故事《将军的魔药》一开始，就要营造一种气势，让战争的场面感扑面而来。在讲述时一定要用不同的语气来营造这种场景氛围。将军带兵打仗这一段故事，引导孩子在这种氛围中形象感受战争场面的"壮观"，在战争中的英勇杀敌设计成有互动感的"冲呀，杀呀"，可以带领孩子们边听故事边感受，树立打胜仗的信心与勇气。故事最后一段是画龙点睛之笔，讲述时，父亲的角色应该使用"智慧长者"的语气，语重心长，让所有听故事的孩子明白道理：原来自信源于自己，只有相信自己，做事才可能成功！

建议：讲述故事时，可以准备一个大葫芦当道具，效果更佳。

11. 给狗熊奶奶读信

张秋生

邮递员鸵鸟阿姨给狗熊奶奶送来了一封信。狗熊奶奶是那样地高兴，它盼信盼了好几天，它是很想念远方的小孙子的。狗熊奶奶老眼昏花，它看不清信上说了什么。它来到河边，请河马先生帮它念一念信。当河马张开大嘴，高声地读了一句"奶奶您好！"时，狗熊奶奶就不那么高兴了："它是这样粗声粗气地称呼我吗？连'亲爱的'也不加。这个没礼貌、不懂事的小东西！"

信中说到它想吃奶奶做的甜饼时，狗熊奶奶更不高兴了："它就这样用命令的口气，叫我给它捎甜饼吗？这办不到！"

狗熊奶奶气鼓鼓地从河马先生手中拿回信，步履蹒跚地回家了。

走在半路上，它越来越想小孙子了。正巧，夜莺姑娘在树上唱歌。它请夜莺姑娘把信再读一遍。夜莺姑娘喝了点露水润润嗓子，当它念了第一句"奶奶，您好！"时，狗熊奶奶听了浑身舒服："小孙孙你好！虽然你没用'亲爱的'，可是我从语气中听出来了，这比加'亲爱的'还要亲爱……"

当念到小孙孙想吃奶奶做的甜饼时，狗熊奶奶的眼眶湿润了："这多好，我可爱的小孙子，它没忘记我，连我做的蜂蜜甜饼也没忘记，它真是一个有良心的孩子……"

狗熊奶奶乐呵呵地从夜莺姑娘手中接回了信，迈着轻快的步子，回家给小孙子做甜饼去了。

故事赏析

《给狗熊奶奶读信》讲述的是什么故事呢？你一听名字就猜得差不多了吧，给狗熊奶奶读信。对了！可是谁读的信呀？原来是河马先生和夜莺姑娘。谁写的信呢？当然是狗熊奶奶最爱的小孙孙。可是同样一封信狗熊奶奶一会儿气鼓鼓，一会儿乐呵呵，这究竟是为什么呢？还是赶快听听故事吧！一定要仔细听，才能知道为什么呀！

故事讲述技巧解析

《给狗熊奶奶读信》这个故事是训练故事讲述技巧较常使用的一个经典案例，故事中语调、语气、语速的不同可以让语义发生变化，让听者产生不同的情绪体验。由此说明，故事讲述时，要适当地运用语调、语气和语速来传神地表达讲述者的情感变化。讲故事前，一定要反复熟悉这个故事，了解故事要表达的情绪和涵义，要准确把握故事"脉络"，让小听众在听故事中体会狗熊奶奶情绪变化的原因，理解日常生活中要用适宜的语调、语气与语速和他人好好说话的道理。

12. 小竹竿的故事

这是一根小竹竿。今天我给大家讲述的就是小竹竿的故事。在我的家乡徐州淮海战役纪念馆里，有这么一根小竹竿。它一米多长，是国家一级革命文物，小小的竹竿上密密麻麻地刻满了地名，这些地名意味着什么，又是谁刻上去的呢？今天我们一起来听一听小竹竿的故事。

1948年的春天，山东莱东县迎来了第一个丰收年，农民们翻身做主人，有了自己的土地。唐和恩正在田里割麦子，听说正在报名为前线的解放军送粮食和弹药，他二话没说，放下镰刀，第一个跑去报名，还当上了大队长呢。唐和恩带上了这根在旧社会讨饭用的小竹竿踏上了革命的道路，出发前，他在竹竿上用针尖刻了他们的出发地——莱东。

　　从莱东出发,唐和恩带着他的小车队没日没夜、没日没夜地赶路。在北方,泼水成冰的冬天,脚底下的泥巴被冰水泡过后,满载军粮的木轮车一动就是一条深沟,走一步两个坑,队员们深一脚浅一脚,鞋被泥坑拔掉了,双脚被磨破了,仍然拼命地拉,使劲地推。唐和恩的小推车一下子陷进了泥坑里,怎么拉也拉不动,他使尽了全身的力气,只听"嘣"的一声,绳子断了,唐和恩一头栽进了泥坑里,门牙被磕掉了,嘴巴上全是血,大家纷纷来安慰,他从泥窝里爬起来说:"前方的战士受了重伤还照样冲锋,俺门牙掉了,算啥!"擦掉了泥巴继续出发。这个受伤的地方叫郭庄,唐和恩把这个地名也刻在了竹竿上。

　　到了界牌这个地方,北风嗖嗖,雪越下越大,他们被一条宽宽的冰河拦住了去路,绕路要多走六个小时,小车队担心延误送粮。作为队长的唐和恩带头脱掉棉衣,扛起一包粮食,第一个跳进冰冷的河里,大家也扛起粮食包、抬起小车,紧紧跟上。好不容易上了岸,还没来得及烤干衣服,就听见远处的飞机声,他们抬头一看,是国民党的飞机。"跑,快跑! 快跑!"唐和恩和队友们推着粮食车,一口气跑了好几里路。战士们个个冻得直打冷战,但大家情绪高涨。为什么呢? 因为粮食保住了。就这样,从沂蒙山走到了淮海平原,从滚滚黄河走到了滚滚长江,他们走过了 88 个村庄、城镇,行程万里。小小竹竿上也刻满了地名。

　　前方打仗的是 60 万解放军,后方运粮的是 540 万群众,解放军以少胜多,为啥能打赢? 因为,人民就是江山!

　　小小竹竿刻录着像唐和恩这样成千上万的贫苦农民,跟着共产党走过艰辛创造辉煌的历史印记。2017 年 12 月,习近平总书记来到徐州淮海战役纪念馆。他深情地说,淮海战役就是小推车推出来的胜利呀!

故事赏析

　　《小竹竿的故事》是发生在江苏徐州的真实故事。在徐州淮海战役纪念馆里,有这么一根小竹竿。它一米多长,是国家一级革命文物,小小的竹竿上密密麻麻地刻满了地名,这些地名意味着什么,又是谁刻上去的呢? 我们一起来听一听小竹竿的故事。从小讲好家乡红色故事,用故事传扬家乡革命精神,铭记共产党人用血与火铸成的光辉历史,珍惜来之不易的和平与幸福,让更多的孩子铭记红色历史是我们的使命与担当。

故事讲述技巧解析

　　在讲述《小竹竿的故事》时,要先把握故事中主要人物唐和恩的性格特点。故事中有一段描述唐和恩一头栽进了泥坑里,门牙被磕掉了,嘴巴上全是血,大家纷纷来安慰,他从泥窝里爬起来说:"前方的战士受了重伤还照样冲锋,俺门牙掉了,算啥!"擦掉了泥巴继续出发。表达了像唐和恩这样成千上万的支前英雄克服一切险阻,不畏牺牲,冲锋在前的精神,这些段落讲述要铿锵有力,用声音营造故事中冰天雪地、寸步难行,用小推车送粮被敌机轰炸的场景。建议讲述此类历史故事、战争故事可以配合动态录像和课件,让孩子们感受到当时战士们在前线为我们后方保平安的场景,从小树立感恩与爱国主义情怀。

13. 猫小花和鼠小灰

杨红樱

小时候,猫小花的妈妈常常对它说:"老鼠是我们猫的敌人。见到老鼠,你要追,要抓。"

猫小花不认识老鼠,问:"谁是老鼠呀?"

猫妈妈这样告诉它:"见到你,要躲要逃的就是老鼠。"

猫小花牢牢地记住了妈妈的话。

小时候,鼠小灰的妈妈常常对它说:"猫是我们老鼠的敌人。见到猫,你要躲,要逃。"

鼠小灰不认识猫,问:"谁是猫呀?"

鼠妈妈这样告诉它:"见到你,要追要抓的就是猫。"

鼠小灰牢牢地记住了妈妈的话。

猫小花长大了,被送到一座漂亮的房子里。白天,主人要上班,就把它关在房子里。

猫小花好孤独好无聊,它只好天天睡大觉。

一天,鼠小灰来到这座漂亮的房子里,它从这个房间跑到那个房间,又从那个房间跑到这个房间,它没看见蜷在沙发角落里睡觉的猫小花。

客厅中央,一架开着盖的钢琴把鼠小灰吸引住了。那雪白的琴键像一条雪白的跑道。鼠小灰要在上面跑一跑。

它从这头跑过去:1 2 3 4 5 6 7 i

它从那头跑过来:i 7 6 5 4 3 2 1

在这条雪白的跑道上,能跑出这么好听的音符,鼠小灰好高兴,高兴得在琴键上跳起舞来,跳出一串欢乐的音符。

欢乐的音符钻进猫小花的耳朵里,赶跑了它的瞌睡。它睁开眼睛,看见了那个在钢琴上跳舞的鼠小灰。它从沙发上跳到地上,合着欢乐的节奏,也跳起欢乐的舞来。

从此,猫小花不再孤独,不再无聊,它有了朋友鼠小灰。尽管猫小花不懂鼠小灰的语言,鼠小灰也不懂猫小花的语言,但它们有那架钢琴,钢琴能奏出音乐,音乐是谁都能懂的、最最奇妙的语言。

早晨,鼠小灰来了。

它在钢琴的低音部一纵一纵地跳跃着,向猫小花描述着"日出"的景象:红彤彤的太阳从东方升起来,大地因为有了太阳而变得美丽、可爱。

它在钢琴的高音部轻轻地跳两下,猫小花的耳朵里便听见了林间小鸟的啼叫。

晚上,鼠小灰来了。

它舒展四肢,在琴键上漫步,猫小花立刻感受到带着花香的晚风正向它吹来,水一样的月光正照在它身上。

它在琴键上翻滚着灵巧的身体,猫小花犹如走在一条小河旁,河水"叮咚"响,河面上还有星星在闪烁。

鼠小灰天天来,天天在钢琴上给猫小花讲述外面的世界。猫小花一直不知道鼠小灰是老鼠,鼠小灰也不知道猫小花是猫。因为猫小花见了鼠小灰没有追,没有抓;鼠小灰见了猫小花没有躲,也没有逃。

故事赏析

猫小花和鼠小灰两个活灵活现的角色,俏皮灵动地跃然纸上,本来注定是"天敌",谁料却因友谊牵手。这会让思维固定的成人感到不可思议,而幼儿故事就是这样,天马行空中又隐藏着很多美好的愿望和期待。尽管两个角色语言不通,但凭借着美妙的音乐,它们看到了美丽的日出,听到了叮咚的河水和小鸟的鸣叫……故事语言描述唯美动听,像诗又如歌。

故事讲述技巧解析

在讲述故事时,要用声音营造出两个小家伙一起游戏玩耍的欢乐情绪。故事的特色是描述的场景性非常强,讲述时,语速应该灵动活泼,舒缓有致。在亲密、甜蜜的语调中结束故事,让小听众久久回味在其中。

14. 狼大叔的红焖鸡

[日]庆子·凯萨兹

王丽娜　改编

从前,有一只狼,它喜欢各种各样的美食。除了吃,它再没有其他的爱好了。它总是吃完了这顿饭,马上开始想,下一顿吃什么呢?

有一天,狼大叔突然很想吃红焖鸡。

一整天,它都在森林里走来走去,想找一只肥嫩的母鸡。最后,它终于发现了一只鸡。

"啊,这只鸡红烧正合适。"它想。

狼大叔蹑手蹑脚地跟在母鸡后面,越靠越近。当它正要伸手去抓它的猎物的时候……

它有了另外一个主意。

"如果有什么办法能让这只鸡再胖一点,"它想,"我就能多吃几口肉喽……"

于是狼大叔跑回家,冲进厨房,开始准备……

它先做了一百个香喷喷的煎饼。然后,在那天深夜,它把煎饼悄悄地放在母鸡家的走廊上。

"快吃吧,快吃吧,我可爱的母鸡,长得肥肥又胖胖,让我痛痛快快吃一场!"它小声念叨着。

它每天夜里都给母鸡家送去一百个香脆的甜甜圈。

"快吃吧,快吃吧,我可爱的母鸡,长得肥肥又胖胖,让我痛痛快快吃一场!"它小声念叨着。

又过了几天,它捧来了一个一百磅重的香甜的蛋糕。

"快吃吧,快吃吧,我可爱的母鸡,长得肥肥又胖胖,让我痛痛快快吃一场!"它小声念叨着。

终于万事俱备,那正是狼大叔一直期待的一个夜晚。它把一个大号焖锅取出来装满水,放在火上,然后就兴高采烈地出发了。

"那只鸡现在一定胖得像个气球了。"它想,"让我先看看。"

就在它正要往母鸡家里偷看的时候……

门突然打开了。母鸡尖声叫起来:"啊呀,原来是你呀,亲爱的狼大叔!"

"孩子们,孩子们! 快来看哪,煎饼、甜甜圈和那个香甜的大蛋糕——不是圣诞老公公送来的!那些都是狼大叔送给我们的礼物!"

鸡宝宝们全都跳到老狼身上,总共亲了它一百下。

"噢,谢谢你,狼大叔! 你是世界上最好的厨师!"

那天晚上,狼大叔没有吃到红焖鸡。不过鸡太太倒是给它做了一顿相当丰盛的晚餐。

"哎,怎么会是这样呢!"狼大叔在回家的路上一边走一边想,"要不,明天我再给这些小家伙们烤一百个香甜的小饼干吧!"

故事赏析

《狼大叔的红焖鸡》具有独特的构思,巧妙的想象。紧紧抓住听者的"小耳朵""小眼睛",跟着讲述者感受神奇美妙又轻松愉快的"坏人变好之旅"。故事刻画了一个头戴厨师帽,手拿《烹饪大全》,表情多变、动作喜感的狼大叔形象,一改大灰狼原来的凶恶模样。这篇充满幻想的故事,让听者忍俊不禁。狼大叔想吃红焖鸡,但又为了能多吃几口肉,想要把母鸡养肥一点再吃,于是它做了许多好吃的送给母鸡。谁知等到月圆之夜,准备抓鸡的时候,却发生了一件意想不到的事,故事画风突变,温情而有趣……

故事讲述技巧解析

在讲述《狼大叔的红焖鸡》这个故事时,语调要轻盈、跳跃、欢快。故事中描述这只想法可爱的狼大叔扮演大厨的角色,并有着相当的"执行力",做了一百个香喷喷的煎饼,趁着夜色悄悄地放在母鸡家的走廊上……"快吃吧,快吃吧,我可爱的母鸡,长得肥肥又胖胖,让我痛痛快快吃一场!"几段细节描述采用重复的句式,应该用充满期待、发自内心的虔诚的声音讲述,做好故事后续情节反转的铺垫,吸引小听众跟随故事情节步步深入,激发孩子联想,在故事结束后继续展开奇思妙想,让欢乐进行下去。

15. 剪刀女巫

剪刀女巫有一屋子剪刀,小熊路过剪刀女巫的房子时,说起了它的烦恼。熊奶奶最近真是太爱唠叨了,从早到晚地问小熊:"你冷吗? 要手套吗? 要围巾吗? 要脚炉吗……"小熊听得很不耐烦。

剪刀女巫听了小熊的抱怨,说:"这个好办。"她从一屋子的剪刀里找了一把紫色的剪刀,"下次,当熊奶奶说完第一遍话时,你就对着它的方向悄悄剪一下,问题就解决了。"

小熊接过那把紫色剪刀问:"真的吗?"剪刀女巫眯着眼睛,笑着说:"你一试就知道了。"小熊好奇地拿着剪刀往家跑,一进家门,熊奶奶就迎上来:"小熊,你冷吗……"趁奶奶不注意的时候,小熊拿出剪刀悄悄剪了一下。接下来发生的事儿真让小熊大吃一惊,熊奶奶突然就不说话了。

小熊不放心,它只想剪掉奶奶的唠叨,可不想剪掉奶奶的声音呀,"奶奶,你怎么不说话了?""没什么要说的呀!"熊奶奶很奇怪地看着小熊。还好,奶奶是能说话的,小熊放下了心。可是,耳旁没了熊奶奶的唠叨,小熊做什么都觉得缺了点儿啥。

"奶奶,这幅画我用蓝色的好,还是红色的好?"小熊跑去问。"随你。"熊奶奶说。小熊忍不住老要跑到熊奶奶那儿去,"奶奶……"。熊奶奶有些生气的样子,"哎呀小熊,你太烦人了,别来打扰我。""可是……奶奶,以前你可是一直追着我问个不停的。"小熊有点儿伤心了。"不会吧,"熊奶奶愣了一下，"我怎么一点儿不知道?""不知道?"小熊惊叫起来，"不可能！我找剪刀女巫去。"小熊一口气儿跑到剪刀女巫的屋子里："你的这把剪刀到底剪掉了什么?"

剪刀女巫说，"剪掉关心呀，熊奶奶太关心你了，你悄悄剪一下，剪去关心，那你就听不到唠叨了呀!"

小熊急了："怎么才能把剪掉的唠叨缝补上呀?"剪刀女巫说："这个简单，你去亲一亲熊奶奶。"当小熊亲了熊奶奶后，小熊马上听到熊奶奶急急地说："小熊，你冷吗？要手套吗？要围巾吗？……"谢天谢地，小熊在心里说，总算没事了。

剪刀女巫的剪刀总被人借走，可是每一次都会很快还回来。真的，不信，你也去借一次试试吧！

故事赏析

《剪刀女巫》讲述的是一只小熊受不了熊奶奶太爱唠叨，为了解决这个烦恼，找到剪刀女巫，剪刀女巫送给小熊一把紫色的剪刀，当熊奶奶说完第一遍话时，让小熊对着她的方向悄悄剪一下，问题就能解决。好神奇！是真的吗？快和我一起听故事找答案吧！

故事讲述技巧解析

讲述《剪刀女巫》前要先分析故事表达的含义，把握故事的基调。这个故事贴近生活，故事中的小熊本来很受不了奶奶的唠叨，但在剪刀女巫的帮助下，没有了奶奶的叮咛、关心后又心神不定、坐立不安，最后，在剪刀女巫的再次帮助下，一切恢复原样，充满了温暖。故事中很多描述的细节部分讲述时要表达出小熊内心的变化。故事后半部分剪刀女巫说："剪掉关心呀，熊奶奶太关心你了，你悄悄剪一下，剪去关心，那你就听不到唠叨了呀!"这段讲述要充满慈爱，把智慧的剪刀女巫的形象刻画出来。故事的结尾"剪刀女巫的剪刀总被人借走，可是每一次都会很快还回来"耐人寻味。

16. 什　　么

派克是一个小男孩。有一天，派克的爸爸妈妈要出差，但是不能带着派克，所以只能把派克放到别人家。可是放在谁家合适呢？爷爷奶奶家？叔叔阿姨家？还是邻居家？甚至老师家里呢？最后爸爸妈妈决定把派克放在奶奶家。

奶奶是一个特别勤劳的人，她让派克干了一整天的活，把派克累得大口大口喘气。到了晚上睡觉的时候，奶奶就对派克说："好了，派克，该睡觉了，现在把你的身体放到床上，准备睡觉!""可是，没有床啊！"奶奶这时大声喊了一句："什么?!"

接下来，奶奶咚咚咚，走到了家旁的树林里，拿起斧子，咚咚咚，就砍掉了一棵树，做成了一个床板。接着奶奶又拿起了锤子，咚咚咚咚，给床加上了四条腿。接下来，奶奶把床咚的一声扔到了派克的旁边，对派克说："好了，派克，该睡觉了，现在把你的身体放在床上，枕着你的枕头，准备睡觉!""可是，没有枕头啊！"奶奶这时大喊了一句："什么?!"

接下来，奶奶来到了院子的鸡窝里，开始给鸡拔毛，她拔一根，鸡就"喔——"地叫一声，最后整整拔了两只鸡的毛。接着奶奶拿起针线，缝啊缝啊，就做成了一个枕头。奶奶把枕头放到了派克的床上，对派克说："好了，派克，该睡觉了！现在，把你的身体放到床上，枕上枕头，盖上被子，准备睡觉！""可是，没有被子啊！"奶奶这时大声喊了一句："什么?!"

接下来，奶奶爬过了五座山，来到了一个大草地上，草地上生活了好多只羊。接着奶奶拿起爷爷的电动剃须刀，开始给羊剃毛。嗡嗡嗡，奶奶剃了三只羊的羊毛，剃过毛的羊，可真丑啊。奶奶又拿起针线，开始做被子，她缝啊，缝啊，穿啊，穿啊，就做成了一床被子。接着她把被子放到了床上，对派克说："好了，派克，该睡觉了。现在，把你的身体放到床上，枕上你的枕头，盖上你的被子，抱着你的泰迪熊，准备睡觉！""可是，没有泰迪熊啊！"奶奶这时大声喊了一句："什么?!"

接下来，奶奶呼的一声就把客厅的窗帘扯掉了，拿起针线，缝啊缝啊，就做成了一只泰迪熊，又拿了两个纽扣，做成了眼睛。接着奶奶把泰迪熊放到了床上，对派克说："好了，派克，该睡觉了！现在，把你的身体放到床上，枕上你的枕头，盖上你的被子，抱着你的泰迪熊，准备睡觉！""可是，已经天亮了！"奶奶这时大声喊了一句："什么?!"

故事赏析

故事《什么》讲述的是奶奶和小孙子之间入睡前的一段甜蜜温馨的时光。奶奶和小孙子的一问一答，一件件睡前需要的物品在奶奶灵巧的双手中一一呈现，生活的气息和浓浓的亲情也随之扑面而来，这样的故事真是百听不厌，久久回味。派克奶奶是一个特别勤劳的人，她让派克干了一整天的活，把派克累得大口大口喘气。到了晚上睡觉的时候，"可是，没有床啊！""可是，没有枕头啊！""可是，没有被子啊！""可是，没有泰迪熊啊！""可是，已经天亮了！"每一个问句都会有奶奶非常夸张的回应："什么?!"令人捧腹大笑。

故事讲述技巧解析

这个故事里，奶奶夸张的表情贯穿始终。在讲述故事时，要注意每一次发问，都配上表情夸张的奶奶，一定会增加故事的趣味性，让孩子们听得前仰后合。熟悉故事后，让孩子扮演搞笑又能干的奶奶，一定非常受欢迎哟！

17. 小 土 坑

下雨了，下雨了，公鸡、母鸡回家了。淅沥淅沥，小土坑里积了水了。雨停了，雨停了，太阳公公露出了笑眯眯的脸，公鸡、母鸡又出来找小虫子吃了，大肥猪出来散步了，小山羊、老黄牛也出来吃草了。

母鸡走到土坑边，往里面一瞧，看见里面有只母鸡。"哎呀，不好了！一只母鸡掉到土坑里去了。咕哒哒……"母鸡赶快跑去告诉公鸡，叫公鸡来救土坑里的母鸡。

公鸡走来一瞧，土坑里哪有母鸡呀？只看见一只公鸡。"哎呀，不好了！一只公鸡掉到土坑里去了。喔喔喔……"公鸡赶快跑去告诉小山羊，叫小山羊来救土坑里的公鸡。

小山羊走来一瞧，土坑里哪有公鸡呀，只看见一只小山羊。"哎呀，不好了！一只小山羊掉到土坑里去了。咩咩咩……"小山羊赶快跑去告诉大肥猪，叫大肥猪来救土坑里的小山羊。

大肥猪走来一瞧,土坑里哪有小山羊呀,只看见一口大肥猪。"哎呀,不好了! 一口大肥猪掉到土坑里去了。哼哼哼,哼哼哼。"大肥猪赶快跑去告诉老黄牛,叫老黄牛来救土坑里的大肥猪。

老黄牛走来一瞧,土坑里哪有大肥猪呀,只看见一头老黄牛。"哎呀,不好了! 一头老黄牛掉到土坑里去了。大家快来救它,哞哞哞……"

大伙儿都来了,往土坑里一瞧,不得了,土坑里有一头老黄牛,一口大肥猪,一只小山羊,一只公鸡,还有一只母鸡。那么多动物一齐掉到一个小小的土坑里去了,大家真着急,东奔西跑去找朋友们来救它们。

后来,土坑里的水,渐渐渗进泥沙里,又渐渐被太阳晒干了。这时候,老黄牛、大肥猪、小山羊、公鸡、母鸡把它们的朋友都请来了。

它们再往土坑里一瞧,咦,什么也没有呀! 母鸡说:"一定是它们自己爬出土坑了!"

小朋友,你们说说,母鸡说的对不对呀?

故事赏析

故事《小土坑》语言活泼有趣,韵律感非常强。雨后的小动物们都出来散步,结果母鸡看见土坑里有一只母鸡,紧张又焦急,急忙去叫公鸡,公鸡看见土坑里有一只公鸡,紧张又焦急,急忙去叫小山羊……就这样,一只一只小动物出现在小土坑里,"不得了,土坑里有一头老黄牛,一口大肥猪,一只小山羊,一只公鸡,还有一只母鸡。那么多动物一齐掉到一个小小的土坑里去了,大家真着急,东奔西跑去找朋友们一起来救它们。"哈哈哈,现在你已经感到故事的有趣了吧,为什么最后小土坑里谁都没有呢? 快和老师一起找答案吧!

故事讲述技巧解析

讲述时要突出故事里每一种小动物的稚气天真的形象,要讲得妙趣横生,机趣天然,要符合幼儿的审美特质,故事的情节发展和搞笑的场面要让孩子们欣然接受,能开怀大笑。有趣的是每一种小动物发现小土坑里的"自己的倒影"时那种紧张和焦急的感觉,故事的亮点也在于这些有趣情节的把握和表达。

18. 咕　咚

湖边有棵木瓜树,树旁住着小白兔。一天,一只熟透了的木瓜,被风一吹,从树上掉下来,"咕咚"一声,正好掉进湖里。

小白兔听到那"咕咚"一声,吓了一跳,不知道发生了什么事情,拔腿就跑。一只狐狸看见小白兔慌慌张张逃跑,很是奇怪,忙问:"你跑什么呀? 出什么事了?"小白兔一边跑一边喘着气:"咕咚——咕咚——"狐狸看到小白兔那副惊慌的样子,以为"咕咚"是个很厉害的东西,吓了一跳,也跟着跑起来。

一只猴子看到小白兔和狐狸没命地跑,忙赶上去问:"你们跑什么呀? 出什么事了?"狐狸说:"'咕咚'来了!"猴子也不知道"咕咚"是什么,心想,狐狸都吓成这个样子,"咕咚"一定是很厉害的东西,便也跟着跑起来。

路上,它们又碰到狗熊、梅花鹿、老虎。老虎看它们没命地跑,忙问:"你们跑什么呀?出什么事了?"

狐狸说:"'咕咚'来了!"它们一个个都说不清"咕咚"是什么,大家也都跟着没命地跑。

最后,它们碰到了一只长毛狮子,长毛狮子拦住它们说:"什么东西把你们吓成这个样子?"

这时候,它们已经跑得上气不接下气了:"不得了,'咕咚'来了!"

长毛狮子又问:"'咕咚'是什么?在哪里呀?"它问老虎,老虎说不知道;问梅花鹿,梅花鹿说不知道;问狗熊、猴子、狐狸,也都说不知道。最后问到小白兔,小白兔说:"那个'咕咚'就在我住的湖边。"长毛狮子说:"那好,你带我们去瞧瞧。"

小白兔说:"不行!不行!那个'咕咚'太可怕了。"长毛狮子说:"不怕,有我呢!"

小白兔没办法,只好带了大家来到湖边,大家东瞧瞧,西瞧瞧,咦,哪有什么"咕咚"呀!这时候正好有一只木瓜熟透了,被风一吹,掉到湖里,又响了"咕咚"一声。这一来,大家才把事情弄明白了。

故事赏析

故事《咕咚》画面感非常强,动物们一个一个慌慌张张地排成长长的一排,拼命地跑呀跑的场景令人印象深刻。故事讲述的是一只可爱的小白兔住在湖边,有一天,一只熟透了的木瓜被风一吹,从树上掉下来,"咕咚"一声,正好掉进湖里。小白兔吓了一跳,不知道发生了什么事情,拔腿就跑。路上遇见了狐狸、猴子、狗熊、梅花鹿、老虎……都跟着跑了起来。最后,长毛狮子带着大家找到了答案:"咕咚"是木瓜掉到湖里发出的响声。听了故事后,你一定要记得遇到事情不能慌张盲目,一定要找到原因哟!

故事讲述技巧解析

讲述故事《咕咚》时,要将故事里小白兔和所有小动物慌慌张张地奔跑的场面用滑稽又搞笑的语调表达出来。故事中使用的悬念设置非常吸引人,大家都想知道到底发生了什么可怕的事情。讲述小动物慌张逃跑时的对话,要讲得"上气不接下气"哟!整篇故事节奏把握要偏快,要体现故事发生的情景是一种"逃命"的速度感。故事要在逐渐平稳中舒缓下来,最后揭开悬念,让听者恍然大悟。

19. 小蝌蚪找妈妈

方惠珍、盛璐德

暖和的春天来了,池塘里的冰融化了,柳树长出了绿色的叶子,青蛙妈妈在泥洞里睡了一个冬天,也醒来了。它从泥洞里慢慢地爬出来,伸了伸腿"扑通"一声,跳进池塘里,在碧绿的水草上生下了许多黑黑的圆圆的卵。

春风轻轻地吹着,阳光照着,池塘里的水越来越暖和了,青蛙妈妈生下的卵,慢慢地活动起来,一个一个都变成了大脑袋、长尾巴的小蝌蚪。它们在水里游来游去,非常快活。

有一天,鸭妈妈带着小鸭子到池塘来游水。小鸭子跟在妈妈后面,"呷呷呷"地叫着。小蝌蚪看见了,就想起自己的妈妈来了。小蝌蚪们你问我,我问你,可是谁也不知道自己的妈妈在哪里。

它们一齐游到鸭妈妈的身边问:"鸭妈妈,鸭妈妈,您看见我们的妈妈吗?请您告诉我们,它在哪里?"

鸭妈妈亲热地回答说："看见过，你们的妈妈有两只大眼睛，嘴巴又宽又大，好孩子，到前面去找吧！"

"谢谢您，鸭妈妈！"小蝌蚪高高兴兴地向前面游去了。

一条大鱼游过来了，小蝌蚪看见大鱼有两只大眼睛，嘴巴又宽又大，心想：一定是妈妈来了，就迎上去叫："妈妈，妈妈！"大鱼笑着说："我不是你们的妈妈。我是小鱼的妈妈，你们的妈妈有四条腿。好孩子，你们到前面去找吧！"

"谢谢您，鱼妈妈！"小蝌蚪又向前面游去。

一只大乌龟在水里慢慢地游着，小蝌蚪看见乌龟有四条腿，心想：这回可找到妈妈啦！连忙喊："妈妈，妈妈！"大乌龟笑着说："我是小乌龟的妈妈，你们的妈妈肚皮是白的。好孩子，到前面去找吧！"

"谢谢您，乌龟妈妈！"小蝌蚪继续向前面游去。

一只大鹅"戆戆"地叫着游过来，小蝌蚪看见了大白鹅的白肚皮，高兴地想：这回可真找到妈妈了。大声喊："妈妈，妈妈！"大白鹅笑着说："我是小白鹅的妈妈，你们的妈妈穿着绿衣裳，唱起歌来'呱呱呱'，走起路来一蹦一跳。好孩子，快去找它吧。"小蝌蚪继续向前游去。

这时候，正好青蛙妈妈游来了，它追上小蝌蚪，说："娃娃，娃娃，好娃娃，妈妈来了。"

小蝌蚪朝着青蛙妈妈瞧了又瞧，想：它有两只大眼睛，嘴巴又宽又大，四条腿走起路来一蹦一跳的，白白的肚皮绿衣裳，唱起歌来呱呱呱……怎么跟我们一点儿也不像呢？就奇怪地问："为什么我们一点都不像您呀？"

青蛙妈妈说："好娃娃，你们还小呢，等你们长大了，就像妈妈了。"

小蝌蚪听了，高兴得在水里翻起跟斗来，一面还大声喊："啊，我们找到妈妈啦！"青蛙妈妈"扑通"一声跳进水里，和它的孩子小蝌蚪一块儿游水去了。

一天又一天，小蝌蚪慢慢地长大起来了。先长出两条后腿，再长出两条前腿，它们的小尾巴呢？不见了，小蝌蚪变成小青蛙了。

"呱呱呱，呱呱呱！"小青蛙跟着妈妈跳上岸，跳到田地里。它们整天忙着吃害虫，不让害虫害庄稼。

故事赏析

《小蝌蚪找妈妈》是一个非常经典的故事，不仅孩子们喜欢，也能唤醒成人美好的童年回忆。小蝌蚪找妈妈的过程，也是小蝌蚪变成青蛙慢慢发生变化的生长过程。故事用小蝌蚪找妈妈的情节贯穿始终，让孩子们"相识"了水中不同的妈妈——大鱼、大乌龟、大白鹅不同的外形特征。最后故事对青蛙妈妈进行了细致的描述，孩子们又清晰地认识了青蛙的特征，知道原来小蝌蚪的妈妈是青蛙。这个故事是一个经典的科学童话，将蝌蚪变青蛙的抽象的成长变化寓于生动的故事情节之中，令人记忆深刻，有趣有益！

故事讲述技巧解析

讲述《小蝌蚪找妈妈》时，声音要唯美动听，让孩子们在故事的娓娓道来中跟随小蝌蚪一起找妈妈。在寻找妈妈的一路上，小蝌蚪遇见了不同的妈妈们，讲述时要用不同的语调、语速区分，体现不同妈妈们的性格特点(可自拟风格)。讲故事时要将小蝌蚪找妈妈的急切心情表述出来，用偏高的语调、疑问的语气表达，最后故事在"小青蛙"跟着妈妈一起捉害虫的情景中结束，让孩子们不仅学习小蝌蚪变青蛙的知识,还知道青蛙可以吃害虫、保庄稼。

20. 月 亮 灯

　　叮叮当！叮叮当！熊大叔的修理铺每天都会传出它忙着修东西的声音,如果没有顾客登门,熊大叔就会吆喝:"修锅了！修锅了！我修的锅呀,烧出来的饭喷喷香。修壶喽！修壶喽！我修的壶呀,烧出来的水咕噜噜。"

　　这一天,修理铺的门口来了一只长耳兔,它在门口探头又探脑,熊大叔笑呵呵地说:"小家伙儿,你想修点啥?""熊大叔,您什么都会修吗?""那当然。"长耳兔高兴极了！"那请您修修月亮灯吧。""啥?月亮灯?""对呀！对呀！昨天晚上我看见月亮灯坏了！现在就只剩下一个弯角了。""这个……""熊大叔！就请您修修月亮灯吧！我会天天给您送好吃的！""那……好吧！不过要花很长时间。""能修好就行,谢谢您！"

　　第二天,长耳兔给熊大叔送来了一根胡萝卜,"熊大叔,月亮灯大一点了,一定是您修理的吧！"第三天,长耳兔送来了一篮蘑菇,"熊大叔,月亮灯又大一点了！"第四天第五天,长耳兔天天都给熊大叔送来好吃的东西。

　　第十天,长耳兔蹦跳地来了,它抱着熊大叔:"谢谢您熊大叔,月亮灯又变圆了！可是,我没有什么东西给您了。"熊大叔的脸通红通红:"我不能要你的东西,你把之前拿来的也都拿回去。""为什么呀?"长耳兔奇怪地问。熊大叔凑到长耳兔耳边轻轻地告诉它一个秘密,说完后,熊大叔浑身都轻松了。长耳兔听了很高兴！"谢谢您告诉我,那东西您还是留着吧,以后我再也不会怕月亮灯坏掉了！"

　　小朋友们,你们知道这个秘密是什么吗?

故事赏析

　　《月亮灯》是一则科学童话故事,讲述了一只天真可爱的长耳兔发现月亮灯只剩下一个弯角,以为是月亮灯坏了,就去找什么都会修理的熊大叔帮忙,还信守承诺地每天为熊大叔送去好吃的表示感谢。第十天,月亮灯变得又大又圆,长耳兔感谢熊大叔,而熊大叔却满脸通红:"我不能要你的东西,你把之前拿来的也都拿回去。""为什么呀?"长耳兔奇怪地问。是呀,为什么呀？在故事中找到答案别忘了告诉长耳兔哟！

故事讲述技巧解析

　　故事《月亮灯》中,在熊大叔出场时,使用了反复结构层层推进故事情节的发展。"修锅了！修锅了！我修的锅呀,烧出来的饭喷喷香。修壶喽！修壶喽！我修的壶呀,烧出来的水咕噜噜。"节奏朗朗上口,讲述时要有节奏感、跳跃感,表现出熊大叔什么都会修的自信满满。长耳兔的请求和被接受后的情绪转变要从语调的变化中体现出来。讲述故事时,可以根据孩子认知理解的现状,将故事中出现的月亮灯的变化做成动态课件配合故事讲述,让孩子在轻松愉快的故事中潜移默化地了解月亮阴晴圆缺的自然变化,培养孩子善于观察和思考,激发孩子从小热爱大自然的情愫与探索欲。

第七章　幼儿园语言活动设计

在幼儿园，以故事作品为媒介开展各领域的活动是教师经常使用的一种方式。故事因其种类较多，蕴含知识和涵义较广泛，教师可以选择适合的故事作为集体或小组活动的素材，遵循幼儿年龄特点，既适合幼儿的认知特点，又有利于活动目标的达成。根据各领域活动设计基本原则和要求，设计出各领域活动方案，挖掘故事中蕴含的教育价值，使设计的活动具有可行性、操作性、趣味性及有益性，使幼儿在集体或小组活动中收获更多。

采用故事作为素材设计幼儿园集体或小组活动，要求活动过程层次清晰、各环节之间过渡自然流畅，要体现循序渐进、设计有层次感；在活动中设计的提问应有启发性、思考性、开放性等特点；教师应能预测活动过程中可能出现的问题，并设计出相应的活动策略；采用的教学方法和活动组织形式要充分体现幼儿活动的主体性，为幼儿提供更多感知、操作的机会，激发幼儿积极思考与探索；设计的活动应详略得当，以故事为主体或以故事为线索贯穿活动，重难点应明确等。

故事讲述《小猪奴尼》

本章收录了小中大班以"故事"作为素材设计的语言活动案例各一例，分别为小班语言活动《大笔画一画》、中班语言活动《噪音国》、大班早期阅读活动《嚓嘭！》。每一个活动设计后附有相关活动设计思路或活动解析。对于阅读者和使用者来说，能够不但知其然，亦知其所以然，从而让经验不足的教师可以有范例可依、可举一反三，迅速领悟幼儿园语言教育设计的精髓。

案例一

语言活动：大笔画一画（小班）

活动目标：

1. 欣赏故事，感受故事中"大"和"小"的相对概念。

2. 体验在不同条件下进行创作的乐趣。

活动准备：

1. 两块黑板、磁性教具、手偶。

2. 四组大小不同的圆形物品若干；4张大纸；蜡笔4筐、背景音乐。

3. 户外盆2大2小（装水）、自制大笔4支、自制喷壶16个。

活动过程：

一、出示……排序游戏

师：谁能发现它们有一个共同的地方？它们都是什么形状？

二、讲故事《大家都来画月亮》

（一）提问

故事里有谁？小动物们都在干什么呀？

（二）边讲故事教师边在黑板上画月亮

（三）手偶表演并提问

1. 师：你们知道这个小小的月亮是谁画的吗？

2. 提问：这个小月亮是用什么画的呀？瓶盖儿，谁用瓶盖画的小月亮？小狗？

（汪汪汪，是我是我，小朋友真棒！）

3. 师：下面我考考小朋友，谁愿意说一说这个大一点的月亮是谁画的呀？小狐狸，是你吗？

（哎，来啦，来啦，你真棒，我是用茶杯画的大一点的月亮）

4. 师：这个大月亮是谁画的呢？（小猪）我们一起数到3，请小猪出来，好不好？

（1、2、3）（小猪不搭理）　幼：小猪小猪。（呼呼——谁呀？）

5. 幼：大月亮是你画的吗？"哦，是的是的，我在睡觉呢！"（哈哈，真是一头懒小猪）

6. 师：这个更大的月亮是谁画的？（大家一起回答：大熊）

（大熊出现："小朋友还记得我用什么画的月亮吗？"）

幼：大盘子。

大熊：对对对，小朋友真棒！掌声鼓励。

7. 师：大象用他的长鼻子，吸了满满一桶水，边绕圈子边喷出了一个非常大的月亮。小老鼠看见了，着急地说："吱吱、吱吱，我也要画一个大月亮。"大家心里想："小小老鼠到底能画多大的月亮呢？"小老鼠叫来了许多许多好朋友，大家手拉着手，围成了一个很大很大的圆圈，大家都说，小老鼠的月亮最大！

8. 师：故事的名字叫什么？

三、分组画月亮

（一）背景音乐起，分组指导

师：老师为小朋友准备了很多东西，每个人选一种东西，画一个月亮，比一比哪一组画的月亮又好又

圆。去试一试吧！（请小朋友不用搬椅子,站着画）

（二）将四组作品展示黑板上,老师讲评,请小木偶（五个）一起为小朋友鼓掌

四、小老鼠邀请小朋友画月亮

五、户外画月亮,感受不同作画方式带来的兴趣

师：大象刚刚送来好多画月亮的工具,邀请小朋友去操场上画月亮,我们一起去吧！

附故事：

大家都来画月亮

小花猫用硬币画了一个小小的月亮。

小花狗看见了："汪汪汪,哪有这么小的月亮?"小花狗儿用瓶盖儿画了一个小月亮。

狐狸看了哈哈大笑："哎哟,我可以画比你们都大的月亮。"狐狸用茶杯画了一个大一点的月亮。

小猪看了摇摇头说："呼呼,不够大。"小猪用盘子画了一个大月亮。

大熊用大盘子画了一个更大的月亮,得意地说："还有谁画的月亮会比我的大?"

大象用他的长鼻子,吸了满满一桶水,边绕圈子边喷出了一个非常大的月亮。

小老鼠看见了,着急地说："吱吱、吱吱,我也要画一个大月亮。"大家心里想："小小老鼠到底能画多大的月亮呢?"小老鼠叫来了许多许多好朋友,大家手拉着手,围成了一个很大很大的圆圈,大家都说,小老鼠的月亮最大！

小班语言活动"大笔画一画"设计思路解析

一、教材分析

小班语言活动《大笔画一画》,素材选自故事《大家都来画月亮》。故事语言简洁生动、富有动感。故事中每一种小动物有韵律的对话特别能吸引小班幼儿的注意力。《大家都来画月亮》讲述的是几个小动物用生活中不同大小的圆形物体画月亮的故事,生动有趣。小班的幼儿喜欢听故事,整个活动以《大家都来画月亮》这个故事贯穿始终,用故事情节来拓展幼儿想象的空间,增加了活动的趣味性。由于小班幼儿年龄特点和认知经验的缺乏,大小的关系不一定非常清楚。世界上各种事物的"大"和"小"都是一种相对的概念,"大"和"小"是通过比较得来的。对孩子而言,在有趣的故事中获得这些相对的概念,学会多角度观察,对"大"和"小"的概念会有更深入的了解。本节活动让孩子们在轻松愉悦的氛围中学会倾听,学会观察探索,符合幼儿的发展特点。

小班幼儿正处于感官敏感期,他们每看到一样东西都想去看一看、摸一摸、闻一闻,甚至尝一尝。生活中的很多物品他们拿到手里都能摆弄很长时间,所以把生活中用到的茶杯、碗、盘子、小桶等物品融合到活动中,能够激发幼儿参与活动的兴趣和积极性。

这节活动以故事有趣的情节变化为主线,符合小班年龄特点,贴近幼儿实际发展水平。通过设计生动有趣的手偶互动游戏情节和"大笔画一画"的操作环节,激发幼儿参与活动的兴趣和积极性,引导幼儿通过看一看、猜一猜、说一说、画一画的多种方式感知生活中物体的大小关系。

二、活动的设计

这是一节小班语言集体活动。儿童是一个发展的整体,幼儿语言发展与其他方面的发展存在着互相

促进、共同发展的关系。幼儿的语言能力是在交流和运用的过程中发展起来的，应创设自由、宽松的语言交往环境，鼓励和支持幼儿与成人、同伴交流，让幼儿想说、敢说、喜欢说并能得到积极回应。本节活动根据小班幼儿的年龄特点，为幼儿创设了一个故事情境，以比赛画大月亮为线索展开，教师用抑扬顿挫的语言讲述故事，采用手偶表演故事和孩子互动的形式，幼儿很快融入童话的情境中，大胆、自由地表达，丰富关于形容物体大小程度的词语；让幼儿潜移默化中体验数学元素在生活中的有用和有趣。活动对生活中随手可得的圆形物体进行了比较和排序，通过观察、操作，知道生活中的大与小是通过比较得来的；让幼儿使用自制的绘画工具画一画的环节，有利于激发幼儿自主绘画的兴趣，支持幼儿自发的艺术表现和创造。

三、活动方法的选择

（一）情境化

小班幼儿的思维方式带有直觉行动性，适合在一定的情境中学习。为了给幼儿创设一个真实的故事情境，采用了木偶表演的方式，把幼儿带入故事中，教师在第二遍讲述故事的过程中，适时地引导幼儿与小动物互动，亲切自然。为幼儿创设了一个让幼儿想说、敢说、喜欢说并能得到积极回应的语言环境。

（二）无痕化

在师幼互动中，教师边讲述故事，边引导幼儿重复故事中的关键语言，意在引导幼儿大胆地表述、自然地运用故事中的关键词语。给幼儿"润物无声"的教育。

（三）游戏化

3～4岁的幼儿无意注意占优势，对新鲜事物、新异活动有较强的好奇心。他们注意力容易分散，不易集中。因此，活动采用了手偶表演的方法吸引幼儿的注意，整节活动在故事情境中、在与小动物互动中、在玩玩画画中学习，幼儿的注意力非常集中，情绪饱满地与小动物们互动。

四、设计亮点

活动采用手偶表演故事的形式，让孩子们在"大家都来画月亮"的游戏中，通过使用日常生活中随处可见的物品画月亮，知道大与小是通过比较得来的，培养了孩子们的多角度、多层面思考问题的思维方式，最后孩子们用自制的大笔在户外场地画自己的"大月亮"，活动在同伴们互相比较谁画的月亮最大的游戏中结束。活动环节设计有趣生动、动静结合，幼儿在愉快的气氛中获得发展。

故事活动"大笔画一画"

案例二

语言活动：噪音国（中班）

活动目标：

1. 了解故事情节，感受故事情境，尝试表演故事。

2. 体验噪音的危害，能远离噪音和避免制造噪音，建立起初步的环保理念和尊重他人的意识。

活动准备：

1. 音乐：老鼠出场音乐、班得瑞轻音乐。

2. 盆、木棍16个；贴鼻子18个（提醒孩子不用手摸，互相看看什么样子）；椅子排成半圆形。

活动过程：

一、导入部分

（一）传话游戏

1. 师：王老师想和小朋友玩一个传话的游戏，悄悄告诉一个小朋友一句话，让他悄悄地传给下一个小朋友听，接着再一个挨着一个把这句话传到最后一个小朋友。记住了吗？

2. 师：还想不想再玩一次？这一回玩一个更难的，看看哪个小朋友的耳朵最灵。

二、讲述故事

（一）第一遍讲述故事

1. 师：让我找一个最好玩的故事讲给你们听，故事的名字叫作《噪音国》。

（二）通过提问巩固故事并尝试表演

1. 师：故事先讲到这里。这个有趣的故事的名字叫什么呢？

2. 师：噪音国里所有的小老鼠都喜欢玩什么游戏呢？

3. 师：来，拿出你的盆儿（左手）、木棍儿（右手），不管是白天还是黑夜它们总是"咚咚咚"地敲；它们走路时是什么样子的？（使劲踏地板"咚咚咚"）敲起门来呢？（"嘭嘭嘭"）

4. 师：你们知道什么是狂笑吗？来，我们来一次，小老鼠白天狂笑哈哈哈哈，晚上睡觉打呼噜"呼呼呼"。

5. 教师：噪音国里有个小王子最喜欢玩什么游戏？

6. 师：今天是几月几号呢？今天就是噪音国小王子的生日，老师带你们去噪音国做游戏好不好？

7. 要进入噪音国，我们需要一个魔法，首先老师要教你们噪音国的语言，连念三遍"库企库企库企企"。念的同时要踏脚，我说"变"你们就藏起来。

（小朋友藏起来的时候，后台老师帮助孩子贴老鼠鼻子，并提醒千万别用手摸，互相看看什么样子，其他老师帮忙放盆和棍）

三、体验故事表演

（一）体验表演

1. 师：小老鼠，准备好了吗？（藏起来的时候问）那我们去噪音国里玩玩吧！

（放小老鼠出场音乐，教师带小朋友跟着音乐出场）

2. 师：小老鼠们，噪音国到了。（音乐停）小老鼠们在噪音国里，最喜欢玩什么游戏呢？（让小朋友用棍随意敲击盆）

3. 你们觉得这个声音好听吗? 然后让小朋友放下盆和棍。

(二) 参加生日

1. 师: 小老鼠,快醒醒,今天是小王子的生日,我们赶快准备他的生日礼物吧!

2. 师: 我来问问小老鼠,小王子想在他生日的那一天听到什么声音呢? 他想听到全国最大的噪音,你准备好了吗? 咱们来练一练。看看谁准备的礼物王子最喜欢。(大叫)

3. 师: 有一只聪明的小老鼠想到一个好方法,想到了什么方法?

4. 师: 小王子的生日到了,大家屏住呼吸,听国王宣布,5、4、3、2、1。

(张大嘴巴,没有声音)(播放班得瑞音乐)

5. 教师继续讲故事: 好安静,小王子第一次听到了小鸟叽叽喳喳的声音,听到了山泉潺潺的流淌声音,听到了风吹过树林发出的沙沙的声音,噪音国几百年都没有那么安静。小王子一下子就爱上了这个静美的大自然。从此以后,国王宣布,噪音国改名安静国,这里的小老鼠说起话也变得温和了,走起路来也轻轻的啦,噪音国的鸟儿也越来越多了,花儿也更加鲜美了,树也变得更加绿了。我的故事到这里就全部结束了。(音乐停)

四、简述噪音的危害,初步建立环保意识

1. 师: 小老鼠,怪不得妈妈带你们来噪音国这么安静,原来噪音国改名叫什么了?

2. 师: 你们喜欢这个安静国吗? 噪音对我们的身体有什么伤害呢?

3. 小结: 噪音虽然看不见,摸不到,但噪音是一种环境污染。生病、嗓子疼,声音沙哑,耳朵听力下降,太严重,听不到声音了。记住,我们一定要避开噪音,而且不要成为噪音的制造者。

4. 师: 小老鼠,今天我们在安静国玩得很开心,天也不早了,我们一起回家吧!

(放小老鼠音乐退场)

附故事:

噪 音 国

从前有个老鼠王国,叫噪音国。

这里的老鼠喜欢玩一种游戏:一手拿着盆儿,一手用木棍,"咚——咚"地敲,不管白天还是黑夜。他们敲起门来"嘭嘭嘭",走起路来"咚咚咚",他们白天狂笑"哈哈哈",晚上睡觉打呼噜"呼——呼——"。

噪音国里有个小王子,最喜欢把收集来的铁罐子堆得高高的,然后一下子再把它们全推倒。后来,小王子想听更大的噪音,就对国王说:"父王,我想听全国最大的噪音,在1月21日我生日那天,让大家集中在一起,在同一时间大声喊,不就可以了吗?"国王说:"真是个绝妙的好办法,我这就叫侍卫去贴通告。"

噪音国里所有的老鼠都看到了这个通告。有一只聪明的小老鼠对鼠爸爸说:"吱吱吱——到时候我们只把嘴巴张开,不发出声音不就也能听到全国最大的噪音了吗?"鼠爸爸听了,就把这个办法告诉了鼠妈妈,鼠妈妈又告诉了她的朋友……就这样,一传十,十传百,最后所有的小老鼠都知道了这个方法。

小王子的生日到了,大家都聚集在了广场,屏住呼吸,听国王宣布5、4、3、2、1——大家都张大嘴巴,却没有一个发出声音的。

好安静呀,噪音国几百年来,从来没有这么安静!小王子第一次听见了小鸟叽叽喳喳的歌声,听见了山泉淙淙流淌的声音,听见了风吹过树林发出沙沙的声音……小王子一下子就喜欢上了这静美的大自然。

从此,噪音国改名安静国,大家说话都温和了,走路也轻轻的了,噪音国的鸟儿也多了,花儿更鲜美了,树也变得更加绿了。

中班语言活动"噪音国"设计思路解析

这节活动设计源于在一次幼儿园省级课题开题会上,一位学前教育博士生导师提出:噪音污染问题迫在眉睫,幼儿园教师要把噪音污染教育设计成适合孩子的主题活动实施。让孩子们从小树立环保理念和尊重他人的意识,刻不容缓。让孩子们明确认识到噪音的危害,噪音离我们很近,就在我们身边,对我们造成很多不可逆的危害等。让孩子们既远离噪音危害又不成为噪音的制造者。回到幼儿园后,我就开始认真思考设计,将原本熟悉的一个小王子喜欢玩摞高游戏的故事改编成《噪音国》中老鼠王国中的小王子。以老鼠王国的小王子过生日为线索,体验噪音带给我们的刺耳、吵闹、烦躁等不舒服的感觉,了解噪音危害相关知识,树立环保意识。

孩子们都喜欢玩扮演游戏,设计的过程中,让孩子扮演成小老鼠的模样,参与其中。并大胆尝试在当节课带着孩子们"走进故事"去感受故事并表演。让孩子们用他们的肢体语言体验表演带来的乐趣。

当前幼儿园教学实践中以故事作品为媒介的语言活动会常规性地分成两次活动进行,第一次活动作为故事的讲述课,第二次活动在孩子们理解掌握故事之后进行故事复述或表演,这样的活动效果会更加透彻,教师更有把握。而在《噪音国》这节活动中,教师尝试当节课讲述故事,当节课带领孩子进入角色直接进行故事表演。活动中,孩子所有的表演都没有一点点事先排练的痕迹,"小老鼠们"刚进入"噪音国"的时候,从陌生的上场到融入游戏情境之后趣味盎然地一起参与表演,从拘谨到放松到夸张的表现,对教师的语言表达能力和驾驭课堂能力是一种挑战,同时也检验教师设计的活动是否能让孩子们接受,考验教师是否有感染力,是不是能够通过故事的讲述用教师独特的语言魅力给孩子们传递信息。大胆的尝试,对教师是一种挑战,对孩子是一种信任。事实证明,孩子们很喜欢也很投入。

语言活动《噪音国》

案例三

大班早期阅读活动：嚓嘭

设计意图：

《纲要》指出："为幼儿提供丰富、适宜的低幼读物，经常和幼儿一起看图书、讲故事，丰富其语言表达能力，培养阅读兴趣和良好的阅读习惯。"绘本故事《嚓嘭!》情节跌宕起伏，内涵丰富有趣，是培养坚强意志品质、乐于助人行为和乐观态度的适宜素材。在绘本阅读活动中，大班幼儿具备较为丰富的生活经验，具备自主阅读的能力基础。在《嚓嘭!》绘本阅读活动中，通过对故事角色的声音、动作、神态等细节的观察与感受，幼儿大胆分析与表达故事情节的前后变化与各角色间的关系，对故事有自己的理解和判断，使幼儿前阅读能力发展得以充分表现。大班幼儿具备一定解决问题的能力，但在面对困难时的意志力还有待提高。因此，设计了本次活动。

活动目标：

1. 阅读绘本，理解故事内容，关注画面细节，发展儿童读图能力。

2. 通过自主阅读、推理猜测，大胆表述西蒙在变快乐过程中发生的事情，并能倾听别人的想法。

3. 通过阅读和讨论，懂得面对困难与挫折，不要灰心丧气，要善于发现自己的长处。

活动准备：

绘本动画 PPT，绘本《嚓嘭!》人手 1 本（将绘本 15～16 页用回形针夹起），轻音乐背景，小沙发 1 个。

活动过程：

一、观察图片，引发阅读兴趣

师：嚓嘭是什么？会是谁的声音呢？为什么会发出这样的声音呢？说一说你的理由。

（评析：以"嚓嘭"会是谁的声音为切入点，将重点线索前置，引导幼儿对故事内容展开初步思考，有效激发幼儿主动探究的能力和自主表达的愿望，教师给予及时的点评与肯定，激发幼儿跟随活动的兴趣，为后续的自主阅读活动奠定基础。）

二、讲述绘本，感受西蒙的情感变化

教师讲述绘本 1～4 页，感受西蒙摔伤后只能发出"嚓嘭"声的痛苦。

师：那声音听上去就像一扇门被关上了，为什么这样说？

（评析：为幼儿分段讲述故事，在讲述中通过关键性问题加深幼儿对故事内容的理解和故事情节的思考，重点引导幼儿关注西蒙的内心情感变化，从而自然而然地产生"代入感"，发展读图能力、移情能力，在充分表达和讨论中得到尊重和满足。）

三、自主阅读，理解画面内容

1. 自主阅读

（1）幼儿自主阅读绘本 5～14 页，小组讨论。

师：西蒙飞过草原，飞过森林，飞过丘陵，飞过高山……一直飞到了大海边，在这些画面里，西蒙的内心是怎样的？

（2）教师倾听幼儿的讨论。

师：西蒙去找兔子卡尔后做了什么？兔子卡尔是怎样帮助西蒙的？把你看懂的故事和小伙伴儿说一说。

2. 分享阅读，了解感受西蒙的情绪变化

教师将自主阅读绘本部分做成九宫格课件呈现，幼儿想分享哪一页，画面就会全屏呈现，分享后画面返回九宫格。幼儿自由分享，大胆表达自己对故事的推断和理解。

师：西蒙的心情怎么样？

（评析：自主阅读，自主分享，适合大班幼儿阅读水平。引导幼儿耐心细致观察画面，倾听同伴的想法，表达对绘本的理解，教师有意识运用故事原文回应幼儿，鼓励幼儿用肢体表现，加深对故事的理解。及时对孩子的分享进行点评，孩子的感受是愉悦的、欣喜的、自信的。）

四、集体阅读 15～16 页，交流讨论

师：那声音听上去真像一扇门又被打开了，是什么门被打开了？你从哪里看出来的？

教师边播放绘本 15～16 页 PPT，边讲故事。

师：观察封底与封面，你发现了什么秘密？

师：西蒙以后的生活会有什么样的变化？试着说一说。

（评析：引导幼儿充分观察封面封底并联系正文内容，提出问题：你从封底与封面上发现了什么秘密？支持幼儿将绘本各部分内容相联系，启发幼儿积极思考，引导幼儿在比较观察中大胆讲述，形成对作品的完整认知并猜测故事的后续发展，留白的设计，为幼儿留下了适当的想象空间。动态的课件，让故事的内涵更加丰富，既吸引孩子的兴趣，又能让重点凸显，激发幼儿用心感受绘本故事传递的深层的爱与关怀。）

五、密切联系生活经验，启发幼儿讨论

师：在生活中，你是否也有像西蒙一样痛苦（不开心）的事情？

师：你喜欢故事中的谁？为什么？

师：别人遇到困难与挫折的时候，我们能不能像卡尔一样给别人带来希望？你认为应该怎样做？

（评析：幼儿的语言发展需要有效刺激、反复强化，鼓励幼儿说一说、想一想、学一学等环节，建立在大班幼儿语言发展特点基础之上，培养和激发幼儿倾听、表达能力发展，营造轻松愉悦的氛围，拓展环节将活动逐步引向深入，迁移生活经验，分享感悟，提升情感。不同的幼儿对于故事理解有不同，教师给予幼儿具体化、个性化的支持，肯定幼儿不同的想法，满足不同能力发展幼儿的需要，真正让幼儿成为学习的主人。同时引导幼儿懂得面对困难与挫折，不要灰心丧气，要善于发现自己的长处，达成活动目标。）

活动延伸：

阅读区：投放绘本《嚓嘭！》，供幼儿自主阅读和讨论。

美工区：提供作画工具，让幼儿自主进行绘画创编，制作自己的图画书。制作森林道具，为表演区提供道具。

表演区：提供表演道具，让幼儿进行自主表演绘本故事《嚓嘭！》片段。

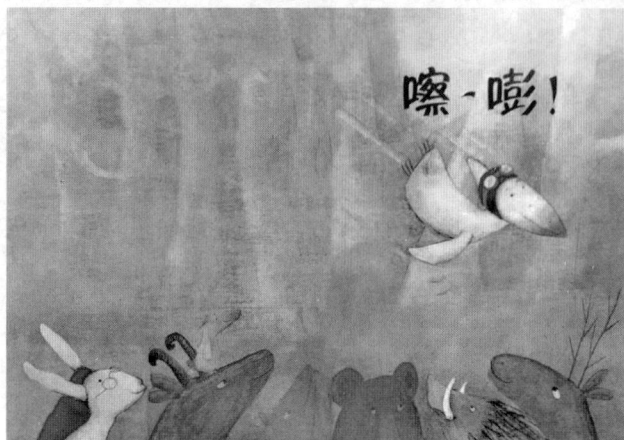

早期阅读活动《嚓嘭！》

第八章　幼儿故事表演

第一节　故事表演的形式

《纲要》中指出："要让幼儿通过认识和感受生活中的声音、色彩、符号、标志，以及学习儿童文学作品、音乐、舞蹈、美术等，运用多种方式，积极的、有个性的、创造性的表达和表现在共同生活和探索世界的活动中所获得的感受与认识，并体验表达与表现的乐趣。"①故事表演能激励我们根据自己看过的、听过的、熟悉和喜爱的故事，改编成适合幼儿年龄特点，适宜幼儿发挥的、独特的故事剧本，并指导孩子们进行故事表演的活动。

故事表演活动，我们经常采取两种形式，即自发性故事表演和编排、舞台型故事表演。在帮助幼儿深入理解故事作品的基础上，我们尝试组织幼儿进行故事表演的活动，进一步引导幼儿迁移故事经验，培养多种能力。

（一）自主、自发性故事表演

故事表演是孩子们学习故事后，根据对故事的理解，在教师的组织下或幼儿自主自发地运用对话、动作、表情、眼神等再现故事情节、塑造故事角色形象的一种表演活动。自主、自发性的故事表演多由幼儿对故事感兴趣自主进行的故事表演活动。教师可以为幼儿提供头饰、场景、道具，也可以不需要任何特殊准备和场景布置，利用身边的现有的物品辅助表演。在这个过程中，幼儿自主、自发地选择角色，在轻松愉快的角色扮演中充分表现自我，获得积极的情感体验。教师可以帮助幼儿结合自己已有相关经验，将故事的情节、内容通过理解内化后重新整合、巩固、升华，以幼儿自己对故事的理解进行故事表演，增强幼儿语言、动作、技能的发展，通过幼儿对故事角色的即兴发挥、即兴创造性表演，达到自娱自乐的效果。

例如故事《大嘴青蛙》，孩子们熟悉故事后，掌握了故事中的角色对话，自由选择自己要表演的角色，大嘴青蛙、公鸡先生、兔子先生、鳄鱼先生或小鸟，和小伙伴儿一起进行故事表演。在这个过程中，孩子们会思考自己要扮演的角色是什么？要说哪些话？要做什么动作？站在什么地方？什么时候开始表演？哪一个角色表演后接着就是我？等等。每一次表演后，孩子们收获都会不一样，在这个过程中，孩子们学会了分工、合作、协商与调整。

---

① 中华人民共和国教育部. 幼儿园教育指导纲要（试行）. 北京：北京师范大学出版社，2001.

案例

《大嘴青蛙》要进行故事表演了,老师提出要求,孩子们分组讨论扮演角色,这时候出现了一个问题:个别角色想扮演的孩子较多,怎么办呢?我把问题抛给孩子们自己思考:"遇到这样的情况该如何解决?"你猜孩子们商量后解决方案是什么吗?这场表演大嘴青蛙的有8个;演树上小鸟的有7个,而且孩子们都踩在自己的小椅子上,表示他们站在高高的树枝上;演神秘的鳄鱼先生一共有6个,他们坐在椅子上排成一长排,半眯着眼睛,样子感觉"既阴险又神秘"……我想,既然主动权已经让给了孩子们,就由他们自己商量角色分配,孩子们这样的搭配也是我没想到的。他们还协商出,其余孩子当旁白,想来一场一次搞定的表演,(本来常规预设一个故事需要六个人,其中旁白一人、五种角色各一人,要轮演好几场呢),我大力支持他们的方案,同时,我主动承担扮演了无人问津的公鸡先生和兔子先生。

就这样,我们在"极不均衡"的角色分配下,开始了故事表演,我一人扮演两种角色。你看,一大群大嘴青蛙咧着大嘴巴,用特别响亮的声音跟"我"(大公鸡)打招呼:"你好呀!公鸡先生,请问你喜欢吃什么呀?""我"一边用手做鸡冠状,一边打鸣回答后,大嘴青蛙们满意地蹦蹦跳跳和"我"再见,转了一个方位,来到教室另一个地方,与另一个"我"(兔子先生)偶遇:"你好呀!兔子先生,请问你喜欢吃什么呀?""我"嘴巴咕哝着,努力扮演一个可爱的、有着三瓣嘴的兔子:"嗯,嗯,我喜欢吃胡萝卜。"……最精彩的是踩在一排小椅子上"敬业"的小鸟们,从故事表演一开始就忽扇忽扇着"翅膀",站在小椅子上,凸显出自己的"高度"与"敬业精神",竟一个个乐此不疲……

孩子们真是有创意,这场表演,让我有几点体会:首先故事表演要在熟悉故事基础之上,这样能保证孩子们的表演质量。其次,要相信孩子,只要他们需要,在保证安全的前提下,尽可能充分利用空间、物品等"现场道具",他们一定会给你惊喜。还有一点最深的体会是,不要用传统的模式或框架来缚孩子的表演思路,要真正成为孩子们故事表演的支持者。《大嘴青蛙》传统框架就是角色认领平均化,每人一个角色,大家轮流表演,一个故事好多次表演。而这一次,孩子们给了我启发和更多表演思路,惊喜不断。有时,教师的成长需要真正做到放手,需要真正信任孩子,需要赏识每一个孩子和认同他们的奇思妙想和天马行空,这些对于故事表演真的非常非常的重要!

(二) 编排、舞台型故事表演

故事表演还有一种常见的形式,即以经典故事为原型,改编成适合幼儿表演的故事剧本,由老师和孩子操作木偶、道具,或人偶结合,在舞台上进行故事表演。尝试了几年,不管是参与表演的孩子,还是观看表演的孩子,都非常喜欢这种舞台表演的形式。作为老师,参与其中,从选择适合表演的经典故事、改编适合孩子表演的故事剧本、设计舞台布景、和孩子们一起制作各种表演道具、分配角色一遍遍尝试排练,在一场场表演中,收获很多。

案例

故事《拔萝卜》,我们采用手偶表演故事的形式,制作了大型"手偶表演舞台",在孩子们六一儿童节的当天进行了好几场的演出,非常受欢迎。《拔萝卜》的故事大家都非常熟悉,而且台词排比重复,易于记忆,故事角色是逐一上场,道具需求也不算复杂,如一个又红又大的萝卜,叶子做得夸张一些,背景是草地、房子、大树等常规道具,就这样我们选择了故事表演《拔萝卜》作为当年六一儿童节的系列活动之一。在我们在设计表演的时候,有一段我们设计的故事剧本是:"太阳渐渐下山了,月亮慢慢升起来了,老爷爷和小萝卜要和大家挥挥手说再见了。"太阳和月亮的升与降怎么合理表现?经过一次次探讨和尝试,我们最后确定最佳方案是:"制作一个带有手杆的太阳和月亮,由一位孩子专门负责太阳下山的表演,一边移动着太阳的方位,一边一点点降低高度直至完全降落至"山下",而另一位负责月亮升起来的孩子则同时从舞台一端一点点将月亮升高并移动方位升至天空(由于月亮停留时间较长,为了让孩子不感到疲劳,后台有椅子可以在月亮定位后坐下来休息,另外手杆做得比太阳更长一些)。值得说明的是太阳和月亮移动的节奏把握,要突出缓缓的效果。

记得那一次的排练中,为了达到最好的效果,台上负责表演的孩子们一遍遍尝试,台下看表演的孩子们不断提出自己的看法,然后大家轮流尝试,这一个小小的细节让我感动。可见,一个故事不仅可以讲述,我们还可以尝试进行故事表演,在表演中我们会和孩子一起做很多很多的尝试,经过不断调整、研磨、改进,孩子们收获了不仅仅是一个故事的内容传递,而是全方位更多的收获和成长。如果从每一个表演故事的细节去剖析,就可以清楚地感受到:"台上三分钟,台下三年功。"

第二节 故事表演的作用

幼儿进行故事表演,可以理解是一种游戏形式,它是根据故事作品的情节、内容和角色,通过幼儿、教师或使用道具进行扮演故事中的角色,运用一定的表演技能如语言、动作、手势、眼神,在一定的场景中再现故事的一种表演形式。故事表演具有生动形象、直观有趣、寓教于乐的特点。在故事表演中,教师鼓励幼儿大胆表达自己对故事的理解、感悟和想象,培养和发展幼儿对故事表演的兴趣,引导幼儿通过表演故事提升表现与创新力,提升幼儿艺术修养和审美能力,增强幼儿口语表达能力、增强与同伴的合作交往能力、增强自信等。

故事表演还能够大大满足幼儿的好奇心、求知欲,符合幼儿的年龄特点、认知水平,深受孩子们的喜爱。在日常生活中,我们需要有专业、敏锐的眼光挖掘更多经典的幼儿故事,并尝试改编成孩子们易于表演的故事剧本,鼓励孩子们大胆去尝试、去参与、去表演,让孩子们愿意表演、大胆参与、勇敢体验、自信表现,在故事表演中加深理解故事,促进孩子合作、交往,增强孩子耐挫、自信,激发孩子创新、表现。

(一)故事表演能促进孩子合作、交往

表演故事的过程中,增进幼儿之间合作与交往,角色之间的互动性为幼儿提供良好的机会,剧本的磨合过程,是孩子们相互学习借鉴的好机会,在表演故事的过程中,幼儿必须关注其他角色特点,处理不同角色关系,配合其他角色的出场等,孩子们之间增进交往、语言交流机会增多,在调整自己角色扮演得当与否的过程中,学会倾听同伴、观察同伴的行为与表演,提高自己的角色扮演水平,口语发展和交往能力。

表演故事的过程是确定自己与成人的关系的一个过程,也是确定自己和小伙伴之间关系的一个过程。

(二)故事表演能增强孩子耐挫、自信

自信心是一切活动成功的前提,"自信源于胜任",在角色扮演的过程中,通过一遍遍试演、调整、熟练台词、掌握表演技巧,使孩子们熟练掌握剧本,自主选择角色、设计表演动作、生动表达语调、控制表达音量等,在反复练习中,孩子们情绪愈加饱满、表达愈加贴切、情节理解愈加深入。当自己的表演受到观众的认可和掌声时,更是增强孩子自信的好时机。教师还可以尝试让缺乏自信的孩子担任一定的角色并对其进行耐心指导,鼓励孩子从简单的、台词较少的角色逐渐参与表演,孩子会在扮演角色中获得成功感,从而建立自信心。

（三）故事表演能激发孩子创新、表现

创新能力是人们发现问题、解决问题和创新事物的能力。想象力和表现力是在既定的故事剧本基础上，根据需要，适度增减故事情节，变化角色与对话，动作与表现的能力。实践证明：故事表演能有效地激发、培养孩子们的创新能力、想象力与表现力。"一千个哈姆雷特"的效果给我们的启示是，虽然是相同的故事剧本，但每个孩子的感知、理解、情感、想象都不同，不同的孩子表演，表演的效果会大不相同。所以在指导幼儿进行故事表演的过程中，教师一定要细致关注、接纳并及时鼓励孩子们不同风格的表演，只要孩子们凭借自己对故事剧本的理解，能快乐自如地表现故事角色特点，教师就一定要及时给予肯定。

表演故事时，孩子的动作可以不要千篇一律，表情可以适度夸张，语言可以与剧本略有差别，这些都是培养孩子创新能力和主观能动性的最佳良机。

第三节　故事表演剧本赏析

故事

拔萝卜（人偶剧）

老公公种了个萝卜，他对萝卜说："长吧，长吧，萝卜啊，长得甜呐！长吧，长吧，萝卜啊，长得大！"萝卜越长越大，大得不得了。

老公公就去拔萝卜，他拉住萝卜的叶子，"嘿呦，嘿呦"拔呀拔，还是拔不动。

老公公喊："老婆婆，老婆婆，快来帮忙拔萝卜！""唉！来了，来了。"

老婆婆拉着老公公，老公公拉着萝卜叶子，一起拔萝卜。"嘿呦，嘿呦"拔呀拔，还是拔不动。老婆婆喊："小姑娘，小姑娘，快来帮忙拔萝卜！""唉！来了，来了。"

小姑娘拉着老婆婆，老婆婆拉着老公公，老公公拉着萝卜叶子，一起拔萝卜。"嘿呦，嘿呦"拔呀拔，还是拔不动。小姑娘喊："小狗儿，小狗儿，快来帮忙拔萝卜！""汪汪！来了，来了。"

小狗拉着小姑娘，小姑娘拉着老婆婆，老婆婆拉着老公公，老公公拉着萝卜叶子，一起拔萝卜。"嘿呦，嘿呦"拔呀拔，还是拔不动。小狗儿喊："小花猫，小花猫，快来帮忙拔萝卜！""喵呜！来了，来了。"

小花猫拉着小狗儿，小狗儿拉着小姑娘，小姑娘拉着老婆婆，老婆婆拉着老公公，老公公拉着萝卜叶子，一起拔萝卜，"嘿呦，嘿呦"拔呀拔，还是拔不动。小花猫喊："小耗子，小耗子，快来帮忙拔萝卜！""吱吱！来了，来了。"

小耗子拉着小花猫，小花猫拉着小狗儿，小狗儿拉着小姑娘，小姑娘拉着老婆婆，老婆婆拉着老公公，老公公拉着萝卜叶子，一起拔萝卜。"嘿呦，嘿呦"拔呦拔，大萝卜有点动了，再用力地拔呀拔，大萝卜拔出来了！他们高高兴兴地把大萝卜抬回家去了。

（姚正平根据阿·托尔斯泰作品改编）

故事赏析

拔萝卜的故事是著名作家阿·托尔斯泰的经典作品之一，几乎家喻户晓并为幼儿所熟知和喜爱，充满童趣。故事中拔萝卜的老爷爷呼唤老奶奶,老奶奶呼唤小姑娘,小姑娘呼唤小花狗,小花狗呼唤小花猫,小花猫呼唤小耗子的情节,生动形象,易于表现。故事中的语言结构规整,富有韵律,包含生动形象的拟声词、叠词,朗朗上口,容易激发幼儿表演的欲望。尤其是随着故事不断深入,角色不断加入,大萝卜也一点点地露出地面,最后大家齐心协力地把大萝卜拔了出来,拉手围成圆圈跟着欢快的节奏跳起舞蹈,将故事推向高潮,故事具有较强的舞台感染力和表现力。

这些场景最能激发孩子们的想象空间,《拔萝卜》适合作为故事表演,我们尝试将故事改编成故事表演的剧本,指导孩子们进行故事表演,通过孩子们自主选择、扮演角色,演绎和享受故事表演的过程,巩固孩子们对故事的理解,提升了幼儿语言表达的能力,促进幼儿多方面能力的发展和提高。

需要说明的一点是,由于表演角色选择较多,建议鼓励一些原本羞涩胆小的孩子先尝试担任一些安静的角色扮演,逐渐再观察其他孩子参与表演的过程,鼓励孩子挑战一下自己,尝试更多角色的扮演。在这个过程中,提升这部分孩子的自信心,真正做到尊重孩子,倾听孩子的想法,支持他们的需要,逐渐锻炼孩子,在放松的状态中,体验成功的喜悦,促进孩子主动、健康发展。

故事表演剧本

开心小剧场——童话剧《拔萝卜》(人偶剧)

时间: _____

导演: _____

编剧: _____

总监: _____

配音: _____

后勤: _____

角色分配:艾莫(艾莫是热场的一个角色,可以换成任何名字)

　　　　　老爷爷、大萝卜、小鸟、太阳、月亮、小虫子、老奶奶、小姑娘、小狗、小猫、小老鼠

音乐准备:老爷爷种萝卜;锄地;除虫;健康操音乐;欢庆音乐;《拔萝卜》歌曲

道具准备:前幕布——土地颜色,小草地,小花

　　　　　后幕布——《童话剧拔萝卜》;手偶(老爷爷、老奶奶、小姑娘、小狗、小猫、小老鼠、大嘴艾莫、玩具毛毛虫各一个);带操作杆会飞的小鸟

道具制作:大萝卜、小锄头、小喷壶、太阳、月亮各一个、房子背景一个

第一场:种萝卜

地点:菜地

角色及道具:小萝卜(偏中间摆放)、老爷爷、小虫子;小鸟(太阳、月亮)

一、(背景音乐一)

(萝卜从菜地里一点一点地冒出来,东瞧瞧,西望望)

(配音)"小朋友们早上好!我是小萝卜,今天的天气真好呀!"

(小鸟飞来飞去)"这么好的阳光,这么清新的空气,我要努力长,努力长,快快长成大萝卜。"

(老爷爷上场)"小朋友们早上好,我是勤劳的老爷爷,早睡早起身体棒,来吧,孩子们,(健康操音乐)和我一起做运动吧!"

（老爷爷跳舞，艾莫互动）

"孩子们，你们在幼儿园每天也做操、锻炼身体吗？真是好样的！"

二、（背景音乐二）

（老爷爷下场拿着锄头上场，向小朋友们挥挥手）

"小朋友们，我要去看看我种的小萝卜了，你们看见我种的小萝卜了吗？"（等待小朋友们的回答后）

"好好好，原来小萝卜在那里呀，谢谢小朋友们。"

（小萝卜抖了抖叶子，左看看，右看看）

"我有点口渴了，老爷爷怎么还没来看我呢？"（小鸟飞来飞去）。

（老爷爷走到小萝卜跟前，弯下腰对小萝卜说）

"小萝卜，你好吗？"

（小萝卜抖抖叶子，很高兴）

"老爷爷早上好，见到您真高兴。不过现在我有点口渴了。"

（老爷爷赶紧拿起小水壶给小萝卜浇水）

"好，好，这就给你浇水！快快喝吧小萝卜，喝饱了，好快点长大。"

（老爷爷浇过水，接着拿起锄头给小萝卜松土）

（旁白）"这时候，一条坏虫子慢慢地、慢慢地爬出来了。"

"啦啦啦啦啦啦啦，我是一条坏虫子，我的肚子饿极啦，我要找点好吃的。哈哈，前面有个可爱的小萝卜，（除虫子音乐）我要吃掉它！！（小虫子上前去咬小萝卜）啊——呜——啊——呜——，真好吃！"

（小萝卜疼得乱动）"哎呀呀，谁咬我？好疼呀！好疼呀！老爷爷，快救我！小朋友们快快来救我！"

（老爷爷对着台下的小朋友们，着急地说）

"一条坏虫子在咬小萝卜，小朋友们，请你们帮我一起把这个坏虫子赶走，好不好？大家和我一起喊：'坏虫子，快走开！'"

（艾莫）"坏虫子，快走开！坏虫子，快走开！"

（老爷爷、小鸟和小朋友一起互动，赶虫子）

"谢谢小朋友们，在你们的帮助下，我们把坏虫子赶走了，有你们的帮助，它再也不敢来欺负小萝卜了。"

（小萝卜和老爷爷一起向小朋友们鞠躬）

"小萝卜也谢谢小朋友们。"

（背景音乐二）

（旁白）（"太阳渐渐下山了，老爷爷和小萝卜要和大家挥挥手说再见了，月亮慢慢升起来了。"）

老爷爷："小萝卜，天黑了，你快点睡觉吧，小萝卜再见！小朋友们再见。"

（旁白）"小萝卜伸了个懒腰。"（小鸟飞来飞去）

"天黑了，我要回去睡觉了，我只有好好地睡觉，才能长成大萝卜，小朋友们再见。"

（旁白）"小萝卜慢慢钻回土里。月亮慢慢地落下。"

（音乐渐止）

第二场：拔萝卜

地点：菜地

时间：白天

角色：大萝卜、老爷爷、老奶奶、小姑娘、小黄狗、小花猫、小老鼠

（背景音乐二　渐起）

（旁白）"在老爷爷的精心照顾下,小萝卜一天一天地长大了。又到了一个晴朗的秋天,太阳像以往一样慢慢地升到天空中。"

（将太阳慢慢地升起至幕布上方）

（旁白）（"大萝卜一点一点地从土里冒出来,抖了抖叶子,伸了伸懒腰。"）

"hello,小朋友们,你们还认识我吗?"

（停顿,等待小朋友们回答）"呵呵呵,我是小萝卜呀!! 什么? 我变样子了? 那是因为我努力地长呀长呀,现在长成大萝卜啦!! 我很有营养哦,我含有丰富的维生素C和微量元素锌。多吃大萝卜,能帮助你们增强免疫力,让身体变得更健康哦! 以后你们要多吃大萝卜,好不好?"

（有节奏地说）（老爷爷高兴地上场）"我种的萝卜长大了,长大了,太好了,太好了,今天我要把它拔出来,拔出来,送给幼儿园的小朋友们吃,呵呵呵。"

"小朋友们,你们看见我种的萝卜了吗? 在哪里? 呵呵,对,它已经长大啦!"（老爷爷走到大萝卜跟前,抚摸大萝卜的叶子）"大萝卜,大萝卜,你现在很有营养了,我要把你拔出来,送给小朋友们,好不好?"

（大萝卜点点头）"好呀好呀! 快点快点! 我要出来,我要出来! 我都等不及了。"

（旁白）（"老爷爷用手拉着萝卜叶子,用力拔呀拔。"）

（《拔萝卜》音乐两遍）

老爷爷:"嘿哟嘿哟,嘿哟嘿哟,拔萝卜,拔萝卜。（老奶奶慢慢上场）拔呀拔,用力拔,拔呀拔不动。"

（大萝卜只有叶子在外面）

（老爷爷面向小朋友们）"小朋友们,我拔不动大萝卜,怎么办呢? 看看谁能帮助我一起拔萝卜呢?谁? 在哪里?"

（老爷爷对着老奶奶）"老奶奶,老奶奶,快来帮我拔萝卜!"

"好的,好的,我来了,我来了。我来帮你拔萝卜。"

（《拔萝卜》音乐两遍）

（老奶奶走过去抱住老爷爷的腰,两人一起用力拔）

"嘿哟嘿哟,嘿哟嘿哟,拔萝卜,拔萝卜。（小姑娘一蹦一跳地上场）拔呀拔,用力拔,拔呀拔不动。"

（大萝卜露出了一点点）

（老爷爷对小朋友们）"小朋友们,我们拔不动大萝卜,怎么办呢? 看看谁能帮助我们一起拔萝卜呢?"

（艾莫互动）（老爷爷老奶奶一起面对小姑娘）

"小姑娘,小姑娘,快来帮我们拔萝卜呀。"

"好的,好的,我来了,我来了。我来帮你们一起拔萝卜。"

（《拔萝卜》音乐两遍）

（小姑娘一蹦一跳地走过去抱住老奶奶的腰,三人一起用力拔）

"嘿哟嘿哟,嘿哟嘿哟,拔萝卜,拔萝卜,（小黄狗蹦蹦跳跳地上场）拔呀拔,用力拔,拔呀拔不动。"

（大萝卜被拔出来一点点）

"小朋友们,萝卜太大了,我们还是拔不动。"

"汪! 汪! 汪!"

"萝卜太大了,怎么办呢? 你们看谁能帮助我们一起拔萝卜?"

（小朋友回答）

"小黄狗,小黄狗,快来帮我们拔萝卜。"

"汪汪汪汪,好的,好的,我来了,我来了。我来帮你们一起拔萝卜。"

(《拔萝卜》音乐两遍)

(小黄狗摇头晃脑地走过去抱住小姑娘的腰,四人一起用力拔)

"嘿哟嘿哟,嘿哟嘿哟,拔萝卜,拔萝卜,拔呀拔,用力拔,拔呀拔不动。"

(大萝卜被拔出来一半了)

(老爷爷对小朋友们)"小朋友们,大萝卜已经拔出一半了,可是我们的力气还是不够大,真累呀,让我们先休息休息吧!"

(旁白)"这时候,来了一个小动物,小朋友们想不想知道是谁呀? 我们先来猜个谜语吧:脑袋圆圆的,眼睛亮亮的,爱吃小鱼的,叫声喵喵的。"

(艾莫互动)

"喵——呜——,喵——呜——,我是一只美丽的小花猫。"

(老爷爷和老奶奶,小姑娘、小黄狗一起面对小花猫)

"小花猫,小花猫,快来帮我们拔萝卜。"

"喵呜,好的,好的,我来了,我来了。我来帮你们一起拔萝卜。"

(《拔萝卜》音乐两遍)

(小花猫走过去抱住小黄狗的腰)

"嘿哟嘿哟,嘿哟嘿哟,拔萝卜,拔萝卜,(小老鼠窸窸窣窣地上场)拔呀拔,用力拔,拔呀拔不动。"

(大萝卜出来一大半了)

(老爷爷对小朋友们)"小朋友们,你们看大萝卜就快要被拔出来了,可是还差一点点的力气,怎么办呢? 看看谁能帮助我们一起拔萝卜?"

(小老鼠舔舔爪子,对着小朋友)"吱吱吱,吱吱吱,我是一只聪明的小老鼠。"

(艾莫互动)"小朋友们,我们一起喊小老鼠帮老爷爷拔萝卜,好不好?"

"小老鼠,小老鼠,快来帮我们拔萝卜。"

"吱吱吱吱,我来了,我来了。我来帮你们一起拔萝卜。"

(《拔萝卜》音乐两遍)

(小老鼠走过去抱住小花猫的腰,六人一起用力拔萝卜)

"嘿哟嘿哟,嘿哟嘿哟,拔萝卜,拔萝卜,拔呀拔,用力拔,拔不动;嘿哟嘿哟,嘿哟嘿哟,拔萝卜,拔萝卜,拔呀拔,用力拔,用力拔,用力拔——"(六人一起摔倒,一起说)"哈哈哈,哈哈哈哈,大萝卜拔出来啦!!"

(六人)"太好了! 太好了!"

(大萝卜被拔出来了)(欢庆音乐起)

(大家一起围着大萝卜跳起圆圈舞,老爷爷对着小朋友们)

"小朋友们,在你们的帮助下,在大家的共同努力下,咱们终于把大萝卜拔出来了!! 大家高兴不高兴呀? 我们一起把大萝卜送到幼儿园,让能干的厨师给小朋友们做好吃的萝卜菜,好不好? 小朋友们,再见!"

(所有人一起)"小朋友们,再见!"

第三场:谢幕

地点:菜地

时间:白天

角色:大萝卜、老爷爷、老奶奶、小姑娘、小黄狗、小花猫、小老鼠、毛毛虫、小鸟、艾莫艾莫上场:"亲爱的小朋友们,今天的童话剧精彩吗? 你们喜欢吗? 想不想认识一下表演的小朋友呢? 那让我们一起唱《拔萝卜》的歌曲,把表演故事的小朋友请出来,好不好?"

(《拔萝卜》的音乐起)

所有演员一个一个谢幕,最后艾莫、所有演员和孩子们拍照。

剧终

人偶剧《拔萝卜》

故事剧本赏析

《拔萝卜》的故事适合作为故事表演,我们将故事改编成故事表演的剧本,指导幼儿进行故事表演,通过幼儿自主选择、扮演角色,演绎和享受故事表演的过程中,巩固幼儿对故事的理解,提升幼儿语言表达的能力,促进幼儿多方面能力的发展和提高。

需要说明的一点是,由于表演角色选择较多,建议鼓励一些原本羞涩胆小的孩子先尝试担任一些安静的角色扮演,逐渐在观察其他孩子参与表演的过程中,鼓励孩子挑战一下自己,尝试更多角色的扮演。在这个过程中,提升这部分孩子的自信心,真正做到尊重孩子,倾听孩子的想法,支持他们的需要,逐渐锻炼孩子,在放松的状态中,体验成功的喜悦,促进孩子主动、健康发展。

故事

金色的房子

田野里有一座金色的房子,红的墙,绿的窗,金色的屋顶亮堂堂,太阳一出来,照得一闪一闪的,漂亮极了。

有一个小姑娘,她就住在这金色的房子里。每天早晨,她提着一只花篮,到草地上去采花。

一天,小姑娘又去采花了,一只小羊跑过来对她说:"小姑娘您早! 您那金色的房子真好,红的墙,绿的窗,金色的屋顶亮堂堂!"

一只小鸟飞来对她说:"小姑娘,您早! 您那金色的房子真好,红的墙,绿的窗,金色的屋顶亮堂堂!"

一只小狗跑过来对她说:"小姑娘,您早! 您那金色的房子真好,红的墙,绿的窗,金色的屋顶亮堂堂!"

一只小猴跑过来对她说:"小姑娘,您早! 您那金色的房子真好,红的墙,绿的窗,金色的屋顶亮堂堂!"

小姑娘听到小羊、小鸟、小狗、小猴都说她的房子好,心里真高兴,就带了小羊、小鸟、小狗、小猴一起唱歌,一起跳舞。

快到中午了,小姑娘要回家了,小羊、小鸟、小狗、小猴给她采了许多花,一直送她到金色的房子跟前。

小鸟说:"小姑娘,让我进去玩吧!"

小姑娘说:"不行,你扑棱扑棱地乱飞,会把我的房子弄脏的。"

小狗说:"小姑娘,让我进去玩吧!"

小姑娘说:"不行,你汪汪汪地乱叫,会闹得我睡不着觉。"

小猴和小羊说:"小姑娘,让我们进去玩玩吧!"

小姑娘说:"那更不行,你们啪嗒啪嗒地乱跑,会把我家的地板踩坏的。"

小姑娘说完了话,就自个儿走进房子里去,"嘭"的一声,关上了大门。

小姑娘在家唱了一会儿歌,可是没人听她的;跳一会儿舞,可是没人看她的。她觉得闷极了。

她打开窗子一瞧,小羊、小鸟、小狗、小猴在草地上玩得正热闹呢,小鸟飞着叫着,小狗跳着唱着,小猴骑在小羊的背上,像个猎人,多神气。

小姑娘悄悄地打开门,悄悄地走出去,悄悄地走近草地。

小羊看见她,说:"小姑娘,快来,快来,跟我们一起玩儿呀!"

小鸟看见她,说:"小姑娘,快来,快来,跟我们一起玩吧!"

小狗和小猴也都欢迎她。

小姑娘说:"请你们到我家去玩吧!"

小鸟问:"你不怕我弄脏你的房子?"小姑娘摇摇头。

小狗问她:"你不怕我闹得你睡不着觉吗?"小姑娘摇摇头。

小羊和小猴问她:"你不怕我们踩坏你家的地板吗?"小姑娘又摇摇头。

大伙儿都高兴极了,一起跟着小姑娘到金色的房子里去。他们一起唱歌:"红的墙,绿的窗,金色的屋顶亮堂堂。"

故事赏析

《金色的房子》是一篇非常经典的童话故事,故事中蕴含着深刻的教育价值,现在的孩子从小就尽情享受着父母长辈的关爱,但很少懂得付出与分享。而乐于分享是一种积极的亲社会的行为表现。故事中小姑娘不与他人分享带来的后果是难以忍受的孤独感,和分享后带来的愉悦感受产生强烈的对比,教育幼儿不要嫌弃同伴的缺点,应该友善和同伴相处,共同分享玩具,在分享中得到快乐的道理。

故事表演剧本

金色的房子(人偶剧)

角色扮演:艾莫、小姑娘、小鸟、小鸭、小狗、小乌龟、小猴、小羊、小兔

音乐准备:无线麦、小姑娘出场背景音乐、小动物游戏、小姑娘忧伤、开心游戏的音乐、歌曲《春天》《找朋友》

道具准备：前幕布设计——围挡、小草、小花

后幕布设计——蓝天白云红太阳，童话剧贴字《金色的房子》

宣传海报：大样和小样各一，剧组名单、剧情简介

道具：金色的房子（在窗户的位置要掌握高度）

手偶：小鸟，小乌龟，小羊，小鸭，小狗、小猴、小乌龟、小兔、艾莫

开心小剧场海报：《金色的房子》

田野里有一座金色的房子，红的墙，绿的窗，金色的屋顶亮堂堂，太阳一出来，照得一闪一闪的，漂亮极了。有一个小姑娘，她就住在这金色的房子里。想和小姑娘一起做游戏吗？快来开心小剧场吧！精彩的童话故事不能错过！我们在开心小剧场等着你哟！

艾莫热场：亲爱的小朋友们，大家好，我是大嘴艾莫，我问小朋友们好，你们应该怎么说？（艾莫你好），听说今天幼儿园为小朋友们庆祝六一儿童节，很是热闹，热闹的时候怎么能少了我艾莫呢？哈哈，首先祝小朋友们六一儿童节快乐，身体健康，天天开心！

"来，小朋友们，伸出你的左手，和我一起摆一摆，伸出你的右手，和我一起摆一摆，我叫什么？艾莫——对，我叫艾莫。和我一起大声说，艾莫，艾莫，我爱你。艾莫，艾莫，我爱你。"

"谢谢大家，大家这么爱我，我今天就请你们看表演，好不好？今天的表演非常精彩，表演即将开始，你准备好了吗？（准备好了）请欣赏，人偶童话剧《金色的房子》。"

第一场：音乐起（背景音乐）

旁白："田野里有一座金色的房子，红的墙，绿的窗，金色的屋顶亮堂堂，太阳一出来，照得一闪一闪的，漂亮极了。有一个小姑娘，她就住在这金色的房子里。"

每天早晨，她最喜欢提着一只花篮，到草地上去看花、唱歌，晒太阳。

（班得瑞鸟叫音乐起）（小姑娘在草地上闻花，听鸟叫，跑来跑去）小姑娘唱《春天》（音乐起），小姑娘边唱歌边回家。

第二场：欢快音乐起（轻音乐背景）

（旁白）一天，小姑娘又去草地了，一只小羊看见小姑娘，跑过来对她说："小姑娘您早！您那金色的房子真好，红的墙，绿的窗，金色的屋顶亮堂堂！"小姑娘笑眯眯地说："谢谢你，小羊。"

（旁白）一只小鸟看见小姑娘，飞过来对她说：（小鸟）"小姑娘，您早！您那金色的房子真好，红的墙，绿的窗，金色的屋顶亮堂堂！"小姑娘笑眯眯地说："谢谢你，小鸟。"

（旁白）一只小鸭子摇摇摆摆走过来对她说：（小鸭子）"小姑娘，您早！您那金色的房子真好，红的墙，绿的窗，金色的屋顶亮堂堂！"小姑娘笑眯眯地说："谢谢你，小鸭子。"

（旁白）一只小花狗跑过来对她说：（小花狗）"汪汪汪，小姑娘，您早！您那金色的房子真好，红的墙，绿的窗，金色的屋顶亮堂堂！"小姑娘笑眯眯地说："谢谢你，小花狗。"

（旁白）一只小乌龟慢吞吞地爬过来对她说：（小乌龟）"小姑娘，您早！您那金色的房子真好，红的墙，绿的窗，金色的屋顶亮堂堂！"小姑娘笑眯眯地说："谢谢你，小乌龟。"

（旁白）一只小猴子从树上跳下来，对她说：（小猴子）"小姑娘，您早！您那金色的房子真好，红的墙，绿的窗，金色的屋顶亮堂堂！"小姑娘笑眯眯地说："谢谢你，小猴子。"

（旁白）一只小山羊走过来对她说：（小山羊）"咩咩咩，小姑娘，您早！您那金色的房子真好，红的墙，绿的窗，金色的屋顶亮堂堂！"小姑娘笑眯眯地说："谢谢你，小山羊。"

(旁白)一只小兔子蹦蹦跳跳对她说:(小兔子)"小姑娘,您早! 您那金色的房子真好,红的墙,绿的窗,金色的屋顶亮堂堂!"小姑娘笑眯眯地说:"谢谢你,小兔子。"

小姑娘听到大家都说她的房子好,心里真高兴,就带着小鸟、小鸭子、小花狗、小乌龟、小猴子、小山羊、小兔子一起唱歌,一起跳舞。(《找朋友》音乐起)

快到中午了,小姑娘要回家了。(背景音乐起)小鸟、小鸭子、小花狗、小乌龟、小猴子、小山羊、小兔子一直送她到金色的房子跟前。

(小鸟)"小姑娘,让我进去玩吧!"(小姑娘)"不行,不行,你扑棱扑棱地乱飞,会把我的房子弄脏的!"

(小狗)"小姑娘,让我进去玩玩吧!"(小姑娘)"不行,不行,你汪汪汪地乱叫,会闹得我睡不着觉!"

(小猴和小羊)"小姑娘,让我们进去玩玩吧!"(小姑娘)"那更不行,你们啪嗒啪嗒地乱跑,会把我家的地板踩坏的!"

小姑娘说完了话,就自个儿走进房子里去,"嘭"的一声,关上了大门。小动物回到草地。

第三场:忧伤音乐起(轻音乐背景)

(旁白)小姑娘在家里唱了一会儿歌(小姑娘唱《吹泡泡》),可是没人听她的;(音乐起《兔子舞》)(小姑娘表演跳舞)小姑娘跳了一会儿舞,可是没人看她的。她觉得闷极了。

小姑娘到孩子们中间互动环节(背景音乐起);移动金色的房子至中间位置。

(小姑娘)为什么我一点儿也不开心呢? 谁能告诉我为什么呢? 我该怎么办呢? 谁能帮帮我? (让孩子们充分互动)互动差不多的时候,小动物陆续捉迷藏上场。(欢快的音乐起)

(小姑娘回头一瞧)小山羊、小鸟、小花狗、小猴子在草地上玩游戏,玩得正热闹呢,小鸟飞着叫着,小鸭小狗跳着叫着,小猴躲在树丛中,小乌龟到处找他,小兔子骑在小羊的背上,像个猎人,多神气。(背景音乐起)

(旁白)小姑娘悄悄地回到了家,悄悄地打开了家门,悄悄地走出家门,走近草地。

(小山羊)"咩咩咩,小姑娘,快来,快来,跟我们一起玩游戏呀!"

(小鸟)"小姑娘,快来,快来,跟我们一起玩吧。"

(小狗和小猴,所有的小动物)"小姑娘,快来,快来,跟我们一起玩!"

(小姑娘)"请你们到我家里去玩吧!"

(小鸟)"你不怕我弄脏你的房子?"(小姑娘摇摇头)

(小狗)"你不怕我闹得你睡不着觉吗?"(小姑娘摇摇头)

(小羊和小猴)"你不怕我们踩坏你家的地板吗?"(小姑娘又摇摇头)大伙儿听了,高兴极了,一起跟着小姑娘来到金色的房子。他们一起唱歌:"红的墙,绿的窗,金色的屋顶亮堂堂。"(欢快的音乐起),小姑娘带领小动物走出后台和小朋友互动游戏。(回后台)

艾莫上场,音乐停。

(童话剧结束后)

艾莫的话:"现有我们分享着爸爸妈妈、爷爷奶奶的关爱。很少懂得为别人付出和分享。乐于分享是一种好的表现。《金色的房子》这个故事里,小姑娘体验到不和别人分享带来的是孤独的感觉,和小伙伴分享带来的是快乐的感觉。所以以后小朋友一定不要嫌弃小伙伴的缺点,应该和同伴友善相处,共同分享心爱的玩具,你一定能够从分享中得到快乐的。"

艾莫组织一排排小朋友依次到前面和小姑娘和表演手偶的老师、孩子们合影留念。艾莫:"亲爱的小朋友们,今天的童话剧精彩吗? 你们喜欢吗? 想不想认识一下表演的老师和小朋友呢? 那让我们一起把

他们请出来,好不好?"(音乐起)所有演员一个一个谢幕,最后艾莫、所有演员和孩子们拍照。(音乐起)

剧终

故事剧本赏析

　　将故事《金色的房子》改编成人偶故事表演,具体形式是故事表演中的角色由孩子和教师共同参与,角色根据需要有木偶和真人表演两种形式,有的角色是真人表演,有的角色是在幕布后操纵木偶表演,表演中有专门负责配音的老师为不同角色配音。《金色的房子》人偶表演的亮点放在场景更替的变化上,设计的每一场的场景会各不相同,将金色的房子做成移动的,方便变幻场景,如,第三场小姑娘的出场可以在观众席里进行互动表演。剧本设计是:"小姑娘到孩子们中间互动,这个互动的环节(背景音乐起)移动金色的房子至舞台中间位置。"给孩子们视觉上以焕然一新的视觉效果,穿插风格不同的背景音乐带孩子们走进小姑娘变化丰富的内心世界,用小动物们欢快的游戏场景烘托出小姑娘孤独的痛苦,最后小伙伴们一起在金色的房子里又唱又跳,将分享带来快乐的主题烘托得形象鲜明,浅显易懂。让孩子们不论是在故事表演中,还是在欣赏故事表演中都能体会角色、场景以及音乐、语言上的内涵美和艺术表现力。

第九章
全国职业院校技能大赛赛项"幼儿故事讲述"

第一节　全国职业院校技能大赛赛项"幼儿故事讲述"简介

❀ 一、竞赛内容简介

项目1—2：片段教学（技能展示）（完成时间：9分钟）

以给定的素材为题，设计并进行片段模拟教学，要求活动过程中完整呈现所要求的故事讲述（或者歌表演、歌曲弹唱）等技能，考查学生熟练运用所学技能，设计和组织幼儿园实际教学的能力。项目提供故事等素材。

❀ 二、评分标准制定原则、评分方法、评分细则

附项目1—2　片段教学（技能展示）（共5分）

表9-1　片段教学评分细则

内　容		评　分　标　准	分值
片段教学 5分	故事讲述 技能展示	对提供的故事内容进行合理加工并运用符合角色形象的语言技巧，动作、表情，富有童趣地讲述故事；普通话标准，表现富有个性；脱稿讲述。	5
评分分档	活动过程自然流畅，师幼互动充分，基本功扎实，教学实效高。		4—5
	活动过程比较自然流畅，师幼互动较充分，基本功较扎实，教学实效较高。		3—4
	活动过程基本完成，师幼互动不够充足，基本功较差，教学实效不足。		2—3
	该项未完成		0—1

❀ 三、比赛需要注意的事项

全国职业院校技能大赛"学前教育专业教育技能"赛项（高职组）比赛，赛项题库提供幼儿故事竞赛类故事讲述技巧除本书前几章介绍的讲述故事需要注意问题以外，针对赛事要求还应该注意三点事项。

（一）语言规范，富有感染力

参赛选手讲述故事时要语言规范，条理清楚，普通话发音标准，达到普通话水平测试二级乙等以上水平。逻辑性强，表达流畅，有感染力。抽取的故事不管是自己喜爱的还是自己不擅长的类型，都要注意条理清晰地表达完整，故事可以做适度的调整和改编，但故事要流畅自然，突出重点，把握高潮，讲述具有自己的风格和感染力，吸引大家听故事，给听众留下深刻的印象。

（二）态势语使用，恰当得体

讲述故事要求参赛选手要仪表大方，举止文雅，表情自然丰富，富有亲和力。态势语的使用应该适度得体、自然大方，宜简不宜繁。赛前训练应该重视态势语训练方法，可以分解练习，将故事分段练习，熟练掌握面部表情、手势、眼神、身姿等，再将故事连贯表现，逐步分解练习，在练习中不断调整，可以对照镜子或请老师对自己的态势语使用观察后提出建议，态势语的使用一定要结合语言表达，要做到形神统一、相互协调。

（三）时间把握准确，不能超时

讲述故事时，参赛选手有时会因临场发挥失常等原因，出现在规定时间内故事讲述不完或用时过短等现象，暴露选手比赛经验不足。训练时要求选手心中有一定要有时间预设度，将自己准备的故事根据现场发挥情况巧妙删减或及时结束讲述，确保故事在规定时间讲述完整，在此基础上故事讲述既能突出情节亮点、又能展现选手自身语言特色和个人专业风采。

❀ 四、比赛需要掌握的技巧

（一）技巧亮点要突出

竞赛类故事讲述可以在故事开头和结尾处巧妙设计，不要循规蹈矩、按部就班地讲述故事，会更突出选手的专业素养和能力。例如故事《悄悄话》在结尾时把"猜猜悄悄话"的问题抛给听众会使故事在结束时更有延续感、动态性，让听者在故事独创的氛围中思考或沉浸其中或意犹未尽，因此，掌握一些处理技巧很重要。

讲述故事时巧妙展示参赛选手自身优势也是一种得分技巧。如果参赛选手舞蹈功底强，可以在讲述故事设计态势语时适度加一些舞蹈元素，如，踮起脚尖轻盈地转圈或换个方位、手臂轻柔地摆动模仿鱼儿曼妙的尾巴、动感十足地跌一跤等，这些巧妙的小设计一定会为故事讲述增色很多，也能凸显选手自身亮点。如果选手唱歌功底强，可以在讲述故事时设计一些有节奏的韵律说唱环节，将故事内容"唱"出来，用自己富有磁性的声音加上故事的理解，尝试"说唱"出别具风格的故事，也会让评委眼前一亮。例如故事《小白鹅》中一段节奏鲜明的对白："我们是快乐的小白鹅，扁扁嘴巴会唱歌，戆戆戆，戆戆戆。妈妈听了笑呵呵。"是不是很有趣、很别致呢？

（二）细节处理要得当

参赛选手的服饰、鞋子、发型、装饰（佩戴眼镜、手镯、手表等）比赛前一定要考虑或检查是否得当。将所有能想到的细节提前做好准备。

参赛选手上场或讲述结束谢幕时，一定要始终带着自信的微笑，直至退场后保持到台后，一定要避免还没有退场就立刻"收住笑脸"等行为。尽量控制自己因紧张而撇嘴、吐舌、挠头、眨眼甚至结结巴巴等行为或动作而暴露内心的不自信。

细节决定成败，这句话对选手尤为重要！参赛选手一定记得从赛前进入候场室开始，就要关注自己的一举一动、一言一行。多年备战经验告诉我们，关注每一个细节，是保持良好备战状态、建立自信的最好准备，一定要重视。

（三）嗓音保护要重视

嗓子是讲故事的发声器官，是幼儿园教师从事教育教学工作、参加故事比赛重要发音器官。做好嗓音的保护，直接影响讲述故事的质量及效果。有时摹声对嗓音的要求就会很高，如果因用嗓过度导致沙哑，讲述故事的效果会大打折扣，影响发挥。因此，参赛选手一定要有保护好嗓子的意识。另外保持良好的饮食、饮水习惯以及科学的睡眠习惯、适度使用声音的讲话习惯、科学的发声习惯都是保护嗓音的良好途径。训练疲惫时可以做一做唇、舌训练和口部操练习，正确保护好自己的嗓音。

（四）大胆沉着要记牢

参赛选手要想绘声绘色地讲好每一个故事，吸引每一个评委老师的关注，需要在备战期间大胆开口、大胆表现、树立自信、多学多练，熟练掌握每一个故事的讲述技巧。比赛时，遇到赛场有一些"突发情况"要沉着应对，灵活调整自己的状态，微笑是保持最佳气质的最好武器。只有相信自己的独一无二，相信自己的独具风格，才会把每一场比赛当作是自己的人生舞台，尽情展示魅力、尽情绽放风采，收获属于自己的掌声，为自己加油鼓劲吧！

第二节　全国职业院校技能大赛题库故事赏析及改编技巧

本章收录了国赛赛项题库中的精选幼儿故事，对国赛版故事和改编后故事进行赏析及改编技巧解析。

国赛故事的讲述，因为是参赛，所以对故事改编要考虑赛事的要求，考虑参赛选手自身优势特长所在，考虑比赛现场会遇到哪些突发问题，考虑同样的命题怎么表现出不一样的精彩……这些综合起来，分成国赛故事赏析及改编技巧两个方面，其中故事改编从五个方面逐一细致讲解：改编故事长度、改编故事开头、改编故事主体、改编故事结尾、设计故事亮点。

下面列举的国赛故事赏析及改编技巧，均以国赛版和改编版为对比，详尽剖析了国赛故事改编的几个基本要素。

1. 爱打呼噜的河马先生

国赛版

小朋友们，你们听过打呼噜的声音吗？你听过河马打呼噜的声音吗？今天我们就来听听故事《爱打呼噜的河马先生》。

阳光公寓新搬来了一位河马先生，它是个热心肠。不管是谁有困难，它总是愿意帮忙，大家都非常喜欢它。

但是河马先生也有个让人心烦的缺点，那就是它睡觉的时候，特别爱打呼噜。一到晚上，河马先生的呼噜声就"呼噜噜……呼噜噜！"吵得邻居们根本睡不着。

　　一天早晨,河马先生正在公园里散步,它看见邻居们都聚在一起,刚想过去打招呼,却听到大家都在讨论它。

　　小兔子说:"哎呀呀,看看我这黑眼圈,已经快和熊猫一个样啦。我们给河马先生做个大口罩,把它的呼噜声给捂住吧。"

　　山羊公公不同意:"捂着大口罩睡觉,河马先生会难受的。"

　　狐狸一甩手:"这不行那不行,那就让它从这搬出去!"

　　河马先生一听,难过极了,它什么也听不进去了:"原来我的呼噜声,给大家造成了这么多麻烦呐。我还是搬走吧。"大家还在讨论着呢,河马先生就回家收拾行李去了。

　　河马先生正收拾着呢,突然听到"咚咚咚"的敲门声。一开门,它发现邻居们都在门口:"真不好意思,我刚刚听到大家说的话了,我知道自己给大家带来了很多麻烦,我这就搬回老家去。"

　　鸡妈妈一听,连忙说:"河马先生,您对我们那么好,我们怎么能赶您走呢。"鸭妈妈也连忙说:"对对对,河马先生,您刚刚一定没有听我们把话说完吧。我们已经想出了一个好主意!您来当我们小区的保安,晚上值班巡逻,白天呼呼睡大觉,这样您就不用担心呼噜声会打扰我们了,还能保证我们的安全,您看怎么样?"

　　"保安?我愿意我愿意!这个主意实在是太好了!"河马先生高兴得直拍手。

　　就这样,河马先生成为阳光小区的保安员,晚上值班,白天睡觉。小区的居民们晚上睡觉更甜更美更放心了,而河马先生呢?你听:"呼噜噜……呼噜噜……"

爱打呼噜的河马先生

改编版

　　阳光公寓新搬来了一位河马先生,它是个热心肠。不管谁有困难,它总是愿意帮忙,大家都非常喜欢它。

　　河马先生有个缺点,那就是它睡觉的时候特别爱打呼噜。一到晚上,河马先生就"呼——嘘——呼——嘘——!"吵得邻居们根本睡不着觉。

　　一天早晨,河马先生在公园里散步,无意中听到大家都在议论它。

　　兔小姐说:"咱们给河马先生做个大口罩,捂住它的呼噜声。"

　　山羊公公说:"不行,捂着大口罩睡觉,河马先生会很难受的。"

　　狐狸一甩手,说:"这不行那不行,干脆让它搬出去……"

　　河马先生非常难过:"原来我的呼噜声给大家带来了这么多麻烦。我还是搬走吧。"河马先生拖着沉重的身体,回家收拾行李了。

　　不一会儿,听到"咚咚咚"的敲门声,谁呀?原来是邻居们呀!"真不好意思,我无意中知道自己的呼噜声给大家带来了很多麻烦,现在我就搬回老家去!"

　　鸭妈妈一听,着急地说:"河马先生,您对大伙儿这么好,我们怎么能赶您走呢。"山羊公公捋着白胡子,说:"其实事情是这样的……大家想请您来当我们社区的保安,晚上你巡逻保护大家的安全,白天你可以安心休息,不用担心呼噜声会吵到我们了,你看怎么样?"

"保安？我愿意！这个主意实在是太棒了！"

就这样，河马先生成为阳光公寓的保安先生，晚上它认真巡逻保平安，白天大伙儿去上班，太阳高高照，河马先生呢？你听："呼——嘘——呼——嘘。"

国赛故事赏析

故事《爱打呼噜的河马先生》讲述的是一位热情助人的河马先生，深受大家喜欢，可是因为自身爱打呼噜的毛病无意中对大家伙儿造成了不小的影响，让大家都休息不好，给大家带来烦恼。事情发展到这里，已经具有了很强的现实意义，看似一件日常生活中常见的现象，但怎么才能妥善处理又不伤害感情呢？故事接下来话锋一转，大家集体请求河马先生继续留下来，河马先生很感动，因为大家都很需要它，并不会因为有一些"缺点""毛病"而嫌弃它。接着大家让河马先生从事一项新的工作：晚上巡逻保平安，白天大伙去上班，河马先生安心睡觉打呼噜。这是多么愉悦圆满的结局呀！故事将看似很难解决的问题，用适宜的爱做了最好的解决，教给孩子们一个理念，每一个人都有不足之处，不要刻意伤害别人，要努力找到合适的方法去解决问题。

改编故事技巧

（1）改编故事长度

国赛故事规定时间在3分钟之内讲完，这个故事如果原文表达是超出3分钟长度的，首先就要对故事进行缩减处理。缩减故事的原则是不改变故事本身要表达的内容，将旁白部分、对话部分、叙述部分进行一些精简，精简后故事的表达更加清晰，更加形象生动，保留了原故事原汁原味的呼噜声，在憨态可掬的情景再现中结束讲述，使听者回味其中。

故事《爱打呼噜的河马先生》字数731个字，故事需要缩编处理，改编后字数539字。

（2）改编故事开头

原版故事的开头部分并不出彩，我们将整个故事的亮点设计在河马先生的呼噜声中，但用词语来描述未免太生硬，加上故事整体长度已经超出3分钟，所以干脆舍弃这一段开头："小朋友们，你们听过打呼噜的声音吗？你们听过河马打呼噜的声音吗？今天我们就来听听故事《爱打呼噜的河马先生》"改为："今天我带来的故事是《爱打呼噜的河马先生》"。但需要说明的是，故事的名称要读出"灵动感"，要配合语调变化，加上夸张的表情，虽然直接导入，但"含金量"很高，一下子就能吸引听者的注意力。

（3）改编故事主体

故事中原文出现的角色过多，叙述性语言过多，情节较为拖沓，为了使幼儿能够更好地体会故事所传递的情绪变化，讲述前将角色简化，语言精简。

（4）改编故事结尾

最后一段是故事精彩部分，不仅句式结构有变化，还将语言处理得更富节奏感，使得故事朗朗上口，突出故事主题，圆满结局。

（5）设计故事亮点

河马先生形象用语调刻画会更加生动，整首故事以呼噜声为主线贯穿，故事讲述技巧处理时要凸显河马先生的呼噜声，所以整首故事讲述技巧处理亮点在呼应起伏、妙趣横生的呼噜声中结尾。

2. 小熊不刷牙

国赛版

小朋友们,你们喜欢刷牙吗? 小熊哈利也不喜欢刷牙,我们一起听听它的故事吧,故事的名字就叫《小熊不刷牙》。

哈利觉得刷牙真是一件麻烦事儿,它恨透了牙刷和牙膏!

"哈利!"妈妈说,"该去刷牙了!"

"我知道啦!"哈利躲在浴室里,打开水龙头,"嘿嘿嘿,这样,妈妈就会以为我在刷牙呢。嘴里面有那么多的牙齿,怎么可能把所有的牙都刷到嘛! 而且,早上要刷牙! 晚上也要刷牙! 每天都要刷牙,真是麻烦!"

一天,哈利又像平常一样,不刷牙就去睡觉了。它快要睡着的时候,忽然觉得嘴巴里怪怪的,它用舌头一舔,嘿呀,所有的牙齿都不见了!

它从床上爬起来走到镜子跟前,使劲儿张开嘴巴。这一看,让哈利高兴得差点儿晕倒了:"哇! 嘴巴里真的是一颗牙齿都没有了哎! 哈哈,太好了! 我再也不用刷牙啦!"

第二天,它兴奋地跑去找朋友们。

哈利骄傲地对兔子和狼说:"告诉你们一个好消息! 我现在一颗牙齿都没有了!"

"你说什么?"

"我说,我的牙齿一颗都没有了! 哈哈哈!"

"这有什么可高兴的,没有牙齿,你还算是一只熊吗?"

哈利头一甩:"哼,你们根本就不懂!"

哈利继续往前走,遇到一只啄木鸟。"嗨! 啄木鸟你看! 我的牙齿突然一下子全都消失啦,多好呀!"哈利一边炫耀,一边把嘴巴张得大大的。

啄木鸟点点头:"哈利,没有牙齿一点都不好玩。你说话都说不清,大家都会笑你的。没有牙齿是很糟糕的呀!"

哈利愣愣地想了想,又挠了挠脑袋:"是吗? 不过说话好像是有点漏风。"

哈利回到家里,发现桌子上摆了它最爱吃的干蘑菇。哈利一看,拿起来就吃,可是它怎么也咬不动。

哈利难受极了,跑到屋外哭了起来。

"怎么办? 森林里所有的动物都有牙齿,只有我没有,我看起来也完全不像一只熊了,连干蘑菇都吃不动。我该怎么做,牙齿才会回来呢? 谁能帮帮我啊?"它不停地哭着。

这时,哈利醒了。一切只是一场噩梦,所有的牙齿都还好好地长在嘴巴里呢! 哈利松了一口气。

从这一天起,小熊哈利每天都把牙齿刷得干干净净的了。

小熊不刷牙

改编版

小熊哈利从来不刷牙,我们今天一起来听听它的故事吧!

"哈利!该去刷牙了!""知道啦!嘴巴里有那么多牙齿,怎么可能把所有的牙都刷到呢?早上要刷!晚上要刷!每天都要刷,真是麻烦!"哈利躲在浴室里,打开水龙头。"嘿嘿嘿,这样妈妈就会以为我在刷牙呢。"就这样一天一天地过去了,哈利从来都不刷牙。

有一天,哈利又像平常一样,不刷牙就去睡觉了。它快要睡着的时候,忽然觉得嘴巴里怪怪的,它用舌头一舔,哎呀,所有的牙齿都不见啦!它从床上爬起来,跑到镜子前使劲张开嘴巴一看,哈利高兴得差点儿晕倒了,"哇,嘴巴里一颗牙齿都没有了,哈哈,太好了,我再也不用刷牙啦!"它兴奋地跑出去找朋友。哈利对兔子说:"告诉你一个好消息,我现在一颗牙齿都没有了。""你说什么?""我说,我现在一颗牙齿都没有了,哈哈。""这有什么好高兴的,没有牙齿你还算是一只小熊吗?"哈利头一甩,"哼,你根本就不懂。"

哈利遇到一只啄木鸟。"嗨,告诉你一个好消息,我现在一颗牙齿都没有了。"啄木鸟拍了拍翅膀,"哈利,没有牙齿一点都不好玩,你说话都说不清楚,大家会笑话你的。"哈利挠了挠脑袋:"是吗,不过说话好像是有点漏风。"

哈利回到家,发现桌上有它最爱吃的干蘑菇。哈利抓起来就吃,可是它怎么都咬不动。

哈利难过极了,跑到屋子外哭了起来。"呜呜呜……"哭着哭着哈利醒了。原来,这都是一场梦,哈利的牙齿还好好地长在它的嘴巴里呢!

从此以后小熊哈利每天都会坚持把它的牙齿刷得干干净净的。

国赛故事赏析

故事《小熊不刷牙》讲述了一个不爱刷牙的小熊,最后因为全部牙齿都不见了而兴奋不已,到处炫耀,结果遭到朋友们的不解和嫌弃,"这有什么好高兴的,没有牙齿你还算是一只小熊吗?""哈利没有牙齿一点都不好玩,你说话都说不清楚,大家会笑话你的。"后来小熊哈利发现没有牙齿后,说话漏风,吃不动东西,感到很后悔、很伤心,最后悬念一揭开,原来是场梦。故事在虚惊中回到现实,小熊每天都认认真真地刷牙。故事以牙齿为线索贯穿到底,一句说教也没有,但是故事的情节设计让孩子们印象深刻,了解行为后果,反观自己的牙齿是不是每天认真刷了。相信孩子们也会和小熊哈利一样,不再偷懒,每天认认真真地刷牙。

改编故事技巧

(1)改编故事长度

故事《小熊不刷牙》国赛版字数794个字,故事需要缩编处理,改编后字数610字。这样讲述故事才能在尽情发挥中还能保证按时完成。

(2)改编故事开头

故事《小熊不刷牙》的开头改编较为成功,先对比一下国赛版故事开头和改编后的故事开头吧。

国赛版故事开头:

哈利觉得刷牙真是一件麻烦事儿,它恨透了牙刷和牙膏!"哈利!"妈妈说,"该去刷牙了!""我知道啦!"哈利躲在浴室里,打开水龙头,"嘿嘿嘿,这样,妈妈就会以为我在刷牙呢。嘴里面有那么多的牙齿,怎么可能把所有的牙都刷到嘛!而且,早上要刷牙!晚上也要刷牙!每天都要刷牙,真是麻烦!"

改编后故事开头：

"哈利！该去刷牙了！""知道啦！嘴巴里有那么多牙齿，怎么可能把所有的牙都刷到呢？早上要刷！晚上要刷！每天都要刷，真是麻烦！"哈利躲在浴室里，打开水龙头。"嘿嘿嘿，这样妈妈就会以为我在刷牙呢。"就这样一天一天地过去了，哈利从来都不刷牙。

小熊和妈妈之间的对话改编后，没有了"妈妈说"这样的字样，讲述故事时，完全可以用不同的语气区分妈妈和小熊的声音。还有改编后的开头节奏感更强，画面感更加幽默，更加适合孩子们的口味。尤其是"嘿嘿嘿"讲述时，配上小熊捂着嘴，自以为很聪明地得意怪笑，是不是一下子就把小熊憨态可掬又有些懒惰的样子表现出来了呢？好的故事开头，是成功拿到高分或者吸引孩子注意力的关键，所以故事设计一定要在开头部分下好功夫哟！

（3）改编故事主体

改编故事《小熊不刷牙》的主体部分首先将原来故事细节部分进行了更改，例如朋友们有兔子和狼，这样表现后面的对话时会有一些难度，更改后变成朋友，哈利和兔子之间对话表达起来非常流畅自然。将哈利和啄木鸟的对话大胆进行了精简，更加明确清晰。改编比较多的是哈利回到家以后的部分，总体改编思路是语言更加流畅，情节不再啰嗦，直达主题，适合幼儿理解水平和接受能力。

（4）改编故事结尾

故事结尾几乎没有改动，但细心的你还是会发现有不同，改编后的结尾是："从此以后小熊哈利每天都会把它的牙齿刷得干干净净的了。"叙述更加清晰，上一回合小熊因为伤心正在嘤嘤哭泣，情绪需要调整和平复，所以最后的改编主旨让听者在平稳细致的表述中平缓结束。"从这一天起"和"从此以后"你更喜欢用哪一个结尾呢？

（5）设计故事亮点

故事《小熊不刷牙》改编的亮点设计在于故事中小熊哈利因为牙齿全部没有了，说话"跑风"。根据这个细节，将讲述故事用含糊不清的声音来讲述，效果诙谐幽默，而且含义深刻，点题效果特别好。但值得注意的是，不是全部对话部分都用含糊不清的声音，毕竟不管是国赛评委还是讲给孩子们听，不能太模糊不清，所以只是技巧性地点到为止。如故事中，哈利遇到一只啄木鸟。"嗨，告诉你一个好消息，我现在一颗牙齿都没有了。"啄木鸟拍了拍翅膀，"哈利没有牙齿一点都不好玩，你说话都说不清楚，你大家会笑话你的。"哈利挠了挠脑袋："是吗，不过说话好像是有点漏风。"哈利和猫头鹰的对话中，跑风感觉出现在"一颗牙齿也没有了"部分和"是有点漏风"这几个字音上，而不是整句都不清晰哟！

3. 两只笨狗熊

国赛版

狗熊妈妈有两个孩子，一个叫大黑，一个叫小黑，它们长得挺胖，可是都很笨，是两只笨狗熊。我们一起来听听它们的故事吧。

有一天，天气可真好，哥儿俩手拉手一起出去玩儿。它们走着，走着，忽然看见路边有一块肉，捡起来闻闻，嘿，喷喷香。可是只有一块肉，两只小狗熊怎么吃呢？大黑怕小黑多吃一点，小黑也怕大黑多吃一点，这可不好办呀！

大黑说："咱们分了吃，可要分得公平，我的不能比你的小。"

小黑说："对，要分得公平，你的不能比我的大。"

哥儿俩正闹着呢,狐狸大婶来了,它看见肉,口水都要掉下来了,它眼珠骨碌碌一转说:"噢,你们是怕分得不公平吧,让大婶我来帮你们分。"哥儿俩说:"好,好,咱们让狐狸大婶来分吧。"

狐狸大婶接过肉,恨不得一口吞下去,可是它没有这样做,它一下子把肉分成两块,哥儿俩一看,连忙叫起来:"不行!不行!一块大,一块小。"

"你们别着急,瞧,这一块大一点吧,我咬它一口。"狐狸大婶张开大嘴巴啊呜咬了一口,哥儿俩一看,又叫起来了:"不行,不行,这块大的被你咬了一口,又变成小的了。"

"你们急什么呀,那块大了,那我就再咬它一口不就好了。"狐狸大婶张开大嘴巴又啊呜咬了一口,哥儿俩一看,急得叫起来:"那块大的被你咬了一口,又变成小的了。"

狐狸大婶就这样这块咬一口,那块咬一口,肉很快只剩下小指头那么一点儿了。它把一丁点大的肉分给大黑和小黑,说:"现在两块肉都一样大小了,吃吧,吃吧,吃得饱饱的。"

大黑和小黑你看看我,我看看你,一句话也说不出来。

小朋友们,你们说,它们是不是两只笨狗熊啊!

两只笨狗熊
改编版

小朋友们,你们认识大黑和小黑吗?对了,它们就是那两只笨狗熊。

有一天,天气可真好,哥儿俩手拉手一起出去玩儿。它们走着,走着,突然看见路边有一大块儿肉,嗯,真香。可是只有一块儿,哥儿俩怎么分呢?

大黑说:"咱们分了吃,可要分得公平,我的不能比你的小。"小黑说:"对,要分得公平,你的不能比我的大。"

哥儿俩正闹着呢,狐狸大婶来了,它看见肉,口水都要流出来了。它眼珠骨碌碌一转,说:"噢,你们是怕分得不公平吧,让我来帮你们分吧。"哥儿俩说:"好,好,咱们就让狐狸大婶来分吧。"

狐狸大婶接过肉,恨不得一口吞下去,可是它没有这样做,它啊呜一口把肉分成两块儿,哥儿俩一看,连忙叫了起来:"不行!不行!一块大,一块小。""别着急,别着急,瞧,这一块大一点的吧,我咬它一口。"狐狸大婶张开大嘴巴啊呜咬了一口,哥儿俩一看,又叫起来了:"不行,不行,这块大的被你咬了一口,又变成小的了。"

"你们急什么呀,那块大了,我就再咬它一口,不就变小了吗。"狐狸大婶张开嘴巴又啊呜咬了一口,哥儿俩一看,急得跳了起来:"那块大的被你咬了一口,又变成小的了。"

狐狸大婶就这样这块咬一口,那块咬一口,很快,肉就只剩下小手指头那么一丁点儿了。它把一丁点大的肉分给大黑和小黑,说:"现在两块肉都一样大小了,吃吧,吃吧,吃得饱饱的。"

大黑和小黑你看看我,我看看你,一句话也说不出来。

小朋友你们说一说,它们是不是两只笨狗熊呢?

国赛故事赏析

像《两只笨狗熊》这样大家都熟悉的故事,要讲述出与众不同,难度更大。其一,改编故事的技巧要考虑参赛选手音色特点,是不是能将狐狸模仿得活灵活现又不会因为模仿而让评委或听者产生不适感,这一点很重要。毕竟熟悉的故事明确的角色就是狐狸和小熊,不宜做大的变动和调整,这也是这个故事的难点之一。其二就是太熟悉的故事很难引起眼前一亮的感觉,毕竟国赛是高规格赛事,如果不能将故事讲述得让人眼前一亮,就会吃亏不少。

因此《两只笨狗熊》的讲述技巧之一是一定要切实把握好狐狸的拟声,要将听者带入现场,讲述者要化身为一只狡猾、贪婪、花言巧语的狐狸。技巧之二是模仿好小熊憨厚、贪吃、不动脑筋的笨拙。技巧之三是移动方位进行讲述,边讲故事边移动"狐狸"的方位,占据舞台,适度增加狐狸的优雅气质的动作,衬托出表里不一的狡猾。辅以适度的动作,能增强故事的现场效果。

改编故事技巧

(1) 改编故事长度

故事《两只笨狗熊》国赛版故事字数 637 个字,需要缩编处理,改编后字数 588 字,适宜比赛使用。

(2) 改编故事开头

故事《两只笨狗熊》的国赛版开头:

狗熊妈妈有两个孩子,一个叫大黑,一个叫小黑,它们长得挺胖,可是都很笨,是两只笨狗熊。我们一起来听听它们的故事吧。

改编后的故事开头:

小朋友们,你们认识大黑和小黑吗? 对了,它们就是那两只笨狗熊。

两个故事的开头部分对比后,是不是感觉改编后的故事开头更加清爽、更加直截了当? 交代了故事的两个主要角色的名字,跟随大黑小黑一起开始"两只笨狗熊"故事之旅,大胆删除了狗熊妈妈有两个孩子的部分,将有限的讲故事时间留给精彩的故事情节。

(3) 改编故事主体

故事《两只笨狗熊》主体部分几乎没有更动,原因有两点:一是故事长度适中,只要开头进行一下删减,主体部不需要做更多改编;二是经典故事对话部分设计得非常有趣,讲述时重点将对话表现出来,用不同的语调将故事角色特点刻画表现,基本保持原汁原味讲述,就是对经典作品最高的礼赞。

(4) 改编故事结尾

故事《两只笨狗熊》经典的结尾继续保留,"小朋友你们说一说,它们是不是两只笨狗熊呢?"经典的结尾会让评委有一个信号——结束了,这时看看评委的表情和眼神,是否被你的讲述带入了意犹未尽的情境之中,就是考验讲述者的功底了。

(5) 设计故事亮点

故事设计的亮点体现在讲述时的摹声,真正的功夫是放在语言讲述上。另外就是狐狸最后心满意足地打着饱嗝的部分一定要讲出精彩:"狐狸大婶就这样这块咬一口,那块咬一口,很快,肉就只剩下小手指头那么一丁点儿了。它把一丁点大的肉分给大黑和小黑,说:'现在两块肉都一样大小了,吃吧,吃吧,吃得饱饱的。'"讲述时一定要配上"满意的饱嗝声"让故事在一种形象的声响中推向高潮,让小熊失落的对比更加强烈,凸显狐狸狡猾的本质。

4. 小 熊 祝 寿
国赛版

小朋友,你给长辈祝过寿吗? 今天是象公公 60 岁生日,傻小熊要去给象公公祝寿,会发生什么有趣的事呢? 我们一起来听听吧。故事的名字就叫《小熊祝寿》。

傻小熊要去给象公公拜寿了,在出门前,熊妈妈说:"去了别忘了说一句吉利话。"

傻小熊问:"什么是吉利话?"

熊妈妈告诉它:"你就说'祝象公公寿比南山永不老!',记住了吗?"

傻小熊说:"记住了。"说完,傻小熊就出门了。它边走边念叨:"寿比南山永不老,寿比南山永不老,祝象公公……哎呀!"

扑通!

小熊一个不留神掉进了小溪里。

等它湿嗒嗒地爬上岸时:"咦,我刚刚说的吉利话是什么来着? 脑袋怎么空空的,呀,吉利话一定是掉在小溪里了。"

于是小熊爬下了小溪,在水里来来回回地摸。

一只小猴路过看见了它:"小熊,你在干什么呢?"

"我的东西掉在小溪里了,正在找呢。"

小猴说:"那我帮你一块找吧。"

找了好一会儿,小猴说:"水里什么也没有啊! 小熊,你的东西是不是已经被人捡走了? 天不早了,我还要给象公公祝寿去,我先走了,再见!"

"等等,我也要给象公公祝寿呀! 我和你一起去。"

小熊和小猴到了象公公家的时候,那里已经来了好多小动物,特别热闹。小熊见了象公公,愣在那不知说什么好。小猴鞠了一躬说:"祝象公公寿比南山永不老!"象公公听了很高兴,请小猴吃了一块大蛋糕。小熊一听可火了,一把抓住小猴说:"你倒好! 原来我掉在小溪里的吉利话被你捡走了!"

小朋友,你知道这是怎么一回事吗?

小 熊 祝 寿
改编版

今天是大象公公 60 周岁的生日,傻小熊要去给大象公公过生日,会发生什么有趣儿的事儿呢,我们一起来听听吧!

傻小熊要参加大象公公 60 岁的生日宴会,出门前,熊妈妈对它说:"小熊,别忘了给大象公公说句吉利话。"

"啊? 什么是吉利话?"妈妈告诉它:"你见了大象公公就说'祝大象公公寿比南山永不老'记住了吗?""嗯,记住了。"说完傻小熊就出门了。

它边走边念叨:"寿比南山永不老,寿比南山永不老……寿比南山"哎哟! 小熊一不留神掉进了小河里。等它爬上岸的时候,"咦,我的吉利话是什么来着,哎呀,吉利话掉进小河里了。"于是小熊赶紧下河在水里来来回回地摸。小猴子看见了："喂,小熊,你在干什么呢?""哦,我的东西掉在小河里了,正在找呢。""那我来一起帮你找吧。"两个好朋友在水里摸来摸去,过了很长时间,什么也没摸到。小猴子说:"小熊,你的东西是不是已经被人捡走了呀,天不早了,我还要给大象公公过生日呢,我要先走了。""等一等,我也要去参加大象公公的生日宴会,我和你一起去吧。"

它们来到大象公公家里,那里已经来了好多小动物,特别的热闹。小熊看到了大象公公,愣在那里,不知道要说什么,只见小猴有礼貌地鞠了一躬,对大象公公说:"祝大象公公寿比南山永不老。"大象公公听了非常高兴,请小猴吃了一大块儿甜美的蛋糕。小熊听了非常恼火,它一把抓住小猴子,对它吼道:"你这个坏家伙,原来我掉到小河里的吉利话是被你捡走了!"

小朋友们,小熊说的对不对呢?

国赛故事赏析

故事《小熊祝寿》讲的是一只傻乎乎的小熊,去给大象公公过生日的路途中,因为跌了一跤,将妈妈叮嘱的吉利话忘记了,以为话掉进小河了,找来找去也没找到,小猴子好心帮它一起找,也没有找到。最后,小猴子对大象公公祝生日快乐时用的"寿比南山永不老"这句话,顿时引起了傻小熊极度的不满,它认为小猴子将它的吉利话捡走了! 故事讲到这里,大家都感受到傻小熊的无知之无奈。

改编故事技巧

(1)改编故事长度

故事《小熊祝寿》字数587个字,故事可以进行扩编处理,改编后字数594字。也可以根据需要,对故事进行一些个性化的调整,适合自己的才是最好的,但要保证在3分钟讲完哟! 大赛如果规定故事讲述3分钟完成,设计改编故事时一般都会留出6~8秒左右的时间,您也可以体会一下其中的奥妙哟!

(2)改编故事开头

故事《小熊祝寿》国赛故事原版开头:

小朋友,你给长辈祝过寿吗? 今天是象公公60岁生日,傻小熊要去给公公祝寿,会发生什么有趣的事呢? 我们一起来听听吧。故事的名字就叫《小熊祝寿》。

改编后的开头是:

今天是大象公公60周岁的生日,傻小熊要去给大象公公过生日,会发生什么有趣儿的事儿呢,我们一起来听听吧!

(3)改编故事主体

故事《小熊祝寿》中有一些词语不太适合孩子的理解能力,如"长辈""过寿""吉祥话"等要进行适度的调换,但每一个地区关于过寿和过生日意义会有一些区别,不做刻意要求,根据地区特点适度调整故事词句是改编故事的一种常用技巧。在这个故事中,"过寿"改为"过生日","长辈"改成"大象公公",易于孩子理解,符合生活常识。

故事的主体中还对一些对话前的叙述部分进行了删减,使结构更加紧凑合理,讲述起来更加简便,易于讲述者记忆故事。

(4)改编故事结尾

故事《小熊祝寿》故事结尾没有做调整和改编,因为原来结尾的设计就符合故事要表达的意思,作者提出的这个问题会引发思考："哎！的确是个傻小熊，这样的傻事，换了谁也不会这样做，对不对？"

（5）设计故事亮点

故事《小熊祝寿》改编设计的亮点在全篇故事原版是"象公公"，读起来比较拗口，不口语化、儿童化，改编后全篇故事都读成"大象公公"，更符合幼儿的表达特点。

5. 猴子捞月亮

国赛版

一群猴子在林子里玩耍，它们有的在树上蹦蹦跳跳，有的在地上打打闹闹，好不快活。会发生什么好玩儿的事呢？我们一起来听听这个故事吧。

猴子当中有一只小猴独自跑到林子旁边的一口井旁玩耍，它趴在井沿，往井里边一伸脖子，忽然大叫起来："糟了，糟了，月亮掉到井里去了！"原来，小猴看到井里有个月亮。

一只大猴听到叫声，跑过去朝井里一看，也大叫起来："糟了，糟了，月亮掉到井里去啦！"它们的叫声惊动了猴群，老猴带着一大群猴子都朝井边跑来。当它们看到井里的月亮时，都一起惊叫起来："糟了，糟了，月亮掉到井里去了！"猴子们都闹哄哄的，着急坏了。

老猴说："大家别嚷嚷了，我们快想办法把月亮捞起来吧！"猴子们大声说："好，好！我们一起把月亮捞出来！"

猴子们怎么才能到深深的井里捞出月亮呢？

井的旁边有一棵高高的老槐树，老猴先跳到树上，用尾巴钩住树枝，头朝下倒挂在树上。其他的猴子就一个一个你抱我的脚，我勾你的头，挂成一长条，头朝下一直深入井中。小猴子最轻，挂在最下边："我可以够到井水啦！"猴子们很高兴："太好了，终于可以捞到月亮啦！"

小猴子将手伸到井水中，看着月亮小心地一捞，可是，小猴子除了水什么也没捞到，月亮还在水里晃来晃去呢。小猴子急了，在水里不停地抓呀、捞呀，可就是捞不着月亮。

猴子们倒挂了半天了，都有点支持不住了："快些捞呀，怎么还没捞起来呢？"老猴子涨红了脸："哎呀，我挂不住啦！挂不住啦！"老猴子一抬头，咦？月亮高高地挂在天上呢："不用捞了，不用捞了，月亮还在天上呢！"

所有的猴都抬头朝天上看，月亮果真好端端在天上呢。小猴从井里爬了上来，它看看天上，又看看井里："月亮在天上，那井里的月亮又是怎么回事儿呢？"

小朋友，你们知道吗？

猴子捞月亮

改编版

一群猴子在林子里玩耍，它们有的在树上蹦蹦跳跳，有的在地上打打闹闹，开心极了。

一只小猴子，跑到井边儿玩儿，它趴在井沿儿上，往井里伸长脖子一看，忽然大叫起来："糟了，糟了，月亮掉到井里啦！"

一只大猴子听到了,朝井里一看,也跟着大叫了起来:"糟了,糟了,月亮掉到井里啦!"它们的叫声惊动了大家,老猴子带着一大群猴子朝井边儿跑过来。当它们看到井里的月亮时,都一起惊叫起来:"糟了,糟了,糟了,月亮掉到井里啦!"

老猴子说:"大家别嚷嚷,我们快想想办法,把月亮捞出来吧!"猴子们大声说:"好好,好!咱们一起把月亮捞出来吧!"

你看,井旁边有一棵高高的老槐树,用尾巴钩住树枝,倒挂在树上,其余的猴子呢?它们一个挨着一个,你抱着我的腿,我勾着你的头,挂成一长条,头朝下一直深到井里。小猴子最轻,挂在最下面:"我可以够到井水啦!"猴子们都很高兴:"太好了,现在可以捞到月亮啦!"

小猴子把手小心翼翼地伸到井水里,轻轻一捞,咦,小猴子除了水什么也没捞到。小猴子急了,它在水里不停地抓呀、捞呀,还是捞不着水里的月亮。猴子们都有点支持不住了:"快些捞呀,怎么还没捞起来呢?"老猴子累得气喘吁吁:"哎哟,我要挂不住啦!"这时候老猴子抬头一看,咦?月亮高高地挂在天上呢:"不用捞了,月亮还在天上呢!"

所有的猴子都抬头朝天上看,月亮果然还挂在天上呢。猴子们从井里爬出来,它们看看天上,又看看井里:这到底是怎么回事儿呢?

小朋友,你们知道吗?

国赛故事赏析

故事《猴子捞月亮》家喻户晓,熟悉的故事讲出新意的确很不容易,但是"有一千个读者就有一千个哈姆雷特",老故事也可以讲出新意。

故事讲述一只小猴子帮助捞月亮,结果猴子们倒挂在树上,一个接着一个地一直吊进井里面,小猴子很费力地捞呀捞呀,最后怎么样?月亮好好地挂在天上呢!故事之所以成为经典,的确构思巧妙,角度新颖,一是运用猴子的灵活特征巧妙设计了倒挂的经典动作,二是运用了倒影的现象巧妙设计了大家都去捞月亮。有了新的思路,平凡而普通的事物也会有一番意外欣喜。

改编故事技巧

(1)改编故事长度

故事《猴子捞月亮》,国赛故事字数707个字,参赛限定在3分钟,需要缩短处理,改编后字数597字。

(2)改编故事开头

故事《猴子捞月亮》,既然耳熟能详,就真没有必要啰嗦了,直截了当,进入主题是最好的开头,有时"简单"的才是最好的哟!

国赛版开头:

一群猴子在林子里玩耍,它们有的在树上蹦蹦跳跳,有的在地上打打闹闹,好不快活。会发生什么好玩儿的事呢?我们一起来听听这个故事吧。

改编后开头:

一群猴子在林子里玩耍,它们有的在树上蹦蹦跳跳,有的在地上打打闹闹,开心极了。

改编故事有时要考虑语言的韵律美、对称美、句子的结构美,富有节奏、朗朗上口的故事特别适合幼儿。

（3）改编故事主体

故事《猴子捞月亮》中有一些字词要采用儿化音，如原文：

猴子当中有一只小猴独自跑到林子旁边的一口井旁玩耍，它趴在井沿，往井里边一伸脖子，忽然大叫起来："糟了，糟了，月亮掉到井里去了！"原来，小猴看到井里有个月亮。

运用儿化音和相应的删减后，这段故事改成：

一只小猴儿跑到井边儿玩儿，它趴在井沿儿上，往井里伸长脖子一看，忽然大叫起来："糟了，糟了，月亮掉到井里啦！

儿化音的加入比原版故事读起来更加有韵味，更加符合故事的情感基调。

（4）改编故事结尾

精彩的讲述会一直让评委老师们沉浸在热闹而充满动感的节奏中，结尾处要注意收尾的艺术性，要将大家的情绪平复下来，工工整整地交代一下结局后，引发大家继续思考是什么原因呢？

原文结尾是：

所有的猴都抬头朝天上看，月亮果真好端端在天上呢。小猴从井里爬了上来，它看看天上，又看看井里："月亮在天上，那井里的月亮又是怎么回事儿呢？"小朋友，你们知道吗？

改编后：

所有的猴子都抬头朝天上看，月亮果然还挂在天上呢。猴子们从井里爬出来，它们看看天上，又看看井里：这到底是怎么回事儿呢？小朋友，你们知道吗？

改编后的故事更加前后呼应，因为从逻辑意义来看，感到奇怪的不仅仅是小猴子一个，而是所有帮助捞月亮的猴子们，这样的改编更符合故事的一个妥善的结局收尾。

（5）设计故事亮点

故事《猴子捞月亮》因经典而传诵，设计故事的亮点的确需要费一番功力。这个故事要想讲述得精彩，一定要将读者带入那时、那景、那境之中。用语言的功底和魅力来征服各位评委，是重要的得分技巧。故事中有一段这样表述："当它们看到井里的月亮时，都一起惊叫起来：'糟了，糟了，糟了，月亮掉到井里啦！'"这几声"糟了，糟了，糟了，月亮掉到井里啦！"你是否能运用语言的魅力层出不穷地塑造出一群猴子的惊恐呢？

6. 城里的猫和乡下的猫

国赛版

有只猫，它生活在城里，它熟悉城里的一切。有一天，一只乡下的猫来城里做客，城里的猫就陪它到外面玩。会发生什么有趣的事呢？我们一起来听听吧。

"哇！那是什么？"乡下的猫指着一座高竿入云的铁架子问。

"那是电视发射塔。"城里的猫得意地说，"电视节目就是从它那里发射出去的。好啦好啦，别傻站着了，咱们去那边看看。"

它们刚准备过马路，乡下的猫好奇地问："哎？这是什么？有黄色、红色……呀！又变成绿色了，真好看！"

城里的猫撇了撇嘴想："我的天哪，它连红绿灯都不知道。"它咂了咂嘴说："这叫红绿灯。是用来指挥交通的。好了好了，绿灯亮了，我们快过马路吧。"

刚过了马路,乡下的猫突然惊叫起来:"哎呀,不好! 那两辆车撞在一起了!"

"你喊什么呀!"城里的猫皱着眉头说,"这叫碰碰车,就是撞着玩的,撞不坏。"

后来,每到一处,乡下的猫总是问这问那,有时还大惊小怪。城里的猫觉得乡下的猫很丢人:"我的天哪,乡下的猫简直像个傻瓜。"

几个月后,城里的猫接受乡下的猫的邀请,去乡下做客,乡下的猫就陪它到野外去玩。

"咦? 这不是动物园里的河马吗? 怎么逃到这儿来啦?"城里的猫指着水田说。

乡下的猫笑了笑说:"这不是河马。这是水牛,它耕完了地,泡在水里休息。"

"哦,对对对,是水牛,看错了,看错了。那种这些草是干什么的?"

"这可不是草,是麦子。麦子熟了,可以磨成面粉,之前在城里吃的面包就是这个做的。"

"哎? 你们这里也会给花草浇水呀?"

"那不是洒水,是喷农药,蔬菜上有了虫子,得用农药杀死。"

城里的猫觉得很丢人,它涨红了脸:"我的天呐,到了乡下,我简直像个傻瓜。"

城里的猫和乡下的猫

改编版

有只猫,它生活在城里,它熟悉城里的一切。有一天,一只乡下的猫来城里做客。这两只猫会发生什么有趣的事呢? 我们一起来听听吧。

"哇! 那是什么?"乡下的猫指着一座高耸入云的铁架子问。

城里的猫得意地说:"那是电视发射塔,电视节目就是从那里发射出去的。好啦好啦,别傻站着了,咱们到前面瞧瞧去。"

它们来到十字路口,乡下的猫又叫了起来:"哎? 这是什么? 有黄色、红色……呀! 又变成绿色了,真好看!"

城里的猫撇了撇嘴:"我的天呐,这叫红绿灯,是用来指挥交通的。好了好了,快点快点,过马路了。"

在儿童乐园里,乡下的猫又惊叫起来:"哎呀,不好了! 那两辆车撞在一起了!"

"你喊什么呀! 这叫碰碰车,就是撞着玩的,撞不坏的……"

就这样,每到一个地方,乡下的猫总是问这问那,大惊小怪。城里的猫觉得好丢人:"我的天呐,乡下的猫简直是个大傻瓜。"

几天后,乡下的猫邀请城里的猫去乡下做客,你们听——

"咦? 这不是动物园里的河马吗? 怎么跑到这里来啦?"

乡下的猫笑了笑说:"这不是河马。这是水牛,它耕完了地,在水里休息呢。"

"哦! 看错了,看错了。哎,那些草是干啥的?"

"那不是草,是麦子。上次你请我吃的面包就是这个做的。"

"咦? 你们也给花草浇水呀?"

"那不是浇水,是喷农药。"乡下的猫解释说,"蔬菜上有了害虫,得用农药杀死它们。"

城里的猫顿时涨红了脸:"我的天呐,到了乡下,原来我也是一个大傻瓜。"

国赛故事赏析

故事《城里的猫和乡下的猫》讲述的是两只猫在城里和乡下发生的趣事。有一天，两只猫分别来到对方生活的地方，发生了一系列有趣的见闻和笑话，两只猫对对方的表现都感觉"不可思议"。而生活本身就是这样，生活在不同的地方，见到的、听到的、吃到的、玩到的都会各不相同。故事用生动跳跃的笔触描述了不同生活环境的不同见闻和趣事，生活中有特色的场景被作者捕捉并用生动的描述让听者在捧腹大笑中感悟两只猫带给我们的乐趣。

改编故事技巧

（1）改编故事长度

故事《城里的猫和乡下的猫》，国赛版故事字数 655 字，故事需要缩编处理，改编后字数 582 字，适宜比赛使用。

（2）改编故事开头

故事《城里的猫和乡下的猫》，国赛故事原文开头是：

有只猫，它生活在城里，它熟悉城里的一切。有一天，一只乡下的猫来城里做客，城里的猫就陪它到外面玩。会发生什么有趣的事呢？我们一起来听听吧。

改编后的故事开头是：

有只猫，它生活在城里，它熟悉城里的一切。有一天，一只乡下的猫来城里做客。这两只猫会发生什么有趣的事呢？我们一起来听听吧。

经过简单的调整与改编，顿时就感觉讲述起来更加顺畅，点明主题。

（3）改编故事主体

故事《城里的猫和乡下的猫》，主体改编主要掌握在顺序和倒叙的改编，将对话顺序进行调整，如："'咦？这不是动物园里的河马吗？怎么逃到这儿来啦？'城里的猫指着水田说。"改编后："城里的猫指着水田说：'咦？这不是动物园里的河马吗？怎么逃到这儿来啦？'"

另外，故事中有很多类似"城里的猫说，乡下的猫说"等字样，在改编中都已经去除，因为无论在城里还是在乡下，两只猫都在特定的场景中对话，通过语气语调的塑造可以清晰分辨不同的猫，所以这部分删减很多，直接对话接对话的形式，效果非常紧凑。

（4）改编故事结尾

每一个故事的结尾都非常重要，它的作用都会不一样，有的是将故事引入另一个高潮，有的是平稳结束，有的是前后呼应，有的则是凸显故事的基调……而故事《城里的猫和乡下的猫》，结尾部分主要作用是凸显故事的基调，无知带来的滑稽幽默感。故事原文是："城里的猫觉得很丢人，它涨红了脸：'我的天哪，到了乡下，我简直像个傻瓜。'"基调很好，但词语还是不够精准，改编后："城里的猫顿时涨红了脸：'我的天呐，到了乡下，原来我也是一个大——傻——瓜。'""大——傻——瓜"三个字在讲述故事时要一字一字凸显幽默滑稽。

（5）设计故事亮点

故事《城里的猫和乡下的猫》亮点设计很多，比如：两只猫在对话时采用移动式讲述故事的方法，在不同的方位进行对话，场景性会更加逼真。

讲述故事的技巧在于把握两只猫的语气变化，叙述性语言平铺直叙和角色语言的对比，衬托出两只猫的"无知"，乡下猫的无知要表现得淋漓尽致，城里猫的无知要表现出装腔作势。乡下猫在城里的无知和惊奇和在"自己的地盘——乡下"说话的底气不同,城里猫在"自己的地盘"和乡下猫的对话一定要凸显觉得丢人,生怕被旁边人笑话的难堪感觉,还有在乡下的无知和自我反观后的不好意思,将这些亮点对话淋漓尽致地表现出来,会给讲述增色很多!

讲述故事时要把两只猫的心理变化用不同的语调传达给孩子们,让孩子们在幽默搞笑中知道城里和乡下有很多的不同,原来每个人都会有不懂、不熟悉的地方呀!

7. 抱抱小刺猬
国赛版

小朋友们,小刺猬是什么样的? 你敢抱它吗? 今天我们就来听一个故事,名字叫《抱抱小刺猬》。

绿油油的草地上,小伙伴们正在玩"抱抱"的游戏。

"喵,小猴子,让我来抱抱你!"花猫抱着小猴子,哈哈地笑了起来。

"小羊,我们也抱抱吧。"小猪和小羊紧紧地抱在一起。

"还有我们呢,我们也要抱抱。"小黄狗和小兔子也来了。

哇,这个"抱抱"游戏真好玩,大家玩得开心极了!

"还有我,还有我……我也要抱抱!"忽然,一个圆球滚了过来。

可是小兔子刚伸出手碰到圆球,就被刺伤了。"好疼呀!"小兔子哭了起来。

圆球下探出一张小脸来,大家认出来原来圆球是小刺猬,小刺猬的背上可长满了尖尖的刺呢!

"汪! 小刺猬,你干什么?"小狗说。

"喵! 你身上长满了刺,竟然也想玩'抱抱'游戏,你想扎死我们吗?"小猫说。

"咩! 小刺猬,你快走开,我们这里不欢迎你!"小羊说。

小刺猬伤心极了,低着头走了。

过了一会儿,小兔子不哭了,小伙伴们又玩了起来。突然,一只凶恶的大灰狼从草丛里跳出来,小动物们吓得到处跑。

大灰狼抓住了小兔子,又抓住了小猪。就在这时,一个长满尖刺的圆球冲了过来,狠狠地朝大灰狼撞去。啊,是小刺猬!

大灰狼惨叫一声,扔下兔子和小猪,急忙逃走了。

小兔子和小猪得救了,它们感激地说:"小刺猬,谢谢你救了我们。""不用谢,不用谢!"小刺猬不好意思了。小猴子说:"小刺猬,你可真厉害,把大灰狼都打跑了,救了我们。真是不好意思,我们刚刚还那样对你。今天,我们大家一定要想办法抱抱你!"

小朋友们,大家要用什么办法才能抱抱小刺猬呢?

抱抱小刺猬
改编版

小朋友们,小刺猬你们见过吗? 你敢抱抱它吗? 你听——

绿油油的草地上,小伙伴们正在玩抱抱的游戏。

"喵,喵,小猴子,让我来抱抱你吧!"小花猫抱着小猴子,哈哈地笑了起来。"哼,哼,小羊,我们也抱抱吧。"小猪和小羊紧紧地抱在一起。"汪汪,还有我们呢,我们也要抱抱。"小黄狗和小兔子也来了。

哇,这个"抱抱"游戏真好玩,大家玩得开心极了!

"还有我,还有我……我也要抱抱!"忽然,一个圆球咕噜咕噜地滚了过来。小兔子刚伸出手,就被圆球刺伤了。"啊!好疼呀!"小兔子哭了起来。圆球停了下来,大家一看,原来是只小刺猬,小刺猬的背上长满了尖尖的刺。

"汪汪,小刺猬,你干什么?""喵,喵,你身上长满了刺,竟然也想玩'抱抱'的游戏……难道你想扎死我们吗?""咩,小刺猬,你快走,我们大家不欢迎你!"

小刺猬伤心极了,咕噜咕噜地滚走了。

过了一会儿,小兔子不哭了,小伙伴们又接着玩起了游戏。

突然,一只凶恶的大灰狼从草丛里跳了出来,小伙伴们吓得撒腿就跑。大灰狼一只手抓住了小兔子,一只手抓住了小花猪。

就在这个时候,咕噜咕噜,一个圆球狠狠地朝大灰狼撞去,"哎哟!"大灰狼惨叫一声,扔下小兔子和小花猪慌忙逃走了,小兔子和小花猪得救了,它们感激地说:"谢谢你,小刺猬。""不用谢,不用谢。"这时候小猴子说:"小刺猬,你可真厉害,大灰狼都害怕你,刚才真是不好意思,现在我们大家一定要想办法和你玩抱一抱的游戏。"

小朋友们,你们有什么好办法来抱一抱这只可爱的小刺猬呢?

国赛故事赏析

故事《抱抱小刺猬》讲述了几个小动物在玩一个有趣的游戏叫抱一抱,游戏的场景描述得非常热闹欢喜,让人听着故事就很容易跟着进入它们欢闹的游戏之中,当然还有小刺猬也是这样想的,它也好想和小伙伴儿们抱一抱呀!结果呢?小刺猬一不小心弄痛了小伙伴,受到了责备,心里充满委屈的小刺猬只好失望地退出游戏。最后故事一转欢乐祥和的基调,换成了极度恐惧和害怕的尖叫起伏,原来是凶狠的大灰狼出现了!关键时刻,小刺猬发挥了它的特长,显出了它的英雄气概,赶走了大灰狼,救下了小伙伴儿,真好!结局到这里其实才像故事刚刚"开了个头",因为最后问大家:"你们有什么好办法来抱一抱这只可爱的小刺猬呢?"故事精彩之处就是花样百出,高潮迭起,让人意犹未尽。

改编故事技巧

(1)改编故事长度

故事国赛版字数 631 字,故事需要缩编处理,改编后的故事 604 字,适宜在比赛规定时间内完成。

(2)改编故事开头

故事原文的开头我们进行了微调,对比一下两个开头:

小朋友们,小刺猬是什么样的?你敢抱它吗?今天我们就来听一个故事,名字叫《抱抱小刺猬》。(原文)

小朋友们,小刺猬你们见过吗?你敢抱抱它吗?你听——(改编)

是不是一下子就把评委老师带入了欢乐的游戏现场呢?

（3）改编故事主体

故事《抱抱小刺猬》在进行改变时,思路很简单,因为故事本身就非常精彩,只是一些小的细节需要加一点润色,比如每一个小动物说话之前加了它们可爱的叫声:"喵,喵""哼,哼""汪汪""咩",还有一个有趣的改编就是将小刺猬的三次出场加上了"咕噜咕噜",效果顿时不一样了,有了速度和动感。

（4）关于故事结尾

故事本身的结尾设计得非常好,这个结尾让整个故事没有结束,反而就像是刚刚开始"小朋友们,你们有什么好办法来抱一抱这只可爱的小刺猬呢?",让听故事的人沉浸在刚刚精彩的故事之中,听了结尾积极开动脑筋想一想是否真有好办法。

（5）设计故事亮点

故事改编的亮点在小刺猬的三次出场都加了"咕噜咕噜",讲述故事时要将小刺猬的三次"咕噜咕噜"读出不同感觉。虽然咕噜咕噜都是同一个小刺猬,可是滚动的速度和力度都有所不同,讲述时要注意。

8. 雪 孩 子
国赛版

雪下个不停,一连下了好几天。

天晴了,兔妈妈要出门去。小白兔嚷着:"妈妈,我也要去!"兔妈妈说:"好孩子,妈妈有事,你不能跟我去。"兔妈妈给小白兔堆了个雪孩子,小白兔有了新伙伴,心里真高兴,就不跟妈妈去了。

小白兔跳舞给雪孩子看,唱歌给雪孩子听。它玩累了,就回家去睡午觉。哎呀! 屋子里真冷,赶快往火堆里添些柴吧! 小白兔添了柴,把火烧得旺旺的,屋子里就暖和了,它躺在床上,闭上眼睛,一会儿就睡着了。

火越烧越旺。哎呀,火把旁边的柴堆烧着了。可是小白兔睡得正甜,它一点也不知道。

"不好啦,小白兔家着火了!"雪孩子看见小白兔家的窗子里冒出黑烟、冒出火星,它一边喊,一边向小白兔家奔去。

"小白兔,小白兔,你在哪里?"雪孩子冲进屋子去,冒着呛人的烟,烫人的火,找呀,找呀,找到小白兔,连忙把小白兔抱起来,跑出了屋子。

小白兔得救了,可是雪孩子融化了,浑身水淋淋的。这时候,树林里的小猴子、小刺猬都赶来救火,不一会儿大伙儿就把火扑灭了。

兔妈妈回来了,它说:"谢谢大家来救火,谢谢大家!"小刺猬说:"是谁救了小白兔? 真的要谢谢它呢!"

对啊,是谁救了小白兔呢? 是雪孩子。可是雪孩子呢? 雪孩子不见了,他已经化成水了。

不,雪孩子还在呢! 瞧,太阳晒着晒着,它变成很轻很轻的水蒸气,飞呀,飞呀,飞到天空,变成一朵白云,一朵美丽的白云。

雪 孩 子

改编版

纷纷扬扬的大雪一连下了好几天。一大早,小白兔推开家门一看,大地上、屋檐上,到处白茫茫的一片,真美呀!

兔妈妈要出门找萝卜。小白兔一肚子不高兴。兔妈妈带着小白兔,拿着小铁撬,唱着歌。不一会,就堆了一个小雪人。黑黑的煤核是它的眼睛,长长的胡萝卜是它的鼻子,真好看。小雪人堆好了,兔妈妈放心地走了。

小白兔开心极了,和小雪人拉起了手,跳起舞来,呼呼的北风为它俩吹号,晶莹的雪花为它俩伴舞,忘了忧愁,忘了烦恼,洁白的世界多么美妙。

小白兔玩累了,就回到小木屋里呼呼地睡着了。

哎呀!不好了,小木屋着火了,一股浓烟席卷着火苗,可小白兔呢,正做着甜美的梦。

"不好啦,小白兔家着火了!"雪孩子奋不顾身地冲进小木屋,一把抱起熟睡的小白兔冲出了小木屋,小白兔得救了,雪孩子却不见了,地上只留下了一滩水。

兔妈妈回来了,它拉着小白兔的手,指着天上的白云对小白兔说:"你看,那朵白云就是雪孩子,雪孩子在天上对你笑呢,明年,雪孩子还会回来,陪你一起玩。"小白兔对着天空大声喊:"谢谢你,雪孩子,明年冬天我们还要一起唱歌、跳舞,好不好?"

天上的白云飘呀飘,好像在和小白兔微微笑。

国赛故事赏析

小白兔和雪孩子的故事让人感动。故事从下雪天开始,兔妈妈为了不让小白兔一个人在家孤单,就和小白兔一起堆了一个可爱的小雪人,陪伴小白兔,这段叙述性的描述给故事铺垫了温馨而充满爱意的氛围。小白兔和小雪人在一起玩得特别开心,它们一起唱歌,一起跳舞,故事在这段充满动态的描述中将情绪刻画得非常饱满,充满喜悦。接下来故事情节逆转,小木屋着火了,而小雪人是不能遇热的,在紧急的生命关头,小雪人奋不顾身冲进小木屋救出了小白兔。故事的结尾很温馨,兔妈妈和小白兔依偎在一起,心中充满感激之情,一起期待明年小雪人再次陪伴小白兔。

改编故事技巧

故事《雪孩子》原版对话较多,故事的意境不能充分表达,通过分析故事,整体以一条"爱"的线索贯穿,妈妈对孩子的爱,好朋友之间的爱,为了更好地达成故事主旨,对故事进行了改编。改编后的故事文本凸显故事中主要的角色,使主人公形象鲜明易感,情感更加升华。

(1)改编故事长度

因为是参赛作品,首先判断抽到的故事是要进行扩编还是缩编,以保证不超时不浪费表现时间。

故事《雪孩子》国赛版故事字数551字,改编后改编版故事字数470字,改编后的故事更适宜表达出故事营造的爱的氛围。

(2)改编故事开头

《雪孩子》故事生动感人,开场营造氛围很重要,所以设计开头建议直接用故事结束时小白兔的呼唤开始,小白兔对着天空大声喊:"谢谢你,雪孩子,明年冬天我们还要一起唱歌、跳舞,好不好?"小白兔对着天空在向谁大声呼唤? 发生了什么事情? 请听故事《雪孩子》。这样开场,既介绍了故事名称,简要点明了主题,同时还容易引起听者情感共鸣。

（3）改编故事主体

改编故事《雪孩子》,考虑整篇故事主题鲜明,突出表达勇敢善良的小雪人不顾自己生命安危救出好朋友小白兔的高尚情感,改编的故事更注重文本语言的节奏美,用生动形象的场景描述体现每一个故事角色内心丰富的情感,大胆删减了故事原文中的一些角色及对话部分,改编后的故事流畅而唯美,朗朗上口,但表达的涵义没有更改,更适合幼儿欣赏与表达理解。例如:

小白兔跳舞给雪孩子看,唱歌给雪孩子听。（原文）

小白兔开心极了,和小雪人拉起了手,跳起舞来,呼呼的北风为它俩吹号,晶莹的雪花为它俩伴舞,忘了忧愁,忘了烦恼,洁白的世界多么美妙。（改编后）

（4）改编故事结尾

故事结尾处的改编,将故事词语性描述尽量用语音变化来表现角色心理变化和感受,大胆删减并进行了改编,如:

对啊,是谁救了小白兔呢? 是雪孩子。可是雪孩子呢? 雪孩子不见了,它已经化成水了。不,雪孩子还在呢! 瞧,太阳晒着晒着,它变成很轻很轻的水蒸气,飞呀,飞呀,飞到天空,变成一朵白云,一朵美丽的白云。（原文）

兔妈妈回来了,它拉着小白兔的手,指着天上的白云对小白兔说:"你看,那朵白云就是雪孩子,雪孩子在天上对你笑呢,明年,雪孩子还会回来,陪你一起玩。"小白兔对着天空大声喊:"谢谢你,雪孩子,明年冬天我们还要一起唱歌、跳舞,好不好?"天上的白云飘呀飘,好像在和小白兔微微笑。（改编后）

这种改编,讲述时更有画面感,是用充满感情色彩的语言将我们带到了小白兔的身边,从小白兔的视角仰望着天上的"小雪人",这种深情的呼唤让故事情感得到升华,很容易让听者和故事营造的情感相互呼应,一起感谢,一起期待明年雪孩子继续陪伴小白兔。

（5）设计故事亮点

故事《雪孩子》讲述的亮点要拿捏好故事"爱"的基调,小白兔一系列的情绪变化贯穿故事始终。讲述时,要将小白兔看到下雪的欣喜、想和妈妈一起外出的请求、和小雪人玩耍的喜悦与发自内心的感谢的情感变化塑造出来。讲述者应该将自己角色定位为那只可爱的小白兔,揣摩小白兔的性格特点与情感变化。故事结尾处的设计,小白兔对着天空充满深情的、感激的语调,要表达出一种地面与天空对话的场景感,凸显小白兔依依不舍之情,点明故事主题,故事在充满期待中结束,令人意犹未尽。

附：全国职业院校技能大赛故事改编建议

1. 美丽的花环

今天是妈妈的生日,熊宝宝们都想给妈妈送上最好的礼物。波比为妈妈编织了一个美丽的花环,它要赶在别人前面,第一个祝妈妈生日快乐。它能顺利把花环送给妈妈吗? 我们一起来听听吧。

波比带着它的花环正在赶路,突然听到有人叫它:"等一等,波比!"波比转过身去看,原来是大哥。熊大哥拿着一盒蛋糕:"波比你能送我一朵花吗? 我的蛋糕上少了一朵鲜花。"

"蛋糕是要送给妈妈的吧,好吧,你自己挑。"波比举起花环,大哥挑走了最大的一朵花,把花插在蛋糕盒上,快乐地走了。可波比有些心疼了。

波比继续往前走,但是没走几步,被二哥拦住了去路。"波比,给妈妈的相框上有鲜花才漂亮。我看你这花环上的花就很合适,把这朵玫瑰花给我吧。"波比还没点头,玫瑰花就被二哥摘下来插上了相框。"嘿,相框真是漂亮多了!"熊二哥高兴地走了。

波比拔腿就跑,不能再让谁从它的花环上摘走鲜花了。可是,波比跑得太急,它撞到了熊三哥。熊三哥的礼物是一只漂亮的花瓶,花瓶摔碎了。三哥说:"你得赔我!"于是熊三哥摘走了花环上所有的茉莉花,捧着一束花走了。

波比呆呆地望着只剩下一朵喇叭花的花环。四哥走来了,它还没来得及给妈妈准备礼物:"嗨,波比,我能借你花环上的喇叭花吗? 我想吹一首生日快乐歌给妈妈。"波比摘下那朵喇叭花,递给了四哥。

花环上一朵鲜花都没有了。

熊大哥、二哥、三哥、四哥都拿着生日礼物赶到妈妈面前了,可小波比还没有到。妈妈问:"波比怎么还没来? 它说要送我一个花环啊!"大哥说:"是有一个花环,开满了鲜花。"二哥说:"不是开满,是开着很多鲜花。"三哥说:"不是很多,是有几朵鲜花。"四哥说:"不不不,明明只有一朵喇叭花呀,喏,就在这儿。"

波比带着一个没有花的花环,最后一个来到了妈妈的家。它听到妈妈在问它,难过地低下了头。妈妈看到了波比,它走过去亲了波比一下,还把波比手中的花环戴到了头上说:"谢谢你,宝贝,我很喜欢你的礼物,这是最美丽的花环!"

小朋友们,妈妈为什么会说这没有花的花环是最美丽的花环呢?

故事改编建议

1. 字数 815 个字,故事需要缩编处理。

2. 故事开头需要重新设计,比如用一句简单的生日歌开始。

3. 故事主体改编建议:尝试将每一个哥哥对话部分进行大胆改编,减缩为重复式叙述。

   大哥说:"波比你能送我一朵花吗?"

   二哥说:"波比你能送我一朵玫瑰花吗?"

   三哥打破花瓶环节可以删除并改成:"波比你能送我一朵茉莉花吗?"

   四哥说:"波比你能送我一朵喇叭花吗?"

   这样推进故事情节,清晰明了,将故事直接引入最后重点部分。

2. 小 丑 鱼

海底有很多的珊瑚礁,就像是海底的小森林,可真漂亮。在珊瑚礁里生活着各种各样的小鱼,可是有一条鱼,它总是躲在珊瑚礁的缝里不肯出来,这是怎么回事呢? 我们一起来听听吧。

海底的小鱼每天都在海底快乐地游来游去，它们一会儿游到这儿，一会儿又游到那儿，就像是风吹着它们似的。

可是有条小鱼，它总是很难过。为什么呢？因为它总是觉得自己长得太丑了："我的头这么大，身体却只有这么小，还有一张大嘴巴，真是一条小丑鱼。"

在旁边珊瑚礁缝里，还躲着另一条小鱼，它也不肯游出来。它也总是很难过。因为它也觉得自己太丑了。"我的头这么小，身体却这么大，而且，身上的花纹也很难看。真是一条小丑鱼。"

有一次，有一条大鲨鱼游过来，它的尾巴一摆，就卷起了很大很大的旋涡，把两条小鱼都从珊瑚缝里卷了出来。就这样，两条小鱼面对面地碰到了一起。它们你看看我，我看看你。

"唉，你的头小小的，可真美。""不不不，你才漂亮呢，有一个这么大的头。"结果它们两个都笑了。

这时候，有很多的小鱼都游到它们的身边来了。两条小鱼这才注意到，原来每一条小鱼，长得都不一样，身上的花纹也不一样，大家都有自己的美。

两条小鱼再也不觉得自己丑了，它们每天都和大家游在一起。它们一会儿游到这儿，一会儿又游到那儿，就像是风吹着它们似的。

小朋友们，你们觉得这两条小丑鱼丑吗？

故事改编建议

1. 字数546字，故事根据需要可以扩编或者缩编处理。一般讲述3分钟，抑扬顿挫地讲述加上一些技巧，字数控制在580字或600字左右，这个故事可以根据需要进行扩编。

2. 故事开头需要重新设计，原文是："海底有很多的珊瑚礁，就像是海底的小森林，可真漂亮。在珊瑚礁里生活着很多各种各样的小鱼，可是有一条鱼，它总是躲在珊瑚礁的缝里不肯出来，这是怎么回事呢，我们一起来听听吧。"这个开头话语略多，可以设计成情景表演，讲述者可以戴着小丑鱼的头饰，边摆动"尾巴"边上场。

3. 小猴吃瓜果

今天我带来的故事名字叫《小猴吃瓜果》，会发生什么有趣的事呢？我们一起来听听吧。

小猴跑到西瓜地里，这是它第一次见到西瓜："这瓜这么大，圆溜溜的，味道肯定很不错。"

小猴摘下西瓜就要啃，旁边一只小牛看见了，就对它说："你大概不会吃西瓜吧，来，我教你……"

小猴很不耐烦地打断小牛："不用你教！"说着咬了一大口西瓜皮。"呸，不好吃，不好吃！"

小牛摇摇头说："谁让你吃皮了？吃西瓜应该吃里头的瓤啊！"

小猴扔掉西瓜跑掉了，边跑边说："吃瓜要吃瓤，这谁不知道？"

小猴又跑到了香瓜棚里："哈哈，吃瓜要吃瓤！"说着就一拳把香瓜砸成两半，掏出瓜瓤就往嘴里塞。"呸，不好吃，不好吃！"

旁边的小驴告诉它："吃香瓜应该吃皮肉，瓜瓤里尽是滑溜溜的籽，不好吃！"

小猴生气地把香瓜肉扔掉，一蹦一跳地跑了，边跑边嘟囔："这回我记住了，应该吃皮肉！应该吃皮肉！"

小猴蹦到了一棵核桃树旁,树上正结着绿油油的核桃果,它蹦到树上,伸手就摘果子,一只喜鹊飞来告诉它:"这核桃可不能乱吃啊——"

"不用你多嘴啦! 我知道,应该吃皮肉!"说着就"呃"咬了一口核桃的绿皮。"呸,不好吃,不好吃!"小猴觉得嘴里又麻又涩,赶忙跑到小河边漱口。小喜鹊飞过来说:"吃核桃,应当吃里面的核儿!"

小猴漱完口,又一蹦一跳地跑了。这回它跑到一棵梨树边,蹦到树上,摘下一大只梨:"这回准没错了,应该吃核儿。"它拿着梨在树干上砸了一会儿,把果肉全部砸烂,只剩下一个梨核儿,这才放到嘴里吃。"呸,不好吃,不好吃!"

小猴酸得直咬牙,气得它跳下树,一蹦一蹦地跑了,边跑边嘟囔:"西瓜没有味儿,香瓜全是籽儿,核桃麻嘴巴,鸭梨酸倒牙……哼,再也不吃了!"

小朋友们,这些瓜果是小猴说的味儿吗? 小猴错在哪里呢?

故事改编建议

1. 字数 707 个字,故事需要缩编处理。

2. 故事主体改编的建议:故事中的主线贯穿是小猴吃各种水果,非常清晰,语言特色和小猴的动作特征易于表现。但是"配角"略微复杂,有一些不是孩子熟悉的角色,讲述时也不易模仿,可以将配角进行一些调换哟! 换成你最擅长表现暮声的小动物,例如,将小驴换成小狗,再试着和这只毛毛躁躁、不听劝说的小毛猴一起开始属于你的有趣故事吧!

4. 不怕冷的大衣

小朋友们,你们穿过不怕冷的大衣吗? 那会是一件怎样的大衣呢? 我们一起来听听这个故事吧,故事的名字就叫《不怕冷的大衣》。

下过雪,又刮风,天好冷啊! 小白兔在被窝里睡懒觉。

"快起来,我的小乖乖。"兔妈妈叫小白兔起来。

"不起来,外面太冷了,起来要冻坏的。"小白兔怎么也不肯起来。

兔妈妈想了想,忽然自言自语起来:"唉,天也真冷,不过要是穿上姥姥家那件不怕冷的大衣,那就太好了,不仅冻不着,还会冒汗呢。"

"什么,什么,妈妈你说什么?"小白兔听了,觉得很奇怪,从被窝里伸出小脑袋。

"就是姥姥家那件儿……不怕冷的大衣,穿上还会冒汗的。"

"真的吗? 我要穿,我要穿!"

"姥姥说了,只有你自己去拿,它才能给你。"

"好,我去!"小白兔从被窝里蹦了出来,它穿上小棉袄,套上小棉裤,围上小围巾,戴上小绒帽。

"妈妈,我要上姥姥家去了!"

说完小兔子就往外跑。外面可真冷,风刮在脸上,像刀子割的一样疼。可是小兔子一想到那件"不怕冷的大衣",就飞快地跑起来。跑呀跑,跑呀跑!"哎呀,脖子好热呀,我把围巾拿下来。"跑呀跑,跑呀跑！"都冒汗啦，帽子也拿掉！"跑呀跑，跑呀跑……

"姥姥，我来啦！我来拿不怕冷的大衣啦。"

姥姥呆住了："什么？什么不怕冷的大衣？"

"妈妈说的，您有一件不怕冷的大衣，穿上它，不仅冻不着，还会冒汗呢……"

"哦，小乖乖，你看你身上都是汗，不怕冷的大衣不就穿在你身上吗？"

小朋友们，你们知道不怕冷的大衣是什么了吗？

故事改编建议

1. 字数 592 个字，故事的长度适宜，可以适度调整，不做大的改编。

2. 故事开头需要重新设计。

小朋友们，你们穿过不怕冷的大衣吗？那会是一件怎样的大衣呢？我们一起来听听这个故事吧，故事的名字就叫《不怕冷的大衣》。（原文）

小朋友，你们穿过不怕冷的大衣吗？嗯，我也没有穿过。我们一起听听小白兔的《不怕冷的大衣》吧！（改编后）

3. 故事主体改编建议：故事中出现很多倒叙，可将这些倒叙部分调整一下。这样不仅讲述起来更加得心应手，评委老师听起来也会顺心畅意的！如故事中的"'什么，什么，妈妈你说什么？'小白兔听了，觉得很奇怪，从被窝里伸出小脑袋"改编后，"小白兔听了，觉得很奇怪，从被窝里伸出小脑袋问：'什么，什么，妈妈你说什么？'"改过顺序的故事讲述起来是不是更加清晰了呢？快试着将其余部分调整一下吧。

5. 花花狗变明星

小朋友见过明星吗？有一只花花狗，它就一直想变成明星，它能成功吗？我们来听听吧，故事的名字就叫《花花狗变明星》。

花花狗不想做一只普通的小狗，它总想着要提高自己的名气，得到大家的关注。

"怎样才能提高自己的名气变成明星呢？啊哈！有办法了。"它买来水彩笔，照着镜子开始给自己化妆。花花狗画完后，看着镜子里的自己乐开了花："哎呀，实在是太酷了。瞧瞧这威风的老虎头，美丽的孔雀尾，还有这帅气的斑马纹。我简直就是一个明星了！"

小朋友们，你们觉得花花狗的样子好看吗？

反正，花花狗自己满意极了。

它大摇大摆地来到大街上，得意地叫起来："有人要签名吗？我给你们签个名。"天哪，那是个什么怪物！小动物们都吓跑了。小兔子躲在大树后面偷偷地看，看到小怪物跑进了花花狗家。

"花花狗有危险！我得赶紧去找人帮忙！"小兔子吓坏了。

不一会儿全镇的小动物都跟着小兔子来到了花花狗家门口。小兔子擦了擦窗户往里瞅："呀！小怪物正躺在花花狗床上睡大觉呢，花花狗……说不定已经被小怪物吃掉了。"

大伙儿一听着急了，赶紧推开门抓起小怪物就要打。花花狗睁开眼睛一看，发现来了好多人，它得意地说："哟，来找我要签名吗，别急别急，先排队，先排队。"

大象一听,气极了,它吸了一缸水,举起鼻子就朝花花狗喷了过去。

哗!

一下子,威风的老虎头没了,美丽的孔雀尾掉了,个性的斑马纹也不见了。这时,大家才发现,原来小怪物就是花花狗啊。

花花狗一脸沮丧地说:"原本还想变成大明星,没想到却变成了落汤鸡。"

故事改编建议

1. 字数 613 个字,故事需要缩编处理。

2. 故事开头需要做一些变化。

小朋友见过明星吗?有一只花花狗它就一直想变成明星,它能成功吗?我们来听听吧,故事的名字就叫《花花狗变明星》。(原文)

花花狗不想做一只普通的小狗,它总想着要提高自己的名气,得到大家的关注。它成功了吗?请听故事《花花狗变明星》。(改编后)

当然还有更多形式的开头,可以参考本书第二章里面的详细介绍。

3. 故事主题改编建议:《花花狗变明星》讲的是一只一心想当明星的小狗,最后变成一只落汤鸡的有趣故事,故事主体描述非常诙谐幽默,想象奇特,建议最后的结尾部分略微一改,试一试是否更加口语化,更加呼应趣味幽默的风格呢?

花花狗一脸沮丧地说:"原本还想变成大明星,没想到却变成了落汤鸡。"(原文)

花花狗一脸沮丧:"一心想当大明星,最后当了落汤鸡。"(改编后)

6. 没有牙齿的大老虎

小朋友们,你们见过大老虎的牙齿吗?大老虎的尖牙可真是厉害。不过,今天要讲的故事名字叫《没有牙齿的大老虎》,我们来听听发生了什么吧。

在大森林里,谁都知道老虎的牙齿厉害。

小猴拍拍树干说:"看见这棵树了吧,这么粗的树,大老虎只要用尖牙一啃就断了,真怕人哪!"

"大老虎嚼起铁杆来,跟吃面条一样……"小兔说着,害怕得缩起了脑袋。可小狐狸却说:"你们怕大老虎的牙齿,我就不怕!我还要把它的牙齿全部拔掉呢!"

"吹牛!吹牛!""没羞!没羞!我们才不信呢!"小猴和小兔一个劲儿地笑小狐狸。

"不信,你们就瞧着吧!"小狐狸拍拍胸脯走了。

小狐狸真的去找老虎了。它带了一大包礼物:"啊,尊敬的大王,我给您带来了世界上最好吃的东西——糖。"

老虎从来没有吃过糖,它吃了一粒奶油糖:"啊哈,这糖真是太好吃了!"后来,狐狸就常常送糖来。老虎吃了一粒又一粒,连睡觉的时候,糖也含在嘴里呢。

大老虎的好朋友狮子劝它说:"你吃这么多糖,又不刷牙,牙齿会蛀掉的。"

"老兄,你说得对,我这就回家刷牙去。"大老虎说。大老虎正要刷牙,狐狸来了:"哎呀呀,您把牙齿上的糖全刷掉了,太可惜了。您不会是怕蛀牙吧,您的牙齿可是连钢筋都能咬断,还会怕蛀牙?"

"哎呀小弟,还是你想得周到,不刷了,不刷了。"

过了几天,老虎的牙痛了,痛得它捂住脸哇哇地叫……

老虎忙去找马大夫:"快,快把我的牙拔了吧!"马大夫一听要给老虎拔牙,吓得门都不敢开。

老虎又去找牛大夫,牛大夫也不敢。

谁敢拔老虎的牙齿呀!

老虎的脸肿起来了,痛得它直叫喊:"谁把我的牙拔掉,我让它做大王。"

这时候,狐狸来了:"我来吧。哎哟哟,您的牙全蛀掉了,得全拔掉!"

"唉,只要不痛,就拔吧!"老虎哭着说。

就这样,狐狸把老虎的牙全拔掉了,让它成了没有牙齿的大老虎。

老虎还挺感激狐狸呢,它张开漏风的嘴巴说:"还是狐狸好,又送我糖吃,又替我拔牙。"

故事改编建议

1. 故事字数762个字,需要缩编处理。

2. 故事的开头部分建议做一些技巧处理,例如:小情境表演(老虎捂着嘴巴大叫上场)。

3. 故事中倒叙部分要改动,"吹牛!吹牛!没羞!没羞!我们才不信呢!"小猴和小兔一个劲儿地笑小狐狸。"调整后:"小猴和小兔一个劲儿地笑小狐狸:"'吹牛!吹牛!没羞!没羞!我们才不信呢!'"。可以用语调变化区分角色,删除一些没有必要的叙述部分。如原文,"小狐狸真的去找老虎了。它带了一大包礼物。"改编后:"小狐狸带着礼物,去找老虎。"

4,改编建议:全篇故事中的老虎都改成"大老虎",是不是和小狐狸相对应,更加搭配呢?故事中的这两个主角,一个小狐狸,一个大老虎,发音也比较容易夸张起来。

7. 葡 萄 项 链

小朋友,你见过用葡萄做的项链吗?葡萄项链会是什么样的呢?今天我们就一起来听听这个故事吧,故事的名字就叫《葡萄项链》。

黄牛大婶的院子里有个葡萄架,夏天到了,上面长出了许多葡萄,有红的、绿的、淡紫色的,还有一些黑色的。

黄牛大婶把它们串成了各种颜色的项链,拿到街上去卖:"卖葡萄项链啰!卖葡萄项链咯!"

小兔子跑过来了:"我买一串绿项链。这绿项链配我的白衣服真是美极了。"

"汪汪汪,我买一串淡紫色的。"

"咩,小狗,淡紫色的项链和我比较配,你戴红项链好看。"

一会儿,小动物们把绿项链、淡紫色项链和红项链全挑完了。

这时候,小黑猪来了,它也想买一串项链。

可是黄牛大婶说:"我这只剩下黑项链了。"

小猪实在想要一串葡萄项链,于是就说:"好吧,那我就买一条黑色的吧。"

"哎呀,小黑猪戴黑项链,黑乎乎的可真丑!"小动物们边叫边笑。

小黑猪越看黑项链越觉得丑:"黑乎乎的可真丑,还不如吃了。"于是小猪"啊呜"一口吃了这串项链。

"哈,这项链看着丑,吃起来可真甜呀!"小黑猪开心地叫了起来。

小动物们听见了,也连忙咬了一口自己的项链。

小兔子叫了起来:"哎呀呀,好酸呀! 这绿项链看着好看,没想到吃起来这么酸。"

小狗叫了起来:"哎呀呀,好酸呀! 这红项链看着好看,没想到吃起来这么酸。"

小羊叫了起来:"哎呀呀,好酸呀! 这淡紫色的项链看着好看,没想到吃起来这么酸。"于是大家都追着黄牛大婶去换黑项链。

黄牛大婶摆摆手说:"不换咯,不换咯,我要留着自己吃。"

小朋友,你喜欢哪种颜色的葡萄项链呢?

故事改编建议

1. 故事字数 625 个字,需要适度缩编处理。

2. 建议故事以谜语方式开启。既可以用葡萄,也可以用动物中的任何一个,但要注意的是谜语和接下来的导入语要匹配。

3. 将故事中一些倒叙部分做改编调整,建议将动物们的"哎呀呀"改为动物的拟声表现。让不同的小动物在语速变化中凸显性格特点,在语调的变化中勾勒出内心变化,在形象的动作中夸张表现出角色的天真、可爱、憨态、豪爽。

主要参考文献

1. 李季湄,冯晓霞.《3~6岁儿童学习与发展指南》解读[M].北京:人民教育出版社,2013.

2. 幸福新童年编写组.《3~6岁儿童学习与发展指南》家长读本[M].北京:旅游教育出版社,2012.

3. 中华人民共和国教育部.幼儿园教育指导纲要(试行)[M].北京:北京师范大学出版社,2001.

4. 周兢.语言[M].南京:南京师范大学出版社,2000.

5. 张美妮,巢扬.幼儿文学概论[M].重庆:重庆出版社,1996.

6. 奚洁.故事激趣,提高幼儿语言素养——浦东新区唐镇幼儿园开展故事活动的实践与探索成果集[M].上海:上海社会科学院出版社,2016.

7. 吕明.幼儿文学作品赏析与写作指导[M].上海:复旦大学出版社,2016.

8. 李莹,肖育林.学前儿童文学(第3版)[M].上海:复旦大学出版社,2014.

9. 全国幼儿园教材编写组.语言[M].北京:人民教育出版社,1993.

10. 柳川艳.智慧故事[M].长春:吉林文史出版社,2014.

11. 隋雯,高昕.幼儿教师口语[M].北京:高等教育出版社,2012.

12. 夏天雪.好妈妈都是讲故事的高手[M].北京:中国纺织出版社,2011.

13. 陈淑敏.幼儿游戏[M].台北:心理出版社,1999.

14. 林玫君.儿童戏剧教育的理论与实务[M].上海:复旦大学出版社,2017.

15. 张晓焱.儿童文学[M].镇江:江苏大学出版社,2014.

16. 祝士媛.低幼儿童文学(第三版)[M].北京:北京师范大学出版社,2015.

17. 陈虹,许洁.幼儿园教师与儿童文学活动[M].长春:东北师范大学出版社,2011.

18. 袁爱玲,何秀英.幼儿园教育活动指导策略[M].北京:北京师范大学出版社,2007.

19. 林虹,任美蓉,等.如何和孩子一起读绘本[M].北京:中国和平出版社,2014.

20. 廖晓青,从敏.语言活动新设计[M].桂林:广西师范大学出版社,2001.

21. 周兢.早期阅读发展与教育研究[M].北京:教育科学出版社,2007.

22. 姜晓燕,郭咏梅.学前儿童语言教育[M].北京:高等教育出版社,2011.

23. 江慧.故事妈妈陪孩子慢慢长大[M].北京:清华大学出版社,2014.

24. 方红梅.听说,故事可以这样"讲"——幼儿园文学与艺术统整课程[M].上海:复旦大学出版社,2016.

25. 袁爱玲.学前全语言创造教育活动设计·大班[M].北京:教育科学出版社,2001.

26. 郑光中.幼儿文学精品导读[M].成都:四川民族出版社,2002.

27. 方卫平.幼儿文学教程[M].北京:高等教育出版社,2012.

28. 倪敏. 幼儿教师最需要什么[M]. 南京：南京大学出版社,2011.

29. 陈子典. 新编儿童文学教程[M]. 广州：广东高等教育出版社,2003.

30. 夏力. 回归生活：幼儿园教育活动案例及评析(第二版)[M]. 上海：复旦大学出版社,2018.

31. 陈晖. 通向儿童文学之路[M]. 广州：新世纪出版社,2005.

32. 人民教育出版社中学语文室. 幼儿文学[M]. 北京：人民教育出版社,2005.

33. 郑荔. 教育视野中的幼儿文学[M]. 南京：江苏教育出版社,2005.

34. 任继敏. 幼儿文学创作与欣赏[M]. 北京：高等教育出版社,2010.

图书在版编目（CIP）数据

幼儿教师讲故事技巧/王丽娜编著. —2 版. —上海：复旦大学出版社，2023. 6（2024. 8 重印）
ISBN 978-7-309-16776-4

Ⅰ.①幼…　Ⅱ.①王…　Ⅲ.①学前教育-阅读课-幼儿师范学校-教材　Ⅳ.①G613. 2

中国国家版本馆 CIP 数据核字（2023）第 040531 号

幼儿教师讲故事技巧
王丽娜　编著
责任编辑/查　莉

复旦大学出版社有限公司出版发行
上海市国权路 579 号　邮编：200433
网址：fupnet@ fudanpress. com　http://www.fudanpress. com
门市零售：86-21-65102580　　团体订购：86-21-65104505
出版部电话：86-21-65642845
上海四维数字图文有限公司

开本 890 毫米×1240 毫米　1/16　印张 9.75　字数 267 千字
2024 年 8 月第 2 版第 2 次印刷

ISBN 978-7-309-16776-4/G · 2484
定价：48. 00 元